視覺人類學

朱靖江 主編

崧燁文化

視覺人類學
目錄

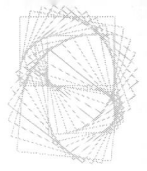

目錄

代序：影視作品的人格

上篇

哈佛 - 皮博迪探險隊的人類學遺產——新幾內亞田野作業的視覺方法創新與倫理反思 15
    一、哈佛 - 皮博迪探險隊的過程、特徵及成果 16
    二、新幾內亞人類學作業的視覺方法 21
    三、異質文化與戰爭研究的田野倫理 31
    四、總結 37

人類學「觀察電影」及理論構建 38
    一、引言 38
    二、「觀察電影」的觀點與立場 39
    三、「觀察電影」的理論與實踐 43
    四、結語 49

論自民族志紀錄片——以羅斯·麥克艾威的作品為例 51
    一、自民族志紀錄片 52
    二、我之旅：我觀人 54
    三、我之思：我觀我 57
    四、歷史、記憶和自民族志影像 61

以電影為切入點的民族志研究進路——謝里·奧特納《非好萊塢：美國夢日暮西山之際的獨立電影》評介 64
    一、引言 64
    二、民族志聚焦 66
    三、結語 73

文化與影視的審美互動——人類學紀錄片的審美創造探究 .. 73
    一、文化審美表達：審美活動的文化建構與審美情感的流動性和複雜性 74

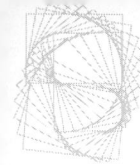

視覺人類學
目錄

　　二、影視審美創造：拍攝主體內在審美觀念與其外在表現手段的融合統一 82
　　三、結語 85
中國文化人類學紀錄片的現存問題及發展對策 86
　　一、中國文化人類學紀錄片的現存問題 86
　　二、中國文化人類學紀錄片的發展對策 94
　　三、結語 101
呈現「他者」的脈絡——民族志影像的意義建構與傳播潛力 101
　　一、闡釋脈絡（expository）與科學主義 102
　　二、敘事脈絡（narrative）與影像生產 104
　　三、先鋒脈絡（avant-garde）與感覺民族志 107
　　四、自反脈絡（reflexive）與民族志反思 109
　　五、結語 111
民族志電影的剩餘素材 113
　　一、何為剩餘的素材？ 113
　　二、無用的素材？ 114
　　三、剩餘的素材作為檔案 115
　　四、可以作為檔案的民族志電影素材 117
　　五、當民族志電影的素材用於研究 119
　　六、具有建立影音檔案庫能力的部門 120
記憶的考掘——動畫式紀錄片之探索 121
　　一、動畫式紀錄片的界定 122
　　二、詞與物：動畫還是記錄 123
　　三、「地表」之下的結構考掘 128
　　四、自傳體記憶的動畫實驗 132
視覺人類學視野中的「影音文獻」 141
　　一、影音文獻的歷史源流 142
　　二、影音文獻的中國實踐 145

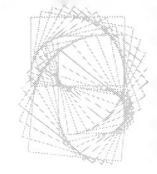

　　三、視覺人類理論與方法對影音文獻的影響 151

　　四、結語 156

下篇

花腰傣三部曲與影視人類學的時間厚度 159

行動網路時代的微紀錄片傳播與當代中國文化建構 173

　　一、行動網路時代的觀看之道 175

　　二、微信平台微紀錄片的話語表達 177

　　三、微信平台微紀錄片對當代中國文化的建構 180

數位時代博物館影音文件開發與應用 182

　　一、數位時代的博物館 183

　　二、社交媒體與博物館影音文件的利用 187

　　三、社交媒體在中外博物館影音文件中的應用現狀 192

　　四、影音文件在博物館社交媒體應用中的建議 196

　　五、結語 197

從申請世界遺產片到紀錄片——記憶的複數性與表象化 198

　　一、兩個影像文本的比較 198

　　二、記憶的複數性與表象化 211

傳統村落的現代表達——以紀錄片《記住鄉愁》的人文關懷為中心的討論
.... 218

　　一、以情感為重來塑造人物和推進故事 220

　　二、以民俗為載體的傳統美德與社會主義核心價值觀的連接技巧 .223

　　三、注重當下時代背景的群像勾勒 226

　　四、拍攝悖論與審美體驗對學術提出新的要求 228

口述影音的採錄與使用——「阿詩瑪」傳承人與「初民」展覽館的實踐 ...
.... 231

　　一、《阿詩瑪》傳承人口述影音的採錄 233

　　二、「初民」展覽館對影音文獻的使用 236

　　三、影音文獻的使用：從「訊息傳遞」到「文化共享」 241

對近年藏地電影發展的幾點思考 245
 一、藏族題材電影、藏族電影與藏地電影 246
 二、藏地電影的「藏族主位」與「非藏族主位」 247
 三、藏地電影對「民族主位」可超越性 251
 四、藏地電影的內容及其社會價值 253
 五、對藏地電影發展現狀的幾點思考 260
 六、結語 268

社群影像研究的深化與拓展 268
 一、動力性：社群影像與社群問題 271
 二、多元性與持續性：社群影像與社群意識 273
 三、方向性：社群影像與社群治理 275

社群村民影像與文化自覺 278
 一、社群村民影像及其在雲南的發展 278
 二、筆與鏡子：基於社群村民的影像意義 280
 三、從大花苗的村民影像個案看鏡像自觀與文化自覺 282
 四、結論 293

參與式影像與中國西南地區的鄉村文化建設 294
 一、參與式影像及其理論淵源 295
 二、參與式影像發展與西南地區的鄉村文化建設 296
 三、參與式影像在中國西南地區鄉村文化建設中的作用 299
 四、參與式影像對中國鄉村文化建設的啟示 304

文化變遷場域中的人類學影像表達 304
 一、文化變遷與文化變遷場域 305
 二、人類學影像進入文化變遷場域的契機 307
 三、人類學影像進入文化變遷場域的路徑 309
 四、人類學影像與文化變遷的互動 313
 五、人類學影像對文化變遷研究的拓展 316

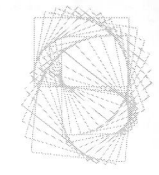

代序：影視作品的人格

羅紅光

　　跨專業對話與合作應該是一種潮流，不管是來自官方的、還是我們付諸實踐的，包括那些已經形成完整學術理論體系的，都可以在這種跨專業的互動中獲得更好的完善和提升。

　　我們對生活體驗和情感歷練的表達，一直以來都是以文字為主體。這些與我們聯繫緊密的生活實踐，實際上也和我們的文字交流習性息息相關。在文字傳承的幾千年間，人們已經習慣將自己的各種視覺、聽覺、觸覺等感官感受凝練成一篇論文或者一本著作。

　　而在各種感官所呈現的世界裡，無論從科學研究的角度也好，從資料整理的角度也罷，毋庸置疑，使用文字已經成為我們習慣的一種表達方式。

　　實際上我們會發現作為一個個體的人，無論在學術研究中，還是在日常生活中，我們的感官所接收到和傳遞出去的訊息，比我們所寫的文字和我們的閱讀要豐富得多。如果梳理一下我們的閱讀體驗和視覺以外的感官所接收到的訊息，我們會發現那似乎是一個不能窮極的量。

　　影視實際上是滿足了相當大一部分人的這種「覺」的釋放。法國學者塞托在《日常生活實踐：實踐的藝術》中指出：「一種在生活當中不可實踐的實踐，在影視作品中的表現卻具有無限種可能。」像作為個體的我，之所以會與影視產生瓜葛，除了人類學課程裡將其作為一種方法學習它，也是因為一次機緣。

　　1999年底美國歷史學家杜贊奇訪問北大，正好有一些想法特別想跟他談一談。我在1994年寫博士論文的時候參閱過他關於中國的著作，其中有些學術問題需要當面聊。所以我決定把那次對談拍攝下來。拍攝極其單純，就是無間斷地記錄。從此一發不可收拾，截至目前已經拍了32部，最近的一次拍攝在數位人類學專家和國際傳播學專家之間進行，拍攝是跟專業的影視導演合作共同完成的。

視覺人類學

代序：影視作品的人格

　　《數位人類學》一書的作者，丹尼爾·米勒是英國皇家院士、人類學家，他非常關注數位時代對於人類學研究的前景。他於 2016 年 10 月訪華，我邀請了中國傳媒大學國際傳媒學院的陳衛星教授出面與他展開了一場影片對談。一邊是傳媒學者，一邊是人類學家，雙方圍繞一個共同的主題——「新媒體時代下人類學的理想與前景」。

　　圍繞這樣一個事先設定的命題，對談雙方就像當初第一部《學者對談》的設計一樣來展開。記得當年我和杜贊奇的對話命題是「在國家與社會之間」，那個時候對於草根、地方社會等這樣的關注遠遠超越於大而空的國家話語。

　　不同學科背景的對談雙方坐在一塊兒談論，可以反映出很多問題。當時很多知名學者如同電影明星，習慣於接受採訪，喜歡被觀眾注目，而在我的對談裡會特別強調，嘉賓雙方的交流是一個平等的對話過程。為什麼這樣說呢？在早些的時候，我也接觸很多老前輩，他們都很有想法，在各自的學術領域都有很高的造詣，很遺憾因為語言的問題，在與國外學者交流時會遇到一些阻礙。

　　他們的好思想表達不出來，所以我想用這種對談的形式，找最好的翻譯，讓他們坐在一塊兒，完全表達出他們的思想，沒有語言上的顧慮。因為我想獲得的是他們的思想碰撞，而不是所謂的「名人訪談」。這時我們會發現使用母語談書論道的時候大家都非常自如，而且可以跟國外的學者實現真正的思想碰撞。那種用不熟悉的語言去跟國外學者交流的情景，不自在的對話情況發生了重大的改觀！

　　《學者對談》是在一個給定的命題下，大家就共同關心的問題進行切磋。我在對談中會非常強調三跨，一是跨文化，二是跨專業，三是跨國籍，透過這種「跨」來減少同專業心照不宣的話語，並在話語實踐層面謀求一種創新。

　　這意味著他首先是一個具有獨立研究的「他者」；其次，研究有成的學者也成就了他的自成一說的學術人格。這三個「跨」就會導致對談雙方在交流時顧及對方能否很好的理解，履行了一種你來我往的溝通理性。

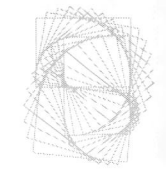

對談時長的一般設計是 1 到 2 小時。從「他」的學術脈絡來說「他」的概念，從「他」的知識系統裡來討論，爭取讓不同專業的對方能聽懂「他」在說什麼。雙方在對談的這種方法設計中達到「理解」的實踐。

用最近的案例來說：中國的傳媒學專家會提到新媒體的出現是否會導致人性的變化，雙方就此展開討論。就是這種圍繞共同關心的問題，用影像來呈現這種理解的過程，確實是一個極好的方式。事實上這種合作面臨一個共同的問題，我相信視覺人類學也有同樣的問題，即影視所特有的專業技術和人類學的方法如何結合的問題。

影視和人類學不是一個簡單的相加，不是說你擁有了影視技術就可以進行人類學的拍攝。它需要你有長期的田野研究，把這兩種「術」如何融合成一種「道」，從「術」到「道」，這需要長期的學術訓練，也是一個學術歷練、學術實踐的結果，並不是書本當中能學出來的。

圍繞商品生產的勞動組織了人。甚至在那個「勞動異化」的概念中，勞動工具組織了人，勞動者的主體性蕩然無存。換一個說法，我們說人的異化，就當下而言，我們也已經被異化在這個新媒體時代的技術和話語體系中。

我們現在已經離不開手機了，手機儼然變成了我們的手的一部分、眼睛的一部分、耳朵的一部分，甚至思想的一部分。它已經讓我們異化在手機的工具之中。所以說新媒體時代會不會導致我們的人性也發生一些變化這個問題非常現實！

英國學者丹尼爾在世界 6 個國家作了長時段的這類研究，也寫過《數位人類學》《社交媒體》等著作。此次來中國的幾場發言中，他也都在圍繞這樣的話題。面對傳播學專家的判斷，他辯稱新媒體會導致我們人類學研究的對象發生重大變化，這個時刻「他者」已經不再是那麼遙遠的了。用筆者的話說，遙遠的比鄰，身邊的他者。

在新媒體時代，會使這個空間發生重大轉變。這個世界不再是我們人類學以前說的那種遙遠的、封閉的、浪漫的村落，而是很有可能就在我們的手機上實現的溝通，實現一個圈，一個群體，甚至是一個虛擬社群。

視覺人類學
代序：影視作品的人格

雖然如此，丹尼爾說，在他的研究裡發現：人們在如何使用、如何選擇群體和工具的時候，他的主體性仍在發揮作用，並沒有因為新媒體時代，世界就真的變成平的了。他說：深入調研後發現，人們仍然按照自己的審美和自己的道德去做出一些重大的選擇，所以說形式上可以是平的，但是在行為層面上，在具體的實踐層面上，人們還是會根據自己的一些傳統的價值觀來互相聚集，形成一個群、一個圈什麼的。

從這個問題給予我們的啟發來說，傳媒學的專家會用他們的實踐來傳播其想法，然後以人性趨同的思路來對質人類學的文化特質論；人類學家則會用他自己的田野來解構傳媒學專家「世界趨同」的預設。

可見這樣的一個小時裡，會談到很多有意思的問題。然後還會有像我們所說的：我們的研究對象是鮮活的，有主體特徵的。譬如說，作為一個拿錄影機的人，難道是「客觀」到沒有主體特徵了嗎？這是我曾經提出的一個問題，從答案來說主體性當然是存在，而且起作用的，否則我們的評獎結果要麼一律是麥當勞的「薯條」，要麼都是一等獎獲得者才對。

所以，回到我的主題來說，這個「他」是有人格的。我留學時的一個同窗——香港中文大學人類學系的張展鴻教授，曾經透過照片來研究明治維新時代的日本真正本土人的阿依努。

他從日本明治維新時留下的很多照片資料中，分析那時研究阿依努的一批日本學者用什麼樣的角度，什麼樣的光等，他就發現這些照片的拍攝者們會故意讓那些作為拍攝對象的阿依努側著臉，以突顯他的高鼻梁，用光讓阿依努的濃眉大眼和濃密頭髮能突出一些。那是一個黑白攝影的時代，照片的拍攝者有他自己的文化觀念在其中。

他要突出阿依努和大和人種不一樣。我們知道僅從五官上來說，大和人跟我們漢人是很像的，阿依努卻是深眼窩、濃眉毛和重頭髮，用這樣的拍攝方法能清楚地呈現阿依努的不同。之所以會這樣表現，一張照片可以讓我們清楚地看到那張照片背後拍攝者所承載的文化。

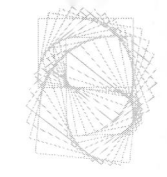

　　研究者根據這樣的分析發現：原來在拍攝他者的時候，拍攝者自己的文化會發揮很大的作用！這種鎖定目標的觀察視線特別像我們平常所說的「螳螂捕蟬黃雀在後」！所以研究者透過照片，來分析拍攝者的文化，進而分析拍攝者的個人人格、學術的風格也包含在其中。

　　那麼，什麼東西會促使研究者用這樣的眼光去看待這樣一張照片呢？我認為其與人類學的自我反思性——「他山之石，意在自我」的方法論息息相關。這就回到我們開頭所說的「覺」，你可以調動你的視覺、觸覺等，不光是你的文字，所以其實人們在捕捉對象的時候，發揮了很大的自我身體的能量。

　　為什麼我們會對視覺那麼感興趣？就是因為視覺所給予的訊息完全超越了文字。文字能給予我們抽象的分析，但是文本性思維是講邏輯、講究因果關係的。而我們在講空間思維的時候，像中國社科院民研所的龐濤教授提倡的「學者電影」，它是一個集立體感、非線性、主體性為一體的空間，如果使用文字，很多訊息將會被閹割掉。跟前面列舉的學者解讀照片所作的分析的狀態一樣，很多東西也會被文本化簡約掉。

　　可是在呈現視覺作品的時候，你會發現這些作品所給予的訊息都是完整的。這些訊息如果應用於讀者，應該是非常鮮活的。讀者也會因此引發屬於自己的思考，所以我們說拍攝的對象是有主體特徵的，是有其文化人格的。而我們的拍攝者同樣也是一個文化主體，也在發揮著同樣的作用。包括我們的讀者，他們也會有自己的視覺，有自己的靈魂融入其中去閱讀這樣的視覺作品。

　　所以我覺得這三個主體綜合起來，才算是我們視覺人類學說的人的主體特徵。從結論上來說，我們非常理性地來處理這些事情的時候，去研究拍攝時光應該怎麼用？構圖應該如何？這是一個很科學、很技術的問題。如果只是用科學理性的思維，又會回到我們提到的人性那一部分，很可能會被刪除。因為科學理性的思維方式是不要求人有主體性的，「我」這個字一定要用某種方法或技術去掉。

視覺人類學
代序：影視作品的人格

什麼意思呢？就是說，要透過一套技術手段「去我化」以求「客觀」，讓所有的人都能用統一方法去驗證這個研究對象如何。其結果當然不是證實就是證偽，因為方法是一樣的，這時候的你只是一個操作者，你的職業操守告訴你，嚴格地掌握操作的技術和方法，你自己的思維不能應用於其中，只需要科學理性來處理。科學理性需要的是去除個體所擁有的人性那一部分。可是我們在拍攝作品時，事實上有關拍攝者的「他」的人格和「他」承載的文化都是抹除不了的。

所以如果用科學理性來處理的話，那些影像作品是非常冰冷的，而不會給大眾帶來感官上的觸動。所以，我們不需要去糾結影視到底是科學還是藝術，其實二者始終都是融合的。科學到了最高境界的時候，不管是宗教還是藝術，它們都是可以對話的。不像我們單純講的，看不見的便不存在，其實世界不是這個樣子的，其實它是一個充滿了「覺」的世界。

實際上科學家到了非常抽象的層面，他的想像力要大於他的唯物的感官。所以一個好的導演創作的作品（如劉湘晨導演的作品），你會發現技術以外的想像力和創造力，包括我們在文字作品中的「非他莫屬」的那種感覺，才是我們在影視作品中應當挖掘和提倡的，拒絕那種批量的、麥當勞式的知識生產。所以我們不必糾結技術分工如何，我鼓勵大家可以像我的《學者對談》中的那些人一樣，跨專業地互惠、互利和互動。

因為我們現在面臨的所有問題都不是一個專業能夠解決的。現在每個行業都有自己的資源和利益追求，但是引發的問題則是社會的、公共的。哪怕是一個養老問題，也需要很多專業的專家來共同設計。如果沒有老人能進入對話、進入養老的話語系統中來（像雲南大學的陳學禮、中山大學的鄧啟耀，他們嘗試將話語權還給當事者的影像處理），那麼這個設計則不夠完整。缺乏對話能力的影像民族不具備其文化的代表性。古人講「子非魚安知魚之樂」，好像你就不能知道為什麼魚在那裡樂，其實莊子是可以透過自己的感官來呈現魚兒歡快地暢遊那樣的鏡頭感，也是藉助「他者」的力量呈現自我的感受。

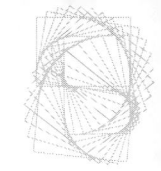

　　同理，還是莊子的話，「非彼無我」，「非我無所取」。幾千年前古人講的話，我們當代人仍在討論，似乎都還沒有討論明白。黑格爾比莊子還要晚得多，所以我們應該對自己的文化有自信，不僅要理性技術地處理很多呈現現實的技術性障礙，更重要的是作為研究者，也作為作者，要用你的人格，你獨有的靈感，來呈現出具有你的特色的作品！我相信：就因為你尊重了你的文化，你看到了你的文化審美，別人才會知道世界是多樣的，否則我們就會變成單線式的、圈養起來的「非物質文化遺產」了。

　　很多社會現象、社會問題，當把主體放置到一邊不顧，既讓政府很沉重，也喪失了自我！我們常說應該保護文化，文化應該怎麼保護呢？不是讓鮮活的文化博物館化，除非是資料，你要把它放在生活裡，讓它的人格和它的主體性有一個很好的發揮空間，這樣文化才會活得像自己，才不會因為新媒體時代而導致異化。

羅紅光

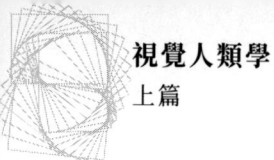
視覺人類學
上篇

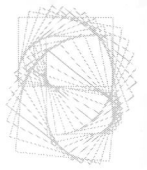

上篇

▎哈佛-皮博迪探險隊的人類學遺產——新幾內亞田野作業的視覺方法創新與倫理反思

梁君健

摘要：1961年由羅布特·加德納主持的哈佛-皮博迪探險隊是當代人類學探險活動的典型代表，多學科和跨媒介的人員組成讓這次田野工作取得了豐碩成果，在圖片民族志和人類學電影的理論和方法上產生了顯著的突破。《戰爭的庭院》利用攝影媒介的傳播特性，配合篇章結構和文字說明，營造了理解達尼文化的內部視角和感知渠道；《死鳥》則體現出影視媒介敘事特性與符號/表徵人類學之間的結合，加德納在田野拍攝中主動思考和積累敘事與表徵資源，成功地呈現了達尼文化的整體特徵。

這次人類學田野工作和影片拍攝過程中還體現了多層次的田野倫理問題，揭示了人類學家所秉持的中立價值、文化整體觀和文化相對主義在不同情境下可能帶來的雙重後果。

關鍵詞：哈佛-皮博迪探險隊；加德納；《死鳥》；視覺人類學；田野倫理

人類學探險活動興盛於19世紀後半期，在19世紀末20世紀初達到高峰。在工業革命之後的西方現代國家體系支撐下，這些探險活動由自然歷史類博物館等學術機構組織和支持，有力促進了人類學從「搖椅」時代向「田野」時代的轉型，為這一學科的資料收集和方法論的成熟奠定了基礎。其中，較為有名的人類學探險活動包括了劍橋托雷斯海峽探險隊和美國自然歷史博物館所組織的系列探險活動。

隨著20世紀20年代馬林諾斯基和拉德克利夫-布朗開創了英國社會人類學派尤其是田野工作的方法論之後，長時間的以個體人類學家為單位的田野參與式觀察代替了短期的以團隊形式收集文化證據的傳統方式，人類學探

15

險活動開始降溫，當代人類學家對這些活動中的殖民主義和文化掠奪也展開一系列反思。

二戰之後，隨著舊殖民體系的崩潰和全球化的進程，傳統的人類學探險活動日益式微。然而，1961 年由羅布特·加德納主持的哈佛 - 皮博迪探險隊在新幾內亞中部山地展開的為期半年的人類學田野工作卻取得了巨大成功。除了耳熟能詳的經典影視人類學作品《死鳥》之外，還有含金量很高的系列成果，在形態上包括了影像、民族志、日記、新聞報導等。

哈佛 - 皮博迪探險隊在新幾內亞內陸高地所展開的人類學田野工作和獲得的豐碩成果，既與二戰後國際形勢的變化和人類學理論的當代演進息息相關，也受到了新的田野技術和媒介環境的顯著影響。人類學家 Edwards 認為，雖然哈佛 - 皮博迪探險隊與 19 世紀末 20 世紀初的系列科學探險在跨學科和多方法上具有一定的類似性，然而，它更富人類學的整體觀念和持續理論探究，以及在 20 世紀 50 年代至 60 年代的人類學語境下成功的方法論創新，拓展了田野工作中人類學家的個體視角（Edwards, 2007）。

隨著這次考察不斷豐富的文字和影像出版，尤其是加德納本人的田野日記在 2006 年的公開，而另一位重要成員卡爾·海德退休後仍然活躍在人類學領域，這讓我們有機會重返田野現場，探究哈佛 - 皮博迪探險隊的理論取向、田野方法和倫理反思。

一、哈佛 - 皮博迪探險隊的過程、特徵及成果

1. 探險隊的組建緣起

哈佛 - 皮博迪探險隊的建立，來自內外兩個方面的原因。新幾內亞是世界上僅次於格陵蘭島的第二大島嶼，面積 78.6 萬平方公里，相當於中國東三省面積總和。該島的原住民為巴布亞語系的眾多種族，19 世紀起，西新幾內亞成為荷蘭的殖民地，並持續到二戰之後。

隨著殖民體系的崩潰，荷蘭殖民當局對西新幾內亞的局勢十分憂慮，一方面希望透過人類學家的科學研究更多地瞭解當地好戰的土著居民並幫助他們完成現代化的轉型，另一方面則希望獲得聯合國和美國對於殖民宗主國地

哈佛-皮博迪探險隊的人類學遺產——新幾內亞田野作業的視覺方法創新與倫理反思

位的支持。因此，殖民當局在 20 世紀 50 年代末派出代表團來到美國，向年輕的美國人類學家們發出田野研究的邀請。

對於加德納來說，接受荷蘭殖民當局的邀請，組織探險隊赴新幾內亞的內陸地區展開人類學研究，則與他自己長期以來的學術和創作思考相關。當時，加德納已經在哈佛獲得了人類學碩士學位，並完成了大部分博士課程。

20 世紀 50 年代加德納製作了兩部關於北美原住民文化的紀錄短片，並幫助約翰‧馬歇爾剪輯了人類學電影《獵人》。同時，加德納還深受英國格里爾遜領導的紀錄片學派的影響，尤其喜愛懷特的《錫蘭之歌》中對於文化的視聽呈現方式。這一切都讓他產生了自己拍攝一部關於原住民文化的紀錄長片的打算。

另外，越戰給美國學術精英和社會文化帶來的影響也同樣促使加德納對西方社會文化進行反思。他將前往一個陌生的石器文化社群視作一種對現代生活的逃離，因此他「迫切地期待在西新幾內亞尋找到一個完全傳統的社群……在這樣一個與我們自己社會完全不同的語境中去探尋對於人類暴力行為的更廣泛的理解」（Gardner & Heider, 1969: 前言）。

抱著這樣的預期，加德納接受邀請，於 1961 年 2 月先行飛往新幾內亞踩點。他首先考察了島嶼南部的阿斯瑪特海岸，但由於這個地區的原住民已經被西方文化顯著影響，加德納認為並不符合自己的預期，因而繼續深入內陸，來到中部高地達尼人聚居區。達尼人在傳教士的資料中被描述為一個兇殘的原始民族，加德納和達尼人的第一次接觸也充滿了警惕和幽默。

由於荷蘭當局此前不久曾經透過巡警隊告誡達尼人停止他們的部落戰爭，因此當他們在瞭望塔上遠遠地看到加德納到來之後，大多數人逃回了自己的家中。加德納只能請翻譯告訴少數留下來觀望的人，希望和部落的頭領（big man）交談。

很短時間之後，加德納就決定選擇生活在格蘭特谷地的這群達尼人作為田野工作對象。加德納後來說，達尼人「純粹」的石器文化生活方式打動了

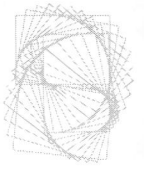

17

他。同時，加德納事先準備的貴重禮物讓當地人同意接受這群西方人住在他們附近，探險隊的工作順利開始。

2. 多學科跨媒介的田野工作

19世紀末期的劍橋托雷斯海峽探險隊被視為第一個人類學領域內跨學科的探險隊，它的跨學科特徵主要體現在探險隊成員的學術訓練基本涵蓋了原始民族文化的各個方面，而這支探險隊所取得的學術成果也成為英國社會人類學的濫觴（Upadhyay & Pandey, 1993）。半個多世紀之後，加德納所組織的這支探險隊同樣具有背景各異的成員，並且形成了不盡相同的跨學科特徵。

除了作為攝像師和人類學家的加德納自己之外，哈佛-皮博迪探險隊成員還包括自然歷史學家和文學作家彼得·馬修森（Peter Matthiessen），他負責為這次探險撰寫日記和報告文學；哈佛大學的學生麥克·洛克菲勒（Michael Rockefeller）和薩繆爾·普特南（Samuel Putnam）從事靜態攝影和聲音錄製，是加德納的助手；《生活》雜誌的著名攝影師艾略特·艾力索方（Eliot Elisofon）在中間來訪一週，負責充實靜態圖片的拍攝和報導；Jan Broekhuijse 是來自荷蘭殖民政府的人類學家，負責在前期從事這支探險隊和達尼人的翻譯和溝通工作；殖民政府僱傭的植物學家 Chris Bersteegh 在5月加入探險隊，從事一週的短期工作，進行當地植物系統的辨識。

哈佛大學的人類學博士生卡爾·海德（Karl Heider）是這支探險隊的「專職」人類學家，負責研究達尼人的物質文化、社會結構和信仰習俗等，完成自己的博士論文、撰寫整體民族誌，並在必要的時候充當加德納的攝影助手。

從上述的名單可以看出，相較於此前大多數的田野工作都由單一的人類學家完成，加德納在組織探險隊的時候充分考慮到人員構成的跨學科背景和多媒介能力。1961年3月初，探險隊的大多數成員抵達田野工作地點，並選擇了距離3個聚居區較近的林地邊緣搭建了帳篷營地。在6個月的田野工作中，加德納賦予了探險隊成員充分的自由，面對相同的人群和同樣的事件，

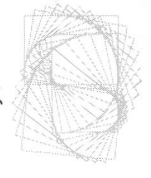

每位成員都可以自行選擇觀察和記錄的方式,晚間回到帳篷營地之後再展開充分討論。

由於知識背景和媒介手段的多樣性,探險隊所發現和記錄的文化數據和資料超越了對於單一文化群體的簡單描述,具備了透徹的多面性,具有方法論的革新意義,確保了高質量學術成果的誕生。

3. 探險隊的主要成果

1961年8月底,探險隊的田野工作結束,加德納帶著大多數成員回到美國,而卡爾·海德則繼續在當地進行田野工作,除了中途回到哈佛半年之外,他個人的田野工作一直持續到1963年12月。在這期間,加德納用一年半的時間剪輯完成了《死鳥》的兩小時版本,返回西新幾內亞試映之後,回到美國完成了最終的84分鐘版本,由非營利教育紀錄片出版機構DER (Documentary Educational Resources) 發行。

除此之外,卡爾·海德在第二階段的田野工作中還拍攝了甘薯種植、房屋建造等達尼人的物質文化影像資料,並在20世紀70年代製作了兩部人類學紀錄短片《達尼甘薯》(Dani sweet potatoes,19分鐘,1973) 和《達尼房屋建造》(Dani houses,16分鐘,1973),同樣由DER發行。

這次人類學探險活動的文字民族志的出版相較於《死鳥》的面世更晚一些。除了少量的文章之外,關於達尼人的第一本民族志是海德以自己的博士論文為基礎的民族志著作《杜姑姆的達尼人》(The Dugum Dani, 1970)。

在1961-1963年的20多個月的集中田野工作之後,海德又多次回到新幾內亞,對達尼人的文化心理和當代變遷展開了跟蹤研究,並於1979年出版了《格蘭特谷地的達尼人:和平的武士》(Grand Valley Dani, peaceful warriors, 1979),這個版本的民族志在《杜姑姆的達尼人》的基礎上結合跟蹤研究補充了更加完整的文化儀式和群體心理的內容。根據1988年和1995年的兩次回訪,海德在1991年和1997年又再版了兩次,各補充了一章有關文化變遷的描述與討論。

視覺人類學
上篇

在靜態圖片方面，探險隊的每個成員都拍攝了大量黑白和彩色照片，總量超過 1.8 萬張。最初，畫冊的整理和出版由麥克·洛克菲勒主動請纓，但他在第二次前往新幾內亞收集原住民藝術品的時候不幸失蹤，畫冊出版轉由加德納和海德負責。

他們挑選出 337 張圖片，為每張圖片配以文字說明，並根據達尼人的生活經驗將其整理為 6 個部分，每個部分又單獨撰寫描述性田野報告，最終在 1969 年出版了《戰爭的庭院：新幾內亞石器文化的生活與死亡》（Gardens of war: life and death in the New Guinea stone age），並成為圖片民族誌的經典著作。

麥克·洛克菲勒在田野工作中除了擔任電影錄音師之外，還展現出圖片攝影的天賦，拍攝了 116 卷黑白照片和 83 卷彩色照片。2006 年，Kevin Bubriski 對洛克菲勒的圖片進行了研究和挑選，並編輯出版了畫冊《麥克·洛克菲勒：1961 年新幾內亞影集》（Michael Rockefeller: New Guinea photographs, 1961），由加德納作序。

探險隊的另一位成員彼得·馬修森後來成為一位頗有成就的文學作家，他的文學作品曾經 3 次獲得美國國家圖書獎。1962 年，他根據這次人類學探險撰寫了非虛構報告文學《峭壁之下：石器時代的兩個季節》（Under the Mountain Wall: A Chronicle of Two Seasons in the Stone Age）；1965 年，他出版了獲得美國國家圖書獎提名的小說《在上帝賜予的土地上遊玩》（At Play in the Fields of the Lord），這本小說在 1991 年被改編成一部長達 189 分鐘的電影。

雖然這本小說將故事背景放在了南美洲巴西的熱帶雨林，但它展現的傳教士與印第安人之間的故事和《峭壁之下》有諸多的相似之處，可以說這部虛構作品中的大部分素材都來自馬修森在新幾內亞 6 個月時間的所見所聞。

在大眾傳播方面，短期加入探險隊的艾略特·艾力索方所在的《生活》雜誌刊發了關於達尼人的一組專題攝影報導，首次向西方普通民眾介紹了尚處於石器時代的新幾內亞原住民。

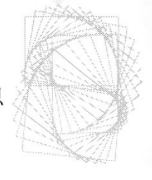

此外，這支探險隊本身也意外得到了大眾媒體的兩次集中關注，第一次是麥克·洛克菲勒失蹤之後的大規模搜救行動，第二次則是一次較大規模的關於《死鳥》的拍攝是否存在倫理問題的公共爭論。

綜上所述，哈佛 - 皮博迪探險隊在人類學、文學和大眾媒介等方面都產出了豐富成果，它們共同形成了相當豐富的文本資源，從不同的角度，並透過多樣化的媒介層次豐富地呈現和記錄了新幾內亞達尼人的原住民文化，在他們邁入現代世界時刻留下了不可複製的寶貴資料。

這主要應當歸功於對研究對象的選擇和探險隊成員的多樣化構成，也為此後類似的田野實踐提供了重要的經驗，即由人類學家主導、嚴格遵循當代人類學方法論的同時，也注意與當代媒介技術和傳播行業的密切互動，透過新聞雜誌、出版業、影像發行行業、博物館展覽等多種渠道呈現和傳播關於特定文化的學術思考與成果。

二、新幾內亞人類學作業的視覺方法

以《死鳥》和《戰爭的庭院》為核心內容的視覺民族誌是哈佛 - 皮博迪探險隊在新幾內亞開展人類學研究的代表性成果，也是視覺人類學這一學科進入成熟期的重要標誌和經典作品。當然，這些高質量作品的產生離不開特殊的外部條件。首先，哈佛大學和皮博迪博物館具有較為雄厚的經濟實力，探險隊得以使用較為先進的視聽記錄設備和各種焦段的鏡頭，從事視覺記錄的團隊也達到了相對較大的規模。

其次，由於達尼人長時間處於與世隔絕的狀態，他們對於攝影機一無所知，認為它除了發出一些噪音之外，和墨鏡、襯衫沒有什麼太大不同，因而在拍攝的時候出乎意料地順利；達尼人對於現代電影媒介沒有任何認識，因此在鏡頭前面也沒有任何緊張和不適的感覺（Gardner, 1972: 34）。

在上述有利外部條件的支撐下，以加德納為首的探險隊成員在田野工作和後期呈現過程中，在諸多方面繼承和發展了視覺人類學和影像藝術的方法論。本文的這一部分將集中探討哈佛 - 皮博迪探險隊在圖片和影視這兩個方面為視覺人類學的發展所提供的豐富遺產。

1.《戰爭的庭院》對貝特森圖片呈現觀念的發展

現代攝影技術出現後不久，探險家、傳教士和殖民官員就將其用於記錄和呈現歐洲之外的人類社會與文化景觀，為人類學的研究積累了豐富的視覺資料。後來，隨著當代人類學，特別是參與式田野工作的出現，只要條件允許，多數人類學家都會或多或少地使用攝影圖片作為田野證據和記錄介質。不過，在 1935 年貝特森和米德的峇里島田野工作之前，極少人類學家主動思考如何使用影像來呈現人類學研究的成果和結論。

貝特森和米德所開創的視覺人類學方法始於他們對人類學功能主義取向的反思。在《納文》這本書的第一段裡，貝特森（2008）就提出，功能學派善於從分析的角度去尋找文化中各個要素之間的相互關聯及其所折射出來的整體文化；不過，功能學派對於文化的描述過於實用主義，忽視了情感在文化結構中的積極作用。

因而，貝特森和米德不僅提出了民族氣質（ethos）的概念來矯正功能學派的經驗主義弊端，而且在他們合作開展的對於峇里人的性格和氣質的研究中使用視覺的方式來探尋另外一種表徵文化的可能性。

貝特森所創立的圖片民族志的方法論集中體現在《峇里人的氣質》一書中。貝特森詳細說明了照片拍攝的過程和原則：在田野工作期間，首先針對一些特定的文化假設尋找合適的語境，儘量多地進行記錄，注重圖片形成事件序列，而儘量少去考慮哪一個動作最有代表性這樣的瞬間價值（Bateson & Mead, 1942: 50-51）；在田野工作結束後，他和米德將同一主題的不同圖片進行並置，展示不同行為之間的整體性；最後，由米德撰寫本書前半部分的人類學概述，而由貝特森來具體地對圖片進行挑選和排版，並配上米德為每一組照片撰寫的圖片說明。

在圖片編排和呈現上，貝特森使用了兩種不同的策略。一種是根據田野工作期間圍繞特定的文化假設和現象展開的圖片記錄，將不同場合不同人群的類似文化行為在單頁中透過 6～10 張圖片進行綜合呈現，來展示社會現象的類似性和內在規律；另一種呈現的策略則是將同一場景同一人物的多幀

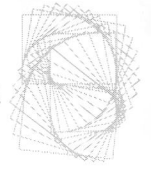

哈佛 - 皮博迪探險隊的人類學遺產——新幾內亞田野作業的視覺方法創新與倫理反思

照片按照順序排列於單頁中，這些照片構圖和要素大體相同，但在文字說明的幫助下呈現出動作序列中的細微差別。

例如在圖集 16 中，透過一組教學生跳舞的系列圖片來說明峇里文化依靠動作模仿和矯正、而非抽象語言進行教育的特質。貝特森和米德認為，這樣做不僅能夠同時兼顧文化科學中的描述與分析，並且還可以將對文化本身的研究和對文化的傳播結合起來（Bateson & Mead, 1942: Xii）。

海德坦承，在從事《戰爭的庭院》的撰寫和編輯時從《峇里人的氣質》中借用了基本的方法論，即透過成組的圖片來展示細節的文化行為和人際關係，同時配以文字深描。不過，在圖片民族誌的整體結構和組圖的呈現方式上，《戰爭的庭院》進行了新的探索。

首先，在整體結構方面，《戰爭的庭院》將集中的文字描述分為了 6 個部分，每個部分之後分別配圖，而不再採取《峇里人的氣質》中由米德在前半部分集中撰寫一個完整的文字描述。在內容的具體組織形式方面，米德按照常規的整體人類學的框架分門別類地介紹了峇里人的核心文化要素，例如宗族、性別、社會分層、地理方位、文化儀式、生命週期、文學藝術等；《戰爭的庭院》則根據達尼人自己的生活經驗而非學術門類進行了 6 部分內容的組織。

例如該書的第四章《玩耍》，在整體的文字描述部分介紹了「遊戲」的人類學價值：遊戲是對文化的精彩的簡化，有利於外來者在複雜境況和不熟悉語言的情況下觀察文化（Gardner & Heider, 1969: 63）。接下來較為詳細地描述了達尼孩子是如何透過遊戲的方式互相學習，並且自我塑造為一個武士。除了介紹 3 種戰鬥類遊戲的玩法之外，也介紹了和西方文化類似的男孩女孩之間的過家家遊戲和模型村落建造等。

這樣的區分章節的標準相比於學術分類更加強調人文主義，並且提供了一個更加柔性的結構，尤其適用於運用圖片這種更加依靠感性體驗的媒介來傳遞人類學知識。愛德華認為，《戰爭的庭院》分章節的方式體現了人類學領域所強調的內部人的視角，即依靠個人體驗，而非專業領域的功能或結構的方式去呈現文化（Edwards, 2007）。

視覺人類學
上篇

其次,在每一部分的文字概述之後是圖片的文字說明。這些說明既注重整體的文化表述,也透過標註人物姓名和修辭的方式將圖片中的內容與特定個體的生活經驗連接起來,同樣鼓勵讀者從達尼人的視角來理解他們的文化。

例如,第四章的文字描述部分之後的 68~69 頁是圖片說明的部分,對所有圖片的內容進行一一對應。有些圖片說明介紹了圖片中主要人物的姓名和身份,但更多時候是對於圖片內容進行白描。例如,對 75 頁的編號為 157~159 的 3 張圖片的介紹為:

「種子戰爭」是一種模擬戰場的遊戲,主要由還沒有到達參加戰爭年齡的孩子玩耍;由漿果種子組成的模擬軍隊輪番前進和後退;為了更加精確地模擬成人世界,一個漿果種子還被放在由小樹枝做成的瞭望塔上,當它的部隊撤退時也被移開。

與這段說明文字相對應的 3 張圖片以品字型排滿整幅頁面,其中 157 號圖片是 3 個男孩在地面玩模擬戰場遊戲的全景,我們可以看到畫面左側和右側各有一個蹲坐的小男孩,操作他們身前地上的幾十粒漿果種子,每粒種子都代表一名武士。這張照片占據了整頁的上半部分,下半部分則是兩張造成對比和補充說明作用的圖片。

左下側的 158 號圖片是用小樹枝搭起來的瞭望塔模型的特寫,樹枝上有一個小木片代表瞭望平台,上面放著一粒代表了瞭望武士的漿果種子;右下側的 159 號圖片則是真實戰場中成年人在塔樓上觀察遠方敵情的全景,對應了 158 號圖片中遊戲細節的模擬對象的真實情況。

最後,在圖片排版方面,《戰爭的庭院》避免了《峇里人的性格》中左頁文字和右頁圖集的對應形態,將所有的文字說明和圖集嚴格分開,圖集的部分只有畫面下方表示編號的阿拉伯數字,如果希望更多瞭解圖片的內容,必須翻回到文字說明的頁面上。

這種方式讓圖像擺脫了文字的限定性,不再一一對應於特定文字內容,從而讓讀者儘可能地透過視覺訊息沉浸到文化他者的個體經驗和社會景觀中,呼應了在章節區分上的遵從原住民生活體驗和內部視角的原則。在圖集

哈佛 - 皮博迪探險隊的人類學遺產——新幾內亞田野作業的視覺方法創新與倫理反思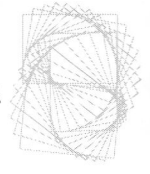

設計和排版上,《戰爭的庭院》也不再像《峇里人的性格》那樣老老實實地將所有圖片以類似的大小按照順序在同一頁面中排成兩列。

《戰爭的庭院》的圖片排版更有電影感,很多時候打破了線性敘事,採取並置、對比、強調等更多的修辭展現方式。例如,上面所提到的第 75 頁關於模擬戰場遊戲的 3 幅圖片就用特寫強調了全景中的獨特訊息,並進而使用遊戲和現實場景的對比強化了遊戲的文化意義。

再如,166 ～ 167 頁中,左頁是 6 張景別類似的照片,呈現了戰場上處理胸部箭傷的整個過程,包括從戰場上將傷者扛回來、拔出箭、在腹部開口流出髒血、將水灑在身上、短暫的休息和最後將傷者運回村莊的 6 個瞬間,和《峇里人的性格》中時間序列的排版方式類似;但右頁則被一幅照片鋪滿,這張中景圖片呈現了一個中箭的小男孩正被施救的瞬間,他那緊閉的雙眼和痛苦的表情藉助這樣的大篇幅和構圖呈現出很強烈的瞬間感染力,將人類學知識與人文主義對個體的關懷進行了很好的結合。

綜上所述,《戰爭的庭院》更新了圖片民族志的呈現觀念和結構。在充分認識到圖片媒介在訊息、符號和情感 3 方面傳播功能的同時,尤其重視視覺在傳遞個人主觀體驗方面的優勢,並在章節安排、圖文關係、圖片排版 3 個方面,根據具體的呈現內容進行針對性的設計。

在透過時間序列和同主題聚集等視覺方式傳遞文化訊息之外,還透過對比和並置的方式呈現文化符號中能指和所指之間的對應關係,並透過畫幅和構圖的變化突出了個體情感和經驗,最終透過文字輔助來激發觀看者的主動聯想,利用碎片化的時空場景完成了完整的文化呈現。

2.《死鳥》的攝製與影視人類學經典文本的誕生

人類學電影《死鳥》是哈佛 - 皮博迪探險隊的標誌性學術成果,不僅奠定了加德納在紀錄片創作和人類學研究兩個方面的地位,更是為之後的影視人類學實踐提供了一套完整的方法論和可供參照的典型文本。本部分以加德納的田野日記為核心資料,發掘這次著名的影視人類學實踐中的方法論價值。

視覺人類學
上篇

總體來說，以加德納為首的探險隊在被達尼人接受的過程中逐漸深入地展開參與式觀察，將部落戰爭置於整體生活文化中進行理解，進而在田野中捕捉人物、符號和神話素材，生成影像文本的敘述動機和呈現資源。

(1) 透過參與式觀察理解戰爭

石器時代的原始文化和部落戰爭是加德納組織這次探險活動的主要目標；在特定的文化語境下對於人類戰爭行為獲得更加全面的理解，既是這次新幾內亞田野工作的整體研究路徑，也是《死鳥》這部人類學電影的主要內容。

從加德納的田野日記中我們可以清晰地看到，他是如何透過參與式觀察和影像拍攝實踐，一步步地透過戰爭行為理解達尼文化的特質，同時在整體文化中理解戰爭多層次的意義。

按照常規的觀察式電影拍攝經驗，加德納本來預期應該在達尼人逐漸適應了探險隊的存在之後，再正式開始拍攝。但 4 月 10 日那天早晨起床之後，加德納在沒有任何徵兆的情況下聽到了戰爭開始的消息。他和探險隊的其他成員先是爬到森林營地後頭的小山上看了一段時間；糾結於擔心以後也許遇不到類似場景，加德納最終充滿焦慮地在他認為還沒有完全準備好的情況下靠近戰場，正式地開始拍攝。

他們從山上下來穿過田地的時候，遇到了不少還在勞作的達尼婦女，她們有的在收穫甘薯，有的在鋤草，或者維修田地邊的水渠，而她們的丈夫、父親和兄弟、孩子正在距離她們幾百米遠的地方戰鬥。加德納驚訝地發現，對於這些婦女來說，戰爭好像並不存在或者沒什麼值得注意的，只有少數女人打聽有誰受傷或者被殺死（田野日記，1961 年 4 月 10 日，Gardner, 2006: 16）。

對比《死鳥》的成片我們可以發現，正是這種獨特的田野經歷，讓加德納在影片高潮的戰爭段落中將婦女兒童去鹽井取水與戰爭場景進行了平行剪輯，雖然這兩段素材並非拍攝於同一天，但這種剪輯方式能夠最好地呈現加德納的田野感受，並透過平行對比來揭示達尼人對於戰爭的獨特心態。

哈佛-皮博迪探險隊的人類學遺產——新幾內亞田野作業的視覺方法創新與倫理反思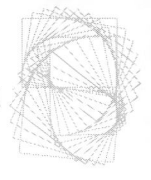

　　4月10日這一天，加德納不僅在日記中推測了部落戰爭對於男性身份和頭人地位的重要性，也透過戰場上說笑、休息的武士們看到了戰爭對於達尼人每個個體的不同意義：「在觀察他們戰鬥的時候，我越來越清晰地發現，每個人都充分地享受這個過程；謀劃戰爭，互扔長矛，互射弓箭，與500多人的戰友共同維護榮耀，在這些過程中他們感受到巨大的快樂」（田野日記，1961年4月10日，Gardner, 2006: 17）。

　　加德納甚至將達尼人的部落戰爭比喻為西方世界的競技類的體育運動項目。後來，在更多地瞭解到達尼人部落戰爭的文化意義之後，加德納反思，自己在第一次拍攝戰爭時候的焦慮和小心翼翼大概是不必要的。

　　達尼人的戰爭更像是一種表演和湊熱鬧，探險隊在戰場上的出現並不影響雙方的行動；相反，如果加德納他們沒有去戰場上參與這項熱鬧的「活動」，達尼人反而會覺得難以理解（Gardner, 1972: 33）。

　　5天之後，另一場戰爭從早晨開始，一直持續到下午。加德納在日記裡詳細地描述了戰爭從發造成結束的整個過程，特別補充了第一次觀察戰爭時沒有注意到的傷員的下撤和醫療處理的過程，並且對於戰爭的過程和目標在「遊戲觀」和「男性身份建構」的基礎上有了進一步的發現：戰爭的目標並非是儘量多地殺傷，而是殺死一個敵人；雖然「男性遊戲」的成分的確存在於戰爭中，但戰爭不僅僅是遊戲，而與達尼文化的整體生活圖景密切相關，如果沒有戰爭，達尼社會將不復存在（田野日記，1961年4月15日，Gardner, 2006: 29）。

　　3天後，加德納在閒逛的時候遇到並且拍攝了男孩子們模仿大人進行戰爭遊戲的場景。他後來意識到這次偶然的相遇提供了重要的電影素材，小孩子們透過觀察和遊戲的方式來學習和享受戰爭，這讓加德納更加密切地感受到這個文化的特質，以及拍攝戰爭對於理解人類文化的意義（田野日記，1961年4月18日，Gardner, 2006: 31）。

　　在幾次對於戰爭的近距離觀察、偶然遇到兒童玩耍戰爭遊戲，以及早些時候觀察到的勝利慶典和敵對部落武士的葬禮之間的關聯之後，加德納不僅

視覺人類學
上篇

對於達尼人的精神力量留下了深刻的印象，而且還逐漸認識到，達尼人獨特的鬼魂信仰是部落之間戰爭循環往復的內在機制。

海德在他的文字民族誌中詳細解釋了達尼人關於戰死同伴鬼魂的信仰是如何導致了部落戰爭的循環往復：不僅每次戰爭和襲擊的發動都是為了安慰己方死去武士的鬼魂、尋求平衡，並且達尼人認為，在戰爭的頭一天，己方死去武士的鬼魂會飄過邊界，偷偷地到達敵人的領地，並且「預殺死」一個睡著的敵人。這樣在第二天的戰場上，這名敵人就會真的被殺死。

總體上看，達尼人的戰爭和我們所理解的並不相同，這也是《死鳥》這部紀錄片呈現出的最重要的文化差異。在戰場上，只有幾十個年輕人偶爾正面作戰，大多數的時候則是嘶吼、謾罵和調戲對方，少年人和老年人會淡定地在離前線較遠的地方抽煙和聊天，而婦女則像往常一樣在田地勞作。

在達尼人那裡，暴力行為和仇恨心理之間並不等同；加德納為此將達尼人的戰爭比喻為常規的群體類競技體育項目，而非你死我活的殘殺。對於部落戰爭的切身體驗和文化理解，奠定了《死鳥》這部紀錄片的人類學洞見。

（2）在田野中挖掘敘事和符號資源

在參與式觀察和文化整體觀的基礎上不斷深化對部落戰爭的機制和意義的理解的同時，加德納也為人類學影片製作收集不同的敘事資源、攝製各類素材，甚至還嘗試邀請一位達尼人朋友在岩洞裡表演他的夢境。

在這個過程中，加德納一方面借鑑成熟的影視敘述手段，構建核心人物、基本動機等敘事線索，同時也借鑑符號學的思考，尋找對於整體文化具有表徵意義的視覺符號，並嘗試在敘事和符號之間營造某種綜合效果。

人類學家麥克唐納認為，馬歇爾的《獵人》和加德納的《死鳥》奠定了人類學紀錄片的一種重要類型。它們都展現了尚未被現代文明影響的原始生活，從這一點上看，他們可以被視為弗拉哈迪的後人。

同時，他們也面臨著類似的挑戰：如何透過一部紀錄片介紹一個族群，以及在視聽媒介娛樂化的觀眾預期下，如何將重要的文化訊息採取能夠被觀

28

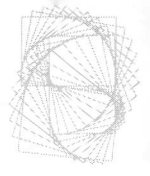

哈佛 - 皮博迪探險隊的人類學遺產——新幾內亞田野作業的視覺方法創新與倫理反思

眾接受的方式傳達出來。斯科特指出，《死鳥》和《獵人》這兩部影片都採取了故事講述的邏輯（MacDonald, 2013: 68）。

從敘事的連貫性和達尼文化特質考慮，加德納較早地確立了以特定人物為線索的敘事方式，他的理想人物是一個 30 出頭的男性武士和一個十一二歲的男孩。成年男子 Weyak 一開始就被選中，並且滿足了加德納所有的期待。而最早選擇拍攝的男孩則過於「井然有序」，不過沒過多久就被加德納放棄了。

他成功找到了另一個同齡的孩子，也就是影片中的 Pua，笨拙、脆弱和有些憂鬱個性的 Pua 讓加德納印象深刻、十分滿意。在拍攝的時候，加德納一直注意在拍攝各種日常活動的時候都用影像強調他們的存在，而這兩個人物也在呈現常規達尼生活的同時顯示出了充分的個人特點。

在田野作業的過程中，加德納不時地專門抽出時間來反思自己拍攝素材的特質，在拍攝進行到中段的時候，他發現很多素材看上去過於宏大和史詩化，而 Pua 這個角色因此越發重要，他不僅帶來了更多的常規影像和生活趣味，而且還能夠平衡死亡和不幸這樣過於沉重的話題，人物性格和文化特質也因此產生了愈發密切的聯繫（田野日記，1961 年 6 月 21 日，Gardner, 2006: 57）。

除了人物和結構之外，受 20 世紀中葉人類學領域符號學和結構主義轉向的影響，加德納在拍攝過程中也十分注意尋找特殊的文化符號。開始田野工作不久，加德納就聽到了「死鳥」這個詞彙和相關傳說。

一天下午，他在艾肯河裡打了一只野鴨，邀請幾位年輕的武士共進晚餐，年輕的武士們告訴加德納，每當他們殺死一個敵人的時候，他們都會取走他的裝飾品、羽毛、武器和其他隨身攜帶物品，他們把這些叫做「suwarek」，也就是「死鳥」的意思，意指死去的達尼武士（田野日記，1961 年 4 月 9 日，Gardner, 2006: 16）。

加德納立即被這一傳說吸引，並想方設法拍攝了一個完整的鳥類飛翔的長鏡頭，將其作為影片的開頭。海德（Heider, 2007）認為，加德納很多電

視覺人類學
上篇

影的開頭都會給觀眾展現特殊的地貌和符號化的意象,而這種創作習慣正來源於《死鳥》。由於這個開場鏡頭是從山頂俯拍下來,加德納成功將飛行的鳥和背景的谷地壓在一起,在同一個畫面中同時呈現了符號與環境。

類似的,影片的結尾鏡頭也在田野工作的過程中按照符號和表徵的原則被設計出來。7月17日,加德納拍攝了期待中的影片的最後段落,也就是艾肯河。他認為,艾肯河既代表了敵我的邊界和戰爭的前線,同時也是影片中另一個小男孩Weake被殺死的地方,在敘事和表徵方面具有雙重的意義(田野日記,1961年7月17日,Gardner, 2006: 64)。

達尼成年男子Weyak編織貝殼飾帶的拍攝和使用是加德納將敘事結構與符號表徵進行綜合的典型代表。在達尼人的葬禮中,貝殼飾帶有自己獨特的意義,代表了時光流逝,被進獻給死者。在《死鳥》的成片中,Weyak在影片的開始段落之後動手編織飾帶,在影片的結尾段落,也就是小男孩的葬禮之後完成了飾帶的編織。加德納在一次採訪中藉助這個細節系統性地闡釋了將敘事和符號結合起來提供更高層次的視覺表徵的方法論:

飾帶編織的完成不僅在形態上標誌著影片的結束,也代表了一個達尼生命的離開,因為飾帶的文化功能正是為死亡的時刻準備的,而死亡的時刻,也是這部影片的主要用力點。因此,從現實世界中選擇細微獨特的物品,並超出它們自身的物質存在,能夠為影片提供視覺上的意義建構方式(Barbash, 2001)。

(3) 影片的最終結構與風格

雖然加德納早已意識到達尼人的文化正在迅速地被西方影響,並在自己的日記中多次表達了對於達尼人未來的悲觀情緒,但人類學電影《死鳥》仍然將達尼文化呈現為一種未受影響的原始狀態,而非對於變遷過程的反差的記錄。

在很大程度上,加德納之所以選擇呈現「靜態」而非「動態」的達尼文化,恰恰是意識到巨變已經來臨之後產生的某種責任感。在較為成功地拍攝了Weyak和Pua的人物素材之後,加德納開始考慮更多記錄達尼文化對於

兩個主要人物和人類學家自己的意義。他甚至離開了帳篷營地，到 Weyak 的家裡住了幾天，來更好地和更加親密地感受拍攝對象和整體文化。

雖然夜間被老鼠和蚊子折磨，但是獲得了男性和女性在日常狀態下的勞動分工和生活節奏等有價值的素材。加德納意識到，自己對於學術研究和達尼人的首要責任，是儘量多地記錄下他們生活中的重要部分，只有在盡到這一方面責任之後，自己才可以去思考如何將他們的行動更好地展現給觀眾（Gardner, 1972: 34）。

麥克唐納認為，備受越戰困擾的加德納希望從這種靜態的原始文化中尋找人性的共通之處：不論是原始石器文化，還是現代西方文化人們都要面對生死和道德挑戰，而像編織貝殼飾帶這樣的習俗則幫助個體去應對這些挑戰（MacDonald, 2013: 73）。

加德納坦承，在看到現代世界對於原住民文化的侵襲的危機之後，一方面當然要儘量多地記錄達尼人的一切，但另一方面達尼人對他來說又並非那麼重要，他希望從達尼人身上發現所有人類共同的特徵，例如在戰爭中遊戲的愉悅，披著羽毛跳舞慶祝勝利時的尊嚴，以及男人女人共同的命運（Gardner, 1972: 33）。

最終，《死鳥》這部影片由 663 個鏡頭組成。不僅透過兩個核心角色體現了達尼人的戰爭行為和圍繞戰爭的一系列儀式實踐，而且還透過平行剪輯等方式儘可能地呈現了達尼人的多樣化的生活環境和物質條件，並透過符號表徵等手段強化了達尼文化中的核心要素，構成了影片的情緒動機和隱藏線索。

三、異質文化與戰爭研究的田野倫理

雖然哈佛 - 皮博迪探險隊的探險活動與此前的人類學探險活動相比，在方法論和價值觀上都有了很大的進步，但對於研究對象而言，人類學家終究不是「無色無味」的客觀存在，受政治、學科和個體等方面的制約，人類學的研究很難迴避對於田野倫理的思考。

視覺人類學
上篇

對於哈佛-皮博迪探險隊而言,除了常規的人類學家所遭遇到的與研究對象的權力關係及自身所帶來的文化衝擊之外,戰爭這一獨特的研究對象還帶來了額外的對於價值中立和文化相對主義的倫理反思。從新幾內亞的這次田野工作個案中,我們可以從一個更加生動和完整的角度觀察當代人類學所面臨的倫理困境,並吸取可貴的經驗教訓。

1. 人類學家與研究對象:由貝殼引發的衝突

在動身之前,加德納查閱了大量的關於達尼人的文獻,西方傳教士們的描述讓加德納十分擔憂應當如何建立起與研究對象之間的和諧關係。由於達尼文化中貝殼具有類似於貨幣的價值,加德納在臨行前專門向馬薩諸塞的貝殼收集者購買了一批貝殼。

在和達尼人第一次相遇時,為了不讓他們覺得這些西方人是無家可歸的可憐乞丐,加德納提出和他們一起生活一段時間的請求之後立即補充道,可以送給他們一些貝殼來交換生活資料。

參與溝通的頭領瓦力(Wali)迅速同意了,並提出想看看其中的一個貝殼。於是,加德納打開箱子,瓦力看到之後立即讓加德納關上;後來加德納意識到,這是因為瓦力不願意別人看到他認為已經屬於他的貝殼(Gardner & Heider, 1969: 7)。

隨後的幾天,加德納對於貝殼帶來的意外順利十分欣喜,他甚至在自己的田野日記中專門記下了自己得意的心情:僅僅到來兩天,貝殼就為加德納帶來了與達尼頭領們一起吃豬肉的機會,而對於傳教士來說,這種親密關係需要幾個月甚至幾年的時間才能夠建立起來(田野日記,1961年3月4日,Gardner, 2006: 14)。第二天,加德納在和達尼頭領一起吃豬肉的時候再次贈送了一只大的貝殼和一罐茶葉,提出了希望待較長時間,以便更好地學習達尼文化。

但是好景不長,加德納開始感受到貝殼給這個文化群體帶來的出乎意料的影響。就在和頭領們吃豬肉之後的第三天,3個達尼頭領來到加德納的帳篷裡,請求看看他帶來的大貝殼。一段時間之後,加德納發現,部落內部頭

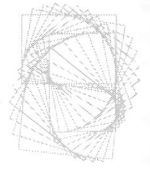

哈佛-皮博迪探險隊的人類學遺產——新幾內亞田野作業的視覺方法創新與倫理反思

領之間常常發生關於誰應該得到哪個貝殼的爭執。這些頭領拋開了加德納，希望制定一個公平的貝殼分配方案。

這個達尼族群裡最有影響力的頭人 Kurelu 甚至將大貝殼看作唯一能夠提高他聲望的東西，而另一個頭領瓦力則聲稱，當加德納第一次來到這裡的時候，其他人都嚇得跑回家了，只有自己和另外一個夥伴與西方人進行了第一次接觸，因此自己應當得到更好的貝殼（田野日記，1961 年 4 月 18 日，Gardner, 2006: 30-31）。

此後，圍繞著這個裝滿貝殼的木箱，加德納和當地人之間發生了一系列的爭執和不快，他的田野日記中至少還提到了 3 次與貝殼贈送與分配相關的棘手事件。最為嚴重的一次衝突發生在 5 月 27 日的一次勝利慶典上，加德納給了 Husuk 一個貝殼，感謝他耐心回答自己的大量提問，這引起了瓦力的不快，他對著所有族人喊叫，讓他們離這些人類學家遠遠的（田野日記，1961 年 5 月 27 日，Gardner, 2006: 50）。

從這些事件中，加德納開始反思探險隊給達尼文化帶來的衝擊，尤其是這種財富交換的市場機制與達尼文化中原本存在的互助機制之間的矛盾。隨著時間的推移，他甚至感覺自己的行為讓當地文化墮落，達尼人開始對僅僅具有符號意義的很多西方世界的東西感興趣，懇求贈送，甚至偷盜。「我們已經變得和我們曾經討厭的那些傳教士沒有兩樣。我們沒法保持雙手乾淨地離開，達尼人從我們這裡學習放棄他們的文化」（田野日記，1961 年 7 月 15 日，Gardner, 2006: 63）。

人類學家和研究對象之間的關係一直是田野倫理的重要問題。不論是在現代社會還是傳統社會，為他人在時間和精力上的付出提供相應的補償都是常規的思考方式。但對於達尼人來說，人類學家無法透過幫助搭建房屋、開掘水渠和殺豬宴請等傳統的方式來補償他們的報告人和其他達尼頭領提供的生活便利。

在具體操作上，也許加德納可以選擇晚一些給達尼人展示和贈送貝殼，並且忽視了來自美國的這些特殊形制的貝殼對於當地人來說所代表的過於巨大的財富；而從整體上考慮，如何在西方現代市場規則和研究對象本身的文

視覺人類學
上篇

化價值系統之間進行取捨和平衡，對於每一次田野工作來說，都值得事先充分思考。

2. 戰爭與中立

不論是新聞報導、歷史敘述還是人類學研究，戰爭作為呈現對象都對倫理問題提出了特殊要求。通常，中立、正義和人道是看待戰爭的基本倫理前提。在剛剛進入的那段時間，哈佛 - 皮博迪探險隊的成員對於中立問題十分敏感。他們擔心，當選擇了和這個族群居住在一起的時候，是否意味著成了其他族群的敵人。後來他們透過一些具體的事例發現，達尼人的戰爭觀念和西方社會有很大的不同；中立地位的獲得相對來說更加容易。

例如，在一次部落戰爭中，海德和洛克菲勒站在他們所居住的 Dugum 族群的武士中間拍攝他們的對手 Widaia 武士。不久之後，海德突然發現自己身邊的武士們悄悄撤退了，而對方的上百名武士正衝向這個山脊。海德和洛克菲勒趕緊跑下山坡，躲在沼澤中，看著 Widaia 武士們占領了山脊，好奇地觀察著他們遺留在戰場上的攝影包。令他們驚訝的是，這些武士覺得這是一個巨大的玩笑，他們對著海德大喊，過來和我們住吧，你不會想和 Dugum 人生活在一起的。不久之後，Widaia 武士就撤退了，海德和洛克菲勒回到山上把攝影包拿了回來。

隨著對於達尼人的瞭解，探險隊員們進一步地確認了他們能夠順利地保持中立地位，因為對達尼人來說，戰爭並不代表仇恨。很多時候，探險隊甚至成了兩個敵對部落的溝通渠道。探險隊有一個小型的摩托艇，每隔一兩週就要駕駛它順著艾肯河到附近的市鎮購買補給、收發信件，以及將曝光的電影膠片送出去，敵對部落的領地是必經之地。

每次當他們經過的時候，由於摩托艇的巨大聲音，Widaia 的武士們都會早早地等在岸邊，詢問前些天的戰鬥中是否有 Dugum 武士被殺死；當人類學家們回去之後，Dugum 人也十分焦急地詢問他們，經過 Widaia 領地的時候有沒有看到任何葬禮。由於達尼人武器落後，大多數正面戰爭中不會立即產生死亡，最常見的情況是受傷若干時間之後死於傷口感染。而對於達

哈佛 - 皮博迪探險隊的人類學遺產——新幾內亞田野作業的視覺方法創新與倫理反思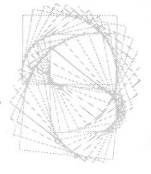

尼的戰爭文化來說，只有殺死了對方的武士，才代表成功地安撫了己方死去武士的鬼魂，並可以舉辦勝利慶典。

雖然在敵對部落之間保持中立地位出乎意料地順利，但人類學探險隊仍然需要面臨其他的戰爭倫理焦慮。例如，是否應當用隨身攜帶的藥品幫助傷者，會不會由此帶來敵對雙方的不公平競爭。有一次，一個敵對部落的婦女不知為什麼來到了探險隊的帳篷附近，而這段時間本部落因為不久前剛被對方殺了一個人而急於透過殺死對方部落成員來安慰死去武士的靈魂。探險隊趕緊把這位婦女勸了回去，而幾天之後，另外一位對方部落的武士在戰場上被殺掉。

人類學家們也因此產生了道德焦慮，是否正是自己之前的好心害死了這位被殺的武士。隨著認識越來越多的達尼人並成為好友，探險隊員們也會傷心於自己的朋友們死於部落戰爭。根據達尼人的文化，在男性武士的葬禮上，需要斬去女性親屬的手指來獻祭，加德納在自己的田野日記中坦承，當他拍攝被斬去小指的兩個女孩的時候，內心對這種文化習俗產生了強烈的不滿和困擾。

實際上，上述關於部落戰爭的倫理焦慮包含行動和價值觀兩個方面。在田野工作中，行動方面的倫理焦慮常常與中立的立場相關，例如是否應當醫治傷者，以及是否應當提醒敵對部落。另外，價值觀方面的焦慮和人類學領域的文化相對主義立場密切相關。

如果秉持文化相對主義立場，那麼達尼人的死亡和使用婦女手指獻祭作為迥異文化傳統具有自身的合理性，理應得到尊重；但當友人死去，或者社會中的弱勢群體被不公正地對待時，作為個體的人類學家在個人情感上一定會被觸動，進而反思究竟是否應當採取相對主義的立場完全尊重其他文化中的一切要素。

對於加德納來說，在幾年之後的《大河之沙》這部影片中，他選擇直視和批評非洲部落中的性別不平等，一定程度地放棄了所謂客觀和文化相對主義的立場。

視覺人類學
上篇

3. 人類學家與全球化

在文化相對主義和文化整體觀的視角下，人類學領域對於全球化進程充滿了謹慎和懷疑。在哈佛 - 皮博迪探險隊到達新幾內亞內陸高地之前，荷蘭殖民當局就已經開始了對於達尼人的現代化管理，組織巡警隊、建立派出所，試圖用強力停止達尼人的部落戰爭。隨著《死鳥》的成功，殖民政府更將自己治下的原始部落戰爭視為管理上的失職和恥辱，並在短時間內成功地禁止了部落戰爭。

加德納和海德在若干文章中坦承了他們對於達尼人戰爭的看法，認為不顧歷史傳統和文化整體性強行地改變原住民將會帶來可怕的後果。在田野工作期間，加德納的一項「額外」任務就是盡人類學家的文化職責，遊說殖民當局改變他們的態度。由於人類學家與現代社會「格格不入」的態度，1961年5月，地方政府和傳教士向西新幾內亞殖民政府指控加德納探險隊的寬容和默認鼓勵了達尼人的暴力行為。

為了保證田野工作不受干擾，加德納不得不去霍蘭迪亞進行解釋和回應（田野日記，1961年5月24日，Gardner, 2006: 45-46）。同時，加德納還聽說了發生在當地的另外一個災難性的案例。一群傳教士說服了一個達尼部落燒燬他們的戰爭武器和巫術神器；而就在同一天，另一個達尼部落趕來，他們對這件違反傳統的事情很憤怒，兩個部落之間發生了衝突，造成了5名達尼人的死亡和更多的傷者；而傳教士則反過來指責當地政府沒有保護這些善良的達尼人不受邪惡部落的攻擊。

雖然這些案例都被人類學家拿來說服當地政府對於現代化進程應當謹慎從事，但是在探險隊離開之前，政府已經同意了附近一個教會學校的設立；而就在探險隊完成田野工作離開兩週後，在距離他們營地一公里的地方，荷蘭殖民當局成功建立了派出所，並維護了地區和平，永遠地停止了達尼人的部落戰爭。

然而，讓加德納和海德感到意外的是，戰爭被強行停止之後，他們之前所擔心的自殺率升高、部落內部暴力傾向增加的後果並沒有發生。幾年後，海德在當地學校的幫助下對60個達尼孩子進行了關於民族文化的開放式提

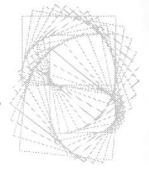

問，以獲得某種自我陳述的數據。同樣奇特的是，絕大多數的達尼孩子對於本民族文化的第一反應都是園藝種植和食物準備，雖然這段時間正值達尼社群中一次重要的慶典活動，但居然沒有孩子提起任何文化儀式和部落戰爭的內容（Heider, 1997: 30-31）。

四、總結

哈佛-皮博迪探險隊是人類學田野實踐的一個里程碑。不同學科背景的成員使用多媒介融合的方式記錄了當時僅存的石器文化的整體樣貌和突出特徵，不僅為人類歷史留下了可貴的文化檔案和資料，而且對人類戰爭行為的功能和意義展開了卓有成效的開拓性研究，豐富了對於人類文化實踐特殊性和普遍性之間關聯的瞭解。

在此基礎上，以加德納和海德為首的人類學家繼承和發展了視覺人類學的文化表徵觀念與方法論，在圖片民族誌和人類學電影兩個領域都產生了標誌性的作品。《戰爭的庭院》利用攝影媒介的傳播特性，配合篇章結構和文字說明，營造了理解達尼文化的內部視角和感知渠道。

《死鳥》則體現出影視媒介敘事特性與符號／表徵人類學之間的結合，影片以科學的參與式觀察形成了對戰爭行為的文化整體理解，並在田野拍攝中主動思考和積累敘事與表徵資源，最終透過單部影片成功地呈現了達尼文化的整體特徵。

人類學家對於田野倫理的反思，長期以來為思考文化差異、跨文化傳播和全球化與地方化之間的關係，提供了重要的思想資源。由於研究對象的特殊性，哈佛-皮博迪探險隊所面臨的不同田野倫理尤其具有啟發性。

雖然田野倫理將是人類學領域長期的討論對象，很難形成統一共識，但這些來自於田野工作的一手資料，又一次鮮活地呈現出作為人類學研究的科學和人文的雙重屬性對研究對象和人類學家自身所可能產生的多方面的影響，揭示了人類學家所秉持的中立價值、文化整體觀和文化相對主義在不同情境下可能帶來的啟發意義和失誤判斷。

人類學「觀察電影」及理論構建

徐菡

摘要：人類學「觀察電影」（Observational Cinema）出現於 20 世紀 70 年代的西方影視人類學界。「觀察電影」的核心觀念以研究對象文化內部的視角為基礎，以道德與人性為基本定位。在立場上，主張拍攝者以「低調」「謙卑」的姿態與拍攝對象建立親密關係，並承認拍攝對象的故事比拍攝者的故事更重要；在認識論上，承認電影的主觀性和拍攝者的「在場」；在拍攝內容上，以日常生活的細節為主；在電影敘事上，表現為「顯之」而非「告之」；而最終的「觀察電影」不僅僅是對文化的「表徵」，也是「喚起」。「觀察電影」是不同文化在電影中的相遇，是「跨文化的電影」，而最終成為人類學知識的生產方式之一。

關鍵詞：觀察電影；民族志電影；紀錄片；影視人類學

一、引言

在西方影視人類學中，傳統民族志電影一直處於科學主義範式的影響下，多數以解說式紀錄片為主要風格特點，大部分影片被作為人類學家資料收集與分析的工具，並為文字的民族志提供輔助說明。自 20 世紀 70 年代以來，一些歐美影視人類學家及民族志電影製作者希望在民族志電影的理論與方法上尋求新的突破。「觀察電影」（Observational Cinema）首現於 20 世紀 70 年代的西方人類學民族志電影，並迅速被推廣至西方紀錄片界的多個領域，隨即被當時各種類型的紀錄片製作者接納。

一時之間，以「觀察」為名的紀錄電影名目繁多，就連美國的「直接電影」（Direct Cinema）和法國尚·魯什的「真實電影」（Cinema Verite）也被貼上「觀察電影」的標籤。然而，不同的人對「觀察」有不同的理解，其中，由科林·楊（Colin Young）提倡、大衛·麥克杜格（David MacDougall）發展的「參與式觀察電影」經過 40 多年的探索與發展，目前已成為歐美民族志電影的主要類型。在「觀察電影」的理念與實踐下，無論在認識論，還是

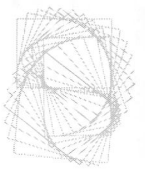

在方法論上，「人類學」與「電影」這兩個不同學科又一次實現了歷史性的結合，對人類學界和紀錄片界均產生了重大影響。

1971年，大衛·麥克杜格按「觀察電影」的基本理念在東非烏干達拍攝的《與牛群一起生活》（To Live with Herds）被公認為第一部人類學「觀察電影」。之後，麥克杜格夫婦在東非肯尼亞拍攝了圖爾卡納人（the Turkana）的3部民族志電影。由於東非系列影片一改傳統主流的人類學民族志電影製作方式，而是採用了新理念與新方法，從而成功地建立了「觀察電影」的基本實踐道路。20世紀90年代，大衛·麥克杜格在義大利薩丁島攝製的《服務生的年代》（Tempus de Baristas, 1993），再次成為「觀察電影」的經典之作。

此後，「觀察電影」在20世紀80年代至90年代得到普及和推廣，很多獨立紀錄片製作人採用「觀察電影」方式進行拍攝，包括獨立電影製作者金姆·麥肯齊（Kim McKenzie）的《等待哈里》（Waiting for Harry，1982），以及加里·吉爾迪亞（Gary Kildea）的《塞爾過和柯拉》（Celso and Cora, 1983）等。

21世紀以來，「觀察電影」在西方影視人類學界備受矚目，重要作品有大衛·麥克杜格的《杜恩學校紀事》（Doon School Chronicles, 2000）、《學校景觀》（School Scapes, 2007）、德國人類學家尚·萊德爾（Jean Lydall）的《杜卡的困境》（Duka's Dilemma, 2002），以及澳洲紀錄片製作者加里·吉爾迪亞的《克瑞馬的法則》（Koriam's Law, 2005）等重要影片。

二、「觀察電影」的觀點與立場

實際上，「觀察電影」一詞最早出現於美國紀錄片製作者羅杰·桑德爾（Roger Sandall）的論文。受20世紀50年代義大利新現實主義電影及20世紀60年代至70年代美國「直接電影」的啟發，科林·楊將人類學參與觀察方法與電影拍攝相結合，在1975年發表的論文《觀察電影》中系統地提出了「觀察電影」的基本觀點，正式確立了「觀察電影」在西方民族志電影中的理論框架。經過長期實踐與探索，大衛·麥克杜格、保羅·亨利、安娜·格里

視覺人類學
上篇

姆肖等西方影視人類學家們從不同方面歸納總結出「觀察電影」的基本特點與方法，其理論體系得以不斷地發展與完善。

（一）「觀察電影」的基本觀點

「觀察電影」的最初理念源自「直接電影」的導演李科克（Richard Leacock）的想法，「我想發現人們的一些事情」，這與人類學家馬林諾夫斯基的想法不謀而合。由於拋棄了早期民族志電影拍攝實踐中「碎片式的民族志真實」，「觀察電影」主張以「影像事實」為核心，這極大地發展了電影理論家安德烈·巴贊所提倡的電影美學觀。

尤其是，「觀察電影」根植於人類學田野工作最根本的「參與觀察」方法，強調在田野調查中「觀察」的重要意義，並認為拍攝過程即是「觀察」過程，而「觀察」的過程即是從文化內部視角建立起開放性研究的過程。

因此，「觀察電影」的核心觀念以研究對象文化內部的視角為基礎，以道德與人性為基本定位，由於強調並關注以下問題：「電影如何製作？為何製作？為誰製作？」從而體現出鮮明的主體性和反思風格。由於「觀察電影」以電影為媒介探索人類社會生活中普通人的日常生活，攝影機不再是收集資料的工具，而成為書寫社會生活的筆，所以，「觀察電影」與傳統民族志電影有根本區別。

「觀察電影」強調的是電影作品的人類學文化內涵，而非藝術性和商業性，大衛·麥克杜格經過長期實踐與思考指出了「觀察電影」的理論假設基礎：「世界上所發生的事情是值得去觀察的，部分理由是因為它們自己獨特的空間和世俗的形貌。『觀察電影』可以頻繁地分析，但也表明了這樣一種看法：電影開放的意義類型也在傳遞電影製作者的分析。在世界面前的這種謙卑姿態當然可以是自我欺騙和自我服務的，但這也暗示，認識到拍攝對象的故事比拍攝者自己的故事更為重要」。

與以往民族志電影的強勢態度不同，在拍攝者與被拍攝對象的關係上，「觀察電影」強調以「低調」和「謙卑」的姿態與被拍攝對象建立相互尊重

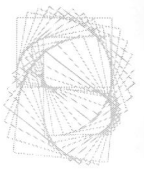

和平等的關係，並且承認拍攝對象的故事比自己的故事更重要，其基本目標是發現拍攝對象的文化世界。

影視人類學家保羅·亨利認為，「『觀察電影』喚起拍攝對象的世界及他們對世界的理解，而不是去表明他或她是一個偉大的製作者，也不是用強烈的美學手法去操縱對世界的表徵，將之變成一個偉大的藝術品但不再帶有最初的真實經驗之感」。

相應地，「觀察電影」在拍攝及後期剪輯技法上體現為10大特徵：「無劇本；無定向；無腳架；不是回答問題，而是得到證詞（Testimony）；無旁白；無音樂；無特效；無技術性鏡頭拍攝；無技術性剪輯及其上述內容的統合。」由此觀之，「觀察電影」不僅僅是電影技術的問題，由此引發的電影美學觀的本質變化使其具有了電影方法論和認識論的智慧深度。

（二）「觀察」的立場：「親密」與「謙卑」

在傳統解說式的民族志電影中，拍攝者與拍攝對象一直處於分離狀態，電影的權威由高高在上的、無所不知的「上帝之音」建立。由於同期聲技術的發明，「直接電影」的一個直接變化便是出現了訪談對象的談話聲音。

但由於拍攝者與拍攝對象二者之間表現為「不交流」的訪談，或是太過於正式的訪談交流，儘管解說式的旁白消失，但二者之間仍舊表現為沉默靜止、有距離的僵硬關係。電影製作者的權威依然隱藏在電影剪輯與結構之中，同期聲技術的革新只是技術上的改變。

然而，在「觀察電影」中，拍攝者與拍攝對象的關係出現根本性的變化。特別是，拍攝者介入拍攝對象文化事件之中，他們的講話和交談成為紀錄電影製作的一種行為表達方式和重要的訊息資源。以大衛·麥克杜格的「東非電影系列」為例，拍攝者與圖人之間的交談形式有3種：

其一，是拍攝對象之間的相互對話；

其二，是拍攝對象有目的地向拍攝者講話，通常是回答拍攝者提出的問題，或是講述拍攝者應該知道的基本常識；

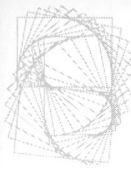

其三，是拍攝對象與拍攝者之間的相互對話或解釋。

以上3種談話形式實為開放式的互動交流，這不僅體現了拍攝對象與拍攝者的熟悉和信任，還最終建立起相互間的親密關係。特別是在第三種談話方式中，拍攝對象與拍攝者之間的親密互動一覽無餘。雙方沒有隱藏，沒有害怕或尷尬，有時還會有疑惑和問題。雙方間的親密程度還體現在拍攝對象對問題的認真思考及回答上，它還讓拍攝對象感受到尊重，也消除了彼此之間的僵硬距離。

以大家一起來協商討論問題答案的方式，在拍攝者與拍攝對象之間建立新的合作關係，這使得攝影機從文化外部的視角向文化內部的視角轉變。這種親密關係還體現在被拍攝對象發聲的機會大大增強，他們可以對著攝影機直接表達自己的意見，也有更多機會表明自己的觀念和立場，而不需要其他解釋者或權威聲音的代替，這與後現代民族志中所提倡的「複調」式（Multivocality）方法相吻合。

值得注意的是，在「觀察電影」中，人類學家或拍攝者不再將電影拍攝視作高高在上的權威，而將其理解為對生活的尊重，以及對拍攝對象的尊敬和謙遜態度，強調「攝影機在世界面前的謙卑姿態」（a stance of humility before the world）。

在拍攝時，攝影機儘量地低調，表現為遠離權威的姿態，同時，攝影機並「沒有一絲自命不凡，攝影技術也沒有故弄玄虛，它樸實地表達了誠實與信任」，這也暗示著拍攝對象的故事比拍攝者的故事更為重要。

不僅僅如此，「觀察電影」的這種親密感還可透過電影傳遞給觀眾。在觀看電影時，觀眾感受到與拍攝者和拍攝對象之間的親切與平等，因而很容易進入對拍攝對象文化知識的探索之中，進而表現為對拍攝對象的理解與尊重。因此，攝影機的「謙卑姿態」在拍攝者、拍攝對象與觀眾3方之間建立了新的關係，大衛·麥克杜格稱之為「無特權電影風格」（Unprivileged Camera style）。

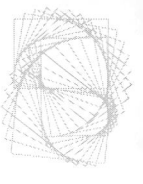

三、「觀察電影」的理論與實踐

不同類型的民族志電影和紀錄片有不同的觀察方法，傳統的解說式民族志電影將「觀察」視為科學測量與重複分析的方法，而「直接電影」的「觀察」提倡「牆上蒼蠅」式、以旁觀者姿態不參與也不介入的觀察方法。就「觀察電影」而言，它強調以「觀察」為核心，提倡在觀察中的「參與」，並從電影的主觀性、立場、內容、敘事以及經驗情感等方面，對傳統民族志電影、「直接電影」的理論基礎和方法提出質疑和挑戰。

值得注意的是，在大衛·麥克杜格的電影製作實踐和理論建樹影響之下，「觀察電影」與最近人類學中的闡釋的、後現代的人類學理論相契合，並在電影內容、敘事、與拍攝對象的關係、電影認識論及美學觀上均呈現出與傳統民族志電影的顯著差異。

（一）「觀察」的存在：「主觀」與「在場」

一直以來，人類學紀錄片被認為是記錄客觀世界的最佳方式，所以，在紀錄片中任何主觀傾向的出現均被認為是對客觀記錄的妨礙。為保證「真實」地客觀科學地記錄，拍攝者不能干預拍攝對象，因為攝影機的存在或多或少會對拍攝對象產生影響。在 20 世紀 70 年代美國紀錄片界出現的「直接電影」於是提出了「牆上蒼蠅」的旁觀式的觀察方法，即拍攝者最大限度地降低攝影機對拍攝對象的干預，最突出特點表現為拍攝者「牆上蒼蠅」式的「不在場」。

弔詭的是，這種旁觀式的「觀察」拍攝並不能代表拍攝對象在行動、言語和內心等方面沒有受到拍攝者的干預。事實上，「直接電影」宣稱的攝影機「不在場」是不存在的，只是它「視而不見」，並且在「努力地宣稱自己能記錄一切」。

科林·楊認為這只是「一個騙局」而已，從而對「牆上蒼蠅」方法提出質疑。他犀利地批評說，「所謂『牆上的蒼蠅』並不是拍攝者不去干預拍攝對象，恰恰相反，而是拍攝對象沒有去干預拍攝者而已」，「直接電影」拍攝者只是在「天真地假裝攝影機不在場」。

與之不同的是，「觀察電影」首先承認電影主觀性的存在，「觀察電影」並沒有假裝「不在場」，與之相反，拍攝者需要透過各種方式讓觀眾感受到電影製作者和攝影機的「在場」，並且不迴避文化內部視角的呈現，這是「觀察電影」與「直接電影」相區別的主要特徵之一。

　　例如，長鏡頭的大量運用，拍攝對象日常生活的細節表達，攝影機偶爾地運動或改變機位，拍攝對象對待攝影機的親切態度，尤其是，拍攝者與拍攝對象之間的對話交流等，這些視覺證據讓觀眾感受到電影製作者和攝影機「存在」的真實感。

　　此外，在「觀察電影」中，當攝影機靜靜地拍攝時，整個拍攝過程傳遞著拍攝者的敏銳、細緻和耐心，它不但使觀眾認同了拍攝者「在場」的事實，也使觀眾漸漸地進入影像中的陌生文化世界。

　　所以，「觀察電影」並沒有將攝影機視為「牆上蒼蠅」式的冷靜觀察者，既不干擾也不介入拍攝對象之中，相反，它是以人類學的參與觀察方法為核心，拍攝者與攝影機一起介入拍攝對象的文化事件之中，以參與觀察的方式發現研究的核心問題與實質，也力圖挖掘文化的深層意義。雖然「觀察電影」與「直接電影」貌似相同，但由於電影主觀性上的差別，導致了二者在電影技術、結構，甚至是電影美學觀上的根本差異。

（二）「觀察」的內容：「日常」與「細節」

　　在電影美學中，義大利新現實主義電影提倡對日常生活的關注，這對「觀察電影」產生了直接影響。在此之前，很少有紀錄電影關注到拍攝對象的日常生活，雖然在「直接電影」中，呈現了有關拍攝對象的行為與活動，但其主題往往表現為政治選舉、法庭、社會機構，或是流行明星的音樂演唱會，如《初選》《莫回首》等影片。

　　又如，在法國影視人類學家尚·魯什所提倡的「參與電影」中，大多數影片關注拍攝對象的表演，未能以拍攝對象的日常生活為主。雖然在經典的《北方的南奴克》中出現了大量因紐特人日常生活的場景，但導演羅伯特·弗拉哈迪為服務於戲劇化衝突的故事而使日常生活被簡單化或浪漫化處理。

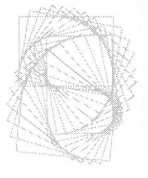

所以，「觀察電影」的顯著特點之一便是對「普通日常生活的強大吸引力」，同時對日常生活的呈現並不是「浪漫化，也不是簡單化，而是大量的生活細節化」。

如同馬林諾夫斯基在民族志《西太平洋的航海者》中強調的「不可觸摸的生活細節」一樣，在大衛·麥克杜格的《與牛群一起生活》中，觀眾看到的是灰塵、狂風、牛群的吼叫、嬉戲的兒童，大人的閒言碎語，甚至是人們重複著每天單調乏味的生活。

所以，「觀察電影」的製作者與人類學家一樣，在介紹他們的研究對象時，不僅關注拍攝對象最顯見、最大眾化的一面，還同時關注他們的生活瑣事、閒說、易顯的小事，以及馬林諾夫斯基在人類學「參與觀察」研究方法中所言的「真實生活中的不值得細思的事情」。

由於電影的獨特性，使電影能夠將普通人的日常生活的細節呈現出來，這是其他學科無法與電影相提並論的優勢。

所以，「觀察電影」的真實性正是「透過大量的細節性描繪」給予的。此外，「觀察電影」對普通日常生活的關注，不是對拍攝對象奇風異俗的獵奇，也非進行浪漫化或是簡單化處理，而是讓拍攝者以電影拍攝的方式去接近事件，並記錄拍攝對象生活中真正發生的事情，這是讓電影製作者去發現和理解拍攝對象的生活，從平凡生活中顯現生命的偉大，進而尊重生活本身的價值和意義。

由是觀之，拍攝對象的日常生活是「觀察電影」的重要關注點，也是其魅力所在。如果說，過去的人類學家將電影視作收集和儲存資料的調查工具，那麼科林·楊認為「觀察電影」應該是「檢驗人類行為與人類關係細節的有效方法」。

所以，「觀察電影」的攝影機不是「靜止的與遠距離的人類行為觀察」，而是攝影機接近拍攝對象並親密地跟隨他們的發現過程，在「觀察電影」中，電影的拍攝過程既是觀察過程，也是發現過程，同樣也是研究過程。

（三）「觀察」的敘述：「顯之」而非「告之」

一般而言，「觀察電影」之前的絕大部分紀錄片以「解說式」為主，這是由英國紀錄片領袖約翰·格里爾遜發明並倡導的。在此類紀錄片中，以旁白解說為主的第三者聲音對電影畫面進行說明和解釋，這種方式自發明以來，迅速流行於各種主流媒體和電視台，大量的電視節目和教育影片習慣使用這種方式對觀眾進行灌輸式的解說和教育。由於導演的操控性較強，「解說式」紀錄片被視為「無所不知的上帝之音」而廣受批評。

隨電影同期聲技術的發明和推廣，「直接電影」以同期聲的方式直接加入拍攝對象的訪談聲音，在片中，不再出現第三者的解說和旁白，這讓觀眾第一次聽到了電影中人物談話和環境的聲音，同時也將攝影機的干預降為最小，以此呈現拍攝對象的生活與文化，讓電影更具真實感，「直接電影」因對傳統解說式紀錄片產生了巨大衝擊而成為紀錄電影史上的一次重要進步和關鍵轉折點。

然而，這種類型的紀錄片依然沒有擺脫紀錄片導演強勢操控下隱藏的經典敘事結構，比如說，「直接電影」慣常使用的富有戲劇性的「危機結構」方式，正如科林·楊極富洞見地指出，戲劇往往是「生活的過分簡單化處理，與虛構的劇情電影一樣」，所以，在「直接電影」中，「對人物的戲劇化處理並沒有改變，其基本模式還是延續衝突、危險、受到挫折」。最終，「直接電影」的敘事結構仍以導演的主觀意圖的操縱為主。

《北方的南奴克》也不例外，其敘事結構雖由發生在日常生活中的文化事件串起，但其敘述方式是以封閉式來結構全片的經典戲劇衝突模式。

就電影敘述方式而言，按新現實主義的電影美學觀，由於電影本身呈現的只是生活的一部分，在電影結構上最低限度地依靠戲劇化結構，其戲劇化成分被降低，而大量地依賴日常生活化的細節來結構影片。

所以，「觀察電影」的重要變化之一就是電影敘述從說明式的「告之」（telling）轉變為表明式的「顯之」（showing），這意味著影片是開放式的結構，即「觀察電影」有開放式的過程與結局，或者沒有結局，這也成為「觀

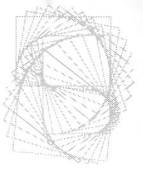

察電影」與「直接電影」區別的關鍵之處。尤其是，大衛·麥克杜格還特別強調電影是在講述「誰的故事」？換言之，電影的敘述方式是在「說明」製作者自己的意圖，還是在「顯現」拍攝對象的意圖？是在講述電影製作者自己設計好的故事，還是在講述拍攝對象本身的故事？

由此可見，在電影敘事上，「觀察電影」由過去受電影製作者意圖的強勢操縱而轉變為跟隨拍攝者去呈現拍攝對象的文化世界，這也使得觀眾進入到自己的發現之旅中。所以，由「告之」轉為「顯之」，導致「觀察電影」結構方式的改變。

另外，如果說傳統紀錄電影的敘事關注的是「三段式」經典結構，即包括開始、高潮、結尾組成的戲劇化衝突，那麼「觀察電影」更多的是對日常生活細節的關注，而不是集中表現情節或是戲劇衝突。「觀察電影」常常是以鬆散的結構，捕獲生活化的細節，並最低限度地依賴劇情結構，從瑣碎的平凡生活中發現並揭示文化的「真實」，而並非去創造「真實」。

這個過程需要「觀察電影」製作者花費大量的精力和耐心去尋找自己所觀察並體驗感受到的那些文化細節，所以，「觀察電影」在電影結構上堅持「以生活的細節代替戲劇性的張力，以電影的真實代替人為虛假的娛樂」，如同美國人類學家呂西安·泰勒（Lucien Taylor）的精闢總結：「觀察電影更關注人們日常生活的融入，而不是告訴觀眾關於他們的生活，也更加關注表演是社會生活的一個組成部分，而不是在攝影機前的扮演。」

（四）觀察的感官：「經驗」與「感覺」

隨著錄音技術的進步和普及，無論從技術上還是理論上，「觀察電影」均對聲音效果提出了超乎以往的要求。從技術上講，由於「觀察電影」消除了背景配樂和旁白解說，使得自然音效的處理在影片中尤顯重要。如果說，傳統民族志電影強調的是透過人眼的單一觀看而進行觀察的話，那麼，「觀察電影」更有意突出由視覺與聽覺的結合而引發的綜合的身體經驗與感覺。

在印度「杜恩」學校系列電影中，大衛·麥克杜格特別強調身體、經驗與電影之間的關係，「觀察電影」中的「參與」方式不但透過「觀看」將拍攝者、

視覺人類學
上篇

拍攝對象與觀眾結合，也將視覺與聽覺相互連接而形成電影感覺與經驗的交流基礎。觀眾在電影鏡頭的帶領下，以自己的視覺、聽覺等內在的感官經驗為基礎，與電影中的陌生文化世界進行交流，透過觀看而引發觀眾自己切身的經驗感受，由此產生強烈共鳴，「觀察電影」因之成為三方感覺與經驗交流的基礎。

由是觀之，「觀察電影」不應再是科學主義範式理解下的「直接電影」。雖然在技術上均表現為長鏡頭的使用及對象聲音的突顯，也關注到日常生活的細微之處，但「觀察電影」的目的更明顯地體現在強調對象文化的內部視角、敏銳的洞察力以及捕捉刻畫生活細節的能力。

重要的是，由於電影的方法能夠特別有效地表現經驗和感覺，所以觀察電影可以「透過培育無形的感覺來喚起觀眾某種敏感的經驗，並與人類學的情感、感覺和民族志對社會生活層面的細節捕捉刻畫產生強烈的共鳴」。

電影不僅僅是訊息的交流與呈現，還更是觀察者、觀察對象之間經驗與感覺的回應與對話，正如史蒂芬·泰勒提出的「喚起」而不是「表徵」，即「觀察電影」不是拍攝者簡單地對文化事件的「表徵」，還包括以電影的手段「喚起」觀眾的情感與思想共鳴，這意味著電影圍繞感覺和經驗建立起拍攝者、拍攝對象與觀眾之間相互探索的關係。

在這種關係中，「觀察電影」也不僅僅是對某個文化事件的呈現和描述，而是在不同文化的電影製作者與拍攝對象之間，以「跨文化的」方式進行的「不同文化之間的交流與協商」。

這正是「觀察電影」的攝影機以謙卑的姿態在拍攝者、拍攝對象及觀眾之間建立起關於「跨文化的感覺與經驗的人類學知識與交流」，也是「關於人們可知的或是不可知的」知識的探索過程。可見，電影傳遞的不僅僅只是簡單的訊息交流，而是活生生的日常生活的經驗之感，「觀察電影」因之成為「透過語境和情景發展而來的『經驗豐富』的視覺民族志」。

由於拍攝對象、拍攝者與觀眾三方生產且共享人類學的知識，「觀察電影」最終成為人類學知識的生產方式之一。所以，「觀察電影」是不同文化在電影中的相遇，是「跨文化的電影」（Transcultural Cinema）。

　　總之，從「告之」到「顯之」代表了「觀察電影」在人類學理論和民族志電影製作方法上的重要轉變，「觀察電影」不但成為一種新的民族志電影拍攝方法論，而且還是關於意義、知識生產等哲學認識論的探討。「觀察電影」的意義在於以電影為媒介生產人類學的知識，而視覺以拍攝者和觀看者的雙重角色獲得意義的理解。

　　「觀察電影」也使得主流的文字人類學開始接受影像視覺的知識，而民族志電影也在不斷地接納人類學的視點。作為一種可行的田野工作方法，「觀察電影」在電影與人類學之間也建立起良好的理解關係。所以，「觀察電影」不僅是關於民族志電影的一種製作方式，同樣也是關於以視覺為主的人類學知識的一種生產方式。

四、結語

　　長期以來，「觀察電影」這一術語的混亂局面影響了中國影視人類學及紀錄片界對西方民族志電影相關新觀念、新方法的認識與思考。本文梳理了「觀察電影」的發展及基本觀點，並進一步分析歸納了「觀察電影」的鮮明風格特徵：在立場上，主張拍攝者以「低調」和「謙卑」的姿態與拍攝對象建立親密關係，承認拍攝對象的故事比拍攝者的故事更重要；在認識論上，它承認電影的主觀性和拍攝者的在場；在拍攝內容上，以日常生活的細節為主；在電影敘事上，表現為「顯之」而非「告之」；而最終的「觀察電影」不僅僅是文化的「表徵」，還是「喚起」。

　　雖然「觀察電影」不利於短期內的拍攝行為，更需要與拍攝對象長期地親密接觸與交流，其拍攝技術也極容易與「直接電影」相混淆，但「觀察電影」再次強調了人類學田野調查中「觀察」的意義與價值，這就是運用人類學的參與觀察方法，以電影為媒介實踐著不同文化在電影中的「相遇」。因此，

視覺人類學
上篇

民族志電影不再僅僅只是田野數據資料的收集說明工具，而應該成為不同文化交流的競技場以及人類學知識生產的新途徑。

儘管西方人類學的「觀察電影」作品尚未被中國民族志電影製作者熟悉，然而，其理論方法對當代中國影視人類學、民族志電影及紀錄片界極富啟發意義。如前所述，「觀察電影」質問電影拍攝的生產過程及對象，這與《寫文化》《作為文化批評的人類學》等後現代人類學中的反思與批判精神相契合。作為某種風格化的外現形式，「觀察電影」應區別於傳統的「解說式」紀錄片及「直接電影」的風格特徵。

值得注意的是，「直接電影」的理論方法於20世紀80年代至90年代為中國紀錄片界熟悉。在20世紀90年代中期，產生了諸如段錦川的《八廓南街16號》、楊天乙的《老頭》等社會紀實風格強烈的觀察式紀錄片，以及郝躍駿的《山洞裡的村莊》《最後的馬幫》等電視台節目化的人類學觀察式電影。

近年來，中國民族志電影和紀錄片的表述形式日趨多樣化，諸如楊蕊的《翻山》，和淵的《阿僕達的守望》等實驗電影，於堅、朱曉陽的《故鄉》等人類學民族志電影，還有蘭則的《牛糞》，侯文濤的《苗與麻》等鄉村影像作品，甚至是顧桃的《敖魯古雅》《犴達罕》，徐童的《算命》，范立欣的《回途列車》，周浩的《棉花》等獨立紀錄電影作品。

這些影片的製作者們均在不同程度上意識到傳統紀錄片、民族志電影在電影主觀性、拍攝者與拍攝對象的關係、電影敘事結構、作者立場等方面的不足及問題。對人類學「觀察電影」及其理論體系的認識與借鑑，有助於中國民族志電影及紀錄片製作者，以電影為媒介探索全球化背景下異彩紛呈的當代中國社會文化及變遷。

（徐菡，雲南大學民族研究院暨西南邊疆少數民族研究中心講師。主要從事影視人類學、視覺文化理論及民族志電影製作研究。）

論自民族志紀錄片——以羅斯·麥克艾威的作品為例

孫紅雲

　　摘要：本文以美國現代導演羅斯·麥克艾威的作品為例，探討了自民族志紀錄片的概念界定、形態、美學特徵和意義反思。麥克艾威的自民族志紀錄片往往在形式上採用一種具有像徵意義的「我觀人」的第一人稱自我與他者的視點，並在精心建構的複雜文本中進行多重的審視和自我反思，最後，從人類學影像史學和個人主觀記憶之間的矛盾性中思考自民族志紀錄片的意義和價值。

　　關鍵詞：自民族志紀錄片；羅斯·麥克艾威；人類學；歷史記憶

　　如果世人抱怨我過多談論自己，我則抱怨世人竟然不去思考自己。

——（法）蒙田

　　比爾尼克爾斯說：「如果我要正確分析電影，我就不能錯把電影當成真實；但如果我不把電影當成真實，我就無法正確分析電影。」對人類學電影人來說，如果要正確分析置身於其中的社會、文化和歷史，便不能審視自己；但若不從自身省察開始，便無法正確理解這個社會、文化和歷史。現代人類學家伯特·加納（Robert Gardner）說：「去瞭解遙遠的文化是為了引起我們的自察，這種自察反過來又增進了我們從他者生活中理解我們生活的意義。」

　　20世紀隨著後現代主義思潮和研究方法的興起，越來越多的人開始質疑「人類學是一種置身於外來看事物的文化科學」的觀點。個別人類學家率先擯棄傳統人類學將研究對象作為標本，研究者作為冷靜客觀採集數據的科學家的慣例，而是透過民族志學者自身經歷的相關社會、文化，以民族志的研究視角將自身也作為研究的對象。這種自民族志的方法以自己的親身體驗、自我意識和思考來表達文化，討論文化，深化對文化的闡釋，這是人類學克服傲慢的歐洲中心主義的一個重要突圍。

視覺人類學
上篇

一、自民族志紀錄片

自民族志（auto-ethnography）這個術語是由「自傳」（autobiography）和「人類學」（ethnography）兩個詞合成的術語。意味著它是傳記文學與人類學相交叉的一種新興的人類學研究方法。自民族志紀錄片（auto-ethnographic documentaries）則是人類學與紀錄片相交叉融合的一個實踐方向，主要的創作是從20世紀60年代隨著16毫米攝影機和同步錄音機應用於紀錄片創作而開始的。

尼克爾斯這樣界定自民族志紀錄片「我或者我們對你講述關於我（我們）」，強調了以內在自我的視點對另一方進行表達和文化闡釋。「自民族志紀錄片就是透過紀錄片我們談論我們以及那些將自己作為他者及其文化進行表達的影片」。「自民族志文本中的人們承擔著以描述他們自己的方式來呈現構成他們自己的他者」。

也就是自民族志紀錄片將自己作為他者進行考察和研究。自民族志紀錄片不同於人類學家約治·普若羅蘭所使用的「民族志傳記」（ethnobiography），即以拍攝對象的回憶和居民生活場景構成的影片，如《肖像畫家》（1970）、《米蘭達》（1974）等。這類影片力圖透過某文化成員的眼來審視其文化，試圖以局內人的觀點來敘述文化，但其難逃局外人審視的體系。民族志傳記片與自民族志紀錄片的區別猶如傳記之異於自傳。

自民族志紀錄片創作的藝術靈感源於西方20世紀60年代前後的錄影藝術和前衛電影。尤其是美國西海岸那些先鋒電影運動者，當時他們也致力於在電影中以自我作為文化表達載體的形式探索。其中史坦·布拉哈格（Stan Brakhage）的《腹中游動的胎兒》（1959）、《先鋒家庭電影》（1961）、《狗星人》（1961-1964）、《真誠》（1973）等以抽象的形式表現他、他的妻子和孩子的生活。

他說：「影片中，那些以某種形式所分享的關於我的妻子、孩子和對我的幾乎與其他任何家庭毫無二致的平凡日常活動在視覺形式上進行了探索。」先鋒藝術電影製作者發展了以抽象的形式來表達日常生活，促進了對抽象、

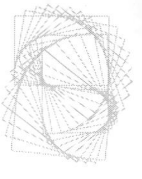

抒情和反敘事的使用。在創作方法上，歐洲的真實電影直接影響了自傳體紀錄片的創作。

早在20世紀50年代，人類學家尚·魯什便實踐以第一人稱的視點來審視自己的拍攝對象而創作了《我是一個黑人》（1957）。以艾德加·莫蘭和魯什的「一次社會人類學實驗」的《夏日紀事》（1961）為代表的真實電影發展起來的自我反射式紀錄片有力地推動了自民族志紀錄片的發展。

尚-呂克·戈達爾的《我所知道的關於她的二三事》（1966）則促使自我反射式轉向紀錄片，這點在美國自傳體紀錄片中最能清楚地看到。自民族志的研究方法與紀錄片自覺地融合大致發生在20世紀60年代至70年代，那時候哈佛大學人類學實驗研究中心和麻省理工學院電影部是美國人類學電影、先鋒電影和直接電影的中心。

人類學電影人約翰·馬紹爾、羅伯特·加納以及梯莫西·阿什都執教於那裡並首開現代人類學電影之新風，如《獵人》《死鳥》以及《斧戰》（1975）都先後完成於那裡。同時，德魯小組、李考克、梅索斯兄弟、懷斯曼、潘尼·貝克以及愛德·皮克斯也都聚集在那裡開始了他們的直接電影生涯。正是從人類學電影和直接電影中孕育和滋生出了自民族志紀錄片。

「20世紀70年代，在直接電影的隊伍中發生了這樣的現象：出現了一批人，包括愛德·皮克斯、瑪莎·庫里奇、阿梅莉·羅斯柴爾德、奧佛潤德·谷澤第等，他們扛著16毫米攝影機和磁帶錄音機進入家庭環境想去看個究竟」。當他們進入到各自熟悉的家庭環境中，用攝影機面對親人和自己的時候，直接電影的各種戒律逐漸被打破，轉向自民族志紀錄片的實踐。

從創作時間以及作品份量來看，無疑「羅斯·麥克艾威（Ross McElwee）是自傳體紀錄片最重要的代表。而自傳體紀錄片現在正值發展的黃金期，是當今非虛構片最活躍的創作趨勢之一」。這裡所言的自傳體紀錄片即以電影的方式探討攝製者自己文化的模式和差異，把自己的個人生活作為文化典範進行審視和呈現的自民族志紀錄片。本文即以羅斯·麥克艾威的作品為例來分析自民族紀錄片。

二、我之旅：我觀人

自民族志紀錄片人堅決不認同 20 世紀 70 年代北美流行的直接電影所標榜的「做牆壁上的蒼蠅」，即假定拍攝者不存在的主張。他們調轉攝影機和錄音話筒對準自己、家人和他們置身於其中的世界，把他們自己作為文化體驗者的代表加以呈現。

他們認為自我是文化的產物，個人的經歷和體驗都是文化的樣本。羅斯·麥克艾威的紀錄片都是透過個人的經歷、體驗和感受來處理種族矛盾、家庭溝通、南方與北方、男性與女性、個人與政治、媒介與現實等的關係，他的作品內容幾乎涵蓋了美國社會的所有問題，是典型的自民族志紀錄片。

凱瑟琳·拉塞爾在《自民族志》中說：「當影像製作者將他的或者她的個人歷史的含義置於更大的社會形態和歷史進程中進行理解的時候，自傳便轉變為民族志。」師從後現代小說家約翰·霍克斯和人類學電影人約翰·馬紹爾培養了羅斯·麥克艾威的後現代主義創作眼光和人類學思考的視野，而後跟隨理查德·理考克和皮克斯的學習使他清晰化了自民族志紀錄片的創作方向。

其中皮克斯開創性的系列紀錄片《日記》在美國性革命時期探討了婚姻、事業、友誼、家庭等，被《世界報》頭版評論為「重新界定了藝術的一部史詩之作，它促使我們去反思對電影的認識」。「很肯定，從各方面來說，我都受到它（指愛德的《日記》）的影響」。但他將導師的這種自傳體創作方法執行得更為徹底，形成了羅斯·麥克艾威範式的自民族志紀錄片。

凱瑟琳·拉塞爾還寫道：「透過旅行，自民族志的主體模糊了民族志者和他者的區別，使自己在一個陌生的地方變成一個陌生人，哪怕這個地方只是在影片表達中的一個假想的陌生空間。旅行可以在電影的、文本的多重『我』的縫隙中製造一個他者。也使作為旅行的記憶變成了具有歷史意義的過程和文化差異的內容，影像成為『我當時在那裡』和『現在是怎麼回事』二者複雜關係的一部分。」麥克艾威紀錄片的敘事方式都是以他自己帶著攝影機行走和追尋的過程作為影片的敘事主線。

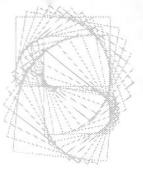

遠行是人類學調查實施的基本過程。導演作為一個「行者」，從操作層面上看，它既可以自如地銜接各種不同的場景空間和拍攝人物，同時也引導觀眾體驗影片所表達的文化含義和歷史價值。如果說《後院》中麥克艾威的「行者」意識還不是很清晰，主要是起了一個聯繫導演與觀眾的橋梁作用，那麼到《謝爾曼的遠征：核武器擴散時代南部的浪漫愛情》，則清楚地確立了自己作為「行者」自民族志紀錄片的基本敘事範式，貫穿於此後他所有的影片中。

麥克艾威的身份首先是一個美國南部的叛離者，他離開南部去北方求學並留在北方。在北方，他是一個外地人。於是，麥克艾威在他的影片中始終把自己作為行走在「北方」與「南方」之間，《在巴拉圭》（2008）和《影像的記憶》（2011）是行走到異文化的國度中的一個「行者」的反思形象。在這種相對陌生的空間中，他有意將自己變成一個感到不適的「他者」，行走的過程成為不同的文化性格、思維和情感相遇合的過程。

即便是旅途中的獨處，也是自我思考和省察的溫床，譬如從《謝爾曼的遠征》（1986）、《模糊的時間》（1993）、《六點鐘的新聞》（1997）、《明亮的葉子》（2003）到《影像的記憶》（2011）都出現了他獨自坐在旅店的床上面對攝影機說話的場景。旅店顯然是一個陌生的環境，面對鏡頭的麥克艾威使自己客觀地成為一個被拍攝的他者形象而進行冷靜的分析和即興獨白。

麥克艾威反覆強調他的根，無論是生命的還是藝術創作的，都深扎於南方，而他作為白人稍顯優越的文化反思心理則源於北方。他的影片所探討的南方與北方、白人與黑人、核武器擴散與浪漫愛情、媒體與現實、煙草的貽害與醫學的救贖、父與子的衝突與和解等問題均基於一次次身體力行的旅行來探尋。

《謝爾曼的遠征》運用了兩條敘事線索：一條是關於謝爾曼1864年摧毀性地向海邊推進的歷史事件，另一條是電影導演麥克艾威沿著這條「南方的傷痕」尋找愛情的過程。影片以核擴散時代的生活為背景而展開這兩條對

抗性的敘事，理論家戴維·杰姆斯認為《謝爾曼的遠征》的結構為「一個電影結構的深淵，被分開，再分開並倍加，於是反射到他自己」。

從《謝爾曼的遠征》開始，麥克艾威以行者自傳體的敘事方式來探索紀錄片表達在時間、空間和記憶上的各種可能性。此後，《關於柏林牆的一些事》遠足到柏林牆，反思其倒塌前後與個人家庭的關係；《模糊的時間》初為人父又逢自己父親病故的麥克艾威回南方探尋父子的家庭關係；《六點鐘的新聞》探討自己心愛的兒子所要面對的美國社會而橫穿美國尋找六點鐘新聞所報導的各種災難當事人的生活；《明亮的葉子》的動因是讓兒子瞭解家鄉和重建他自己對父親形象，而返回他的父親的生活地南方探索家族歷史；《在巴拉圭》則遠行到異國他鄉巴拉，過去領養一個女嬰；《影像的記憶》因與 20 歲兒子溝通出現問題而遠行到法國尋訪自己 20 歲時在一家婚慶公司打工後被辭退的原委。自傳體通常是一種對生命故事的敘述，就其本身而論，由於出生、衰老、死亡不可違背的限制使自傳的敘述形式看起來幾無懸念。然而在麥克艾威的影片中，正如現實生活的無常和不確定一樣，充滿了情感危機和政治、倫理等的衝突和碰撞。

「這種行走紀錄片是對那些區別於異文化的觀眾而精心攝製的影像，進而，這些影像透過作為不可靠的指涉物和源頭的行者——拍攝者而構成了一種影像交流。無疑，自民族志紀錄片意圖的實現要依賴攝製者一定的流動性，並堅持現代主義的分析方法及浪漫話語方式。」在麥克艾威的影片中，不斷呈現折射美國社會運行機制下家庭和生活所面臨的個人危機、政治或者道德的困境，導演帶領觀眾去行走、面對、探尋、剖析、質疑這些危機和問題，並試圖尋求某種精神的救贖。

《六點鐘的新聞》圍繞尋訪美國六點鐘電視新聞所報導的各種災難發生後人的狀況，包括他的好朋友。「當我橫穿美國的旅行結束之後回到波士頓時，我已經被這些災難折磨得筋疲力盡。影片的結尾處發生於兩家計劃生育診所的謀殺案正好就在我的寓所旁邊，給我帶來的恐懼跟影片中的其他事件一樣，也就成了影片的尾聲。

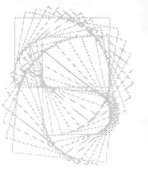

我無法滿足於簡單地說聲『外面的世界就是這樣的，但現在我和自己的家人在一起，一切都回歸正常了』。那一定不是我的電影想要的結尾。細想一下，在我家周圍數百個院子裡都在遭受著災難的襲擊」。

自民族志紀錄片就是讓攝製者在旅行的過程中，透過對他者和自身的細緻觀察和交流，透過向內反觀自我的矛盾和糾結來揭示塑造與限制自我和他者的社會文化結構，同時獲得一種普遍意義上的人類學闡釋。

三、我之思：我觀我

自民族志紀錄片打破了既定的紀錄片中「拍攝者 - 拍攝對象 - 觀眾」之間的既有角色，即導演作為貌似上帝一樣的權威或者像牆壁上的蒼蠅一樣的冷靜旁觀者。麥克艾威向觀眾呈現的他不是一個導演或者演員，抑或是無所不能，作為正義代表的媒介干預者，而是作為像普通觀眾一樣去思考自己和思考自己與周圍社會關係的心理失衡的普通人羅斯‧麥克艾威。

在這個充滿不確定性、脆弱、危機、斷裂、自我無所適從的現代資本主義社會，羅斯以自己的電影作為觸媒低首下心地探尋、剖析和闡釋美國現代社會家庭、社會以及歷史中往往有意迴避的或者視而不見的自我，以及自我在他者、社會、歷史文化中對自我身份的認識和省察，以重建失衡的自我。

從《謝爾曼的遠征》開始，麥克艾威成為自己影片裡最核心的觸媒。他有意讓觀眾瞭解作為影片中一個重要角色的「我」——羅斯‧麥克艾威的所思、所想，以及他的噩夢等，與同時作為導演的「我」和現實生活中的「我」三者間建構了一種不斷改變的複雜關係並加以反思。

正如影片中他說：「我的現實生活在自我和我的電影之間出現了裂痕。」「我在拍攝我的似乎是為了電影才有自己的生活。」「這種（自傳）風格的最好作品卻恰恰是透過自我表露來取得一種與自我之間的批判性距離，並以心理形式表現出來的歷史力量的洞察。正是這點使自我這一概念越來越成問題。」

拉什所提出的自我表現與自我之間的關係是自民族志紀錄片面臨的一個重要問題。那麼，「自我表現」與「自我」的差異何在？麥克艾威在《模糊

《的時間》中的自我表現似乎根本不知道他正在拍攝的影片是關於什麼的，看起來完全是直覺的決定：「整個冬季我什麼都沒有拍，我已經覺得需要做的就是去拍攝我的家庭……我決心最後一次去我父親的住所。」這種「我」的設計傳達了一種困惑、失意的狀態。整部影片縈繞著「我」語氣冷淡的解說，單調超然的敘事者姿態充滿了嘲弄與諷刺。當「我」（羅斯）坐在死去不久的父親房間裡開始說話，接著「我」的聲音被旁白「我」對自己的評價打斷和淹沒：

聲音：任何事情都始於家而終於家。我沒有覺察我的內心在堅持著這點。家中有那麼多的衝突，尤其是隔代人之間，你和父母之間彼此折磨，而突然間他們死了，你感到吃驚和心碎。你為他們的生活而感到心靈扭曲，你為他們的死亡而感到扭曲，而你長大之後，你和孩子之間又繼續著同樣的事情……

旁白：當我坐在這裡對著攝影機說話時，我內心感到迷茫，我開始擔心我已

經走上了一條錯誤的道路……

聲音：我不知道，一旦你陷入家庭的漩渦，那就無路可逃，除非死去……

旁白：我希望這台攝影機的電池壞掉。我的意思是指精神上的事情，討論靈魂。

聲音：也許可能存在著來生，我是說我想實際上在我們死後可能有精神或靈魂以某種形式在徘徊著，有些可能會持續幾個世紀才逐漸消失直到絲毫沒有。我不知不覺中，就像那種放射性廢物，但根本上，我想當你死了，你就死了。

旁白：上帝，多麼荒涼，我已經越過了這個邊界，什麼是愛？

聲音：當然，你可以戀愛，你可以與某人生活在一起，你可以和她結婚。我愛上了瑪瑞琳（註：導演母親的名字），我們婚後我很幸福。我再也不能等著去見她，但我不知道愛和家的概念那麼複雜。

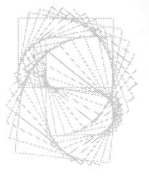

旁白：因此，坐在這裡凝視著攝影機，我已經莫名其妙地陷入自己設的一個病態的形而上的循環圈套之中，退一步說，我需要打破它——但是這些難以釋懷的問題仍然存在。真是非常複雜。

聲音：真是非常複雜……

在上述獨白中，羅斯以「情緒回憶法」將自我重置於過去的一個場景，讓自己再度沉浸於當時的情緒。當旁白的「我」對著聲音的「我」說話，觀眾被置於一場糾纏複雜的獨白中，諷刺性地肯定和強調了敘事者的存在。

聲音中的「我」，也就是畫面內表現的「我」是導演希望觀眾認同的作為「尋父」的兒子身份進行的表演，但兒子恍如父親的靈魂附體而以父親的口吻「我」進行的獨白是一種非常自然的即興表演。

旁白的「我」則是「兒子－父親－導演」三重身份的融合，從這段糾纏複雜的獨白中可以看出導演追求自然即興表演的獨特匠心。「尤其是在你拍攝家人的時候，你會在情感上產生這種可怕的窘境。這個時候我真的不想繼續拍下去了，我更願意與我愛的這些人在一起。這種拍攝方法，不像其他的藝術形式，確實在不斷拷問我自己，我是脫離了我所觀察的生活，還是參與其中呢？拍攝這種自傳體的影片，我必須同時兼顧二者。

長時間拍攝一個對象，也會增強拍攝對象的自我意識，並反映拍攝對象的變化」。麥克艾威在他的影片中揭示出一個被美國政治、社會、文化等折射出的脆弱的、邊緣的、多元的、分裂的自我，審視著自己的不確定感、矛盾情緒、個人選擇，在這個多重的自我中，展示自己如何掙扎著重建自我認同，使自己的過去、現在、未來獲得連貫的意義。

從 1986 年上映的《謝爾曼的遠征》，經過《模糊的時間》《六點鐘的新聞》《明亮的葉子》以及《在巴拉圭》，到 2011 年的《影像的記憶》，麥克艾威電影中的「自我」在這 25 年中具有豐富變化的同時保持著一定的穩定性和連續性。

邁克·昂格爾認為：「麥克艾威的自民族立場也提出了一個內在的問題：紀錄片作為知識的有效形式，電影的敘事策略和事情發生的敘事時間如何決

定『自我的文本建構』以及作為分裂的自我的主體如何存在——他作為演員和導演同時演繹的一個人可以擁有幾重的『自我』。整體上，麥克艾威透過他個人的和具有歷史空間意義的體驗之旅動搖了紀錄片攝製中關於主觀性的形式思考。」這裡指出了麥克艾威紀錄片的文本建構的策略：體驗之旅和體現多重身份的自我反射。他的影片中主要有三種自我反射的方式：導演在攝影機後與拍攝對象進行對話和交流；導演作為一個角色出現在影片中；以導演的聲音作為話外旁白。

麥克艾威總是有意識地反覆出現在鏡頭中，出現在拍攝現場的各種鏡子或者隱喻的畫框裡，還有他自己的多重旁白和對白的使用，這些自我反射手法首先是打破了直接電影的神秘性，而向觀眾揭示紀錄片的攝製過程，同時否定作為攝製者的權威使自己也成為拍攝對象而進行暴露。我們看到作為影片製作者的麥克艾威被女人拒絕，他一個人沒落地住在小旅館裡，他感覺被父親和哥哥排擠，遭拍攝對象拒絕，他的家族被杜克家族算計，對災難受害者無力救贖，被初成年的兒子慢怠和不信任等，他的語氣幽默、溫和、謙卑、自我嘲諷和自我否定，完全打破了紀錄片導演的神秘感和權威性，與觀眾建立一種攝製者與拍攝對象新的互動或者模糊二者邊界的反身關係。

他把自己的觀點與觀眾的注意力結合在一起，使銀幕上他個人的家庭變為現實生活中許多普普通通家庭中的一個。從《謝爾曼的遠征》《模糊的時間》《六點鐘的新聞》《明亮的葉子》到《影像的記憶》，麥克艾威帶領觀眾穿越了整個美國和三代人的歷史，從他個人的家庭、朋友、有意或無意遇到的人們所發生和所經歷的來剖析普通人日常的情感、糾葛、困惑、焦慮和可疑的救贖。

「使用自我反射的手法是為了讓觀眾意識到這只不過是一部電影。當然，這樣做也是為了把觀眾帶進這部影片，這是對直接電影的顛覆之舉。突然看到導演出現在鏡頭中，你會像被推了一下似的，如果導演處理得當，就不再是導演做了什麼的問題，而是觀眾深深記住了你所做的，這個預謀是充滿了目的性的」。

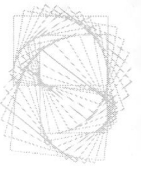

「在《謝爾曼的遠征》中，我並不確定什麼時候結束一個畫面，什麼時候開始拍攝，因為那個時候我是第一人稱自傳體紀錄片、散文體電影的新手。我花了很長的時間弄明白我是否是在做一部影片，因此，那是一個蛻變的過程，到《模糊的時間》才知道我所需要的」。在《六點鐘的新聞》中，一個男子把一個電視機的空殼套在頭上，電視機裡的畫框正好框住他的頭，具有雙重的反射和諷刺效果，這個具有魔力的箱子讓人重新體驗電視新聞與現實的關係。

「作為自傳體紀錄片的攝製者，我對時態有著特殊的體驗。我以現在時態進行拍攝。那些影像利用了拍攝時刻的自發性，沒有任何劇本，也沒有任何綵排，它就是那時那刻所發生的。你拍到或者沒有，但是在剪輯的時候，那些影像變成另一種時態的了。我看著那些影像說：『我3年或者兩年以前在那裡。這是3年以前的我的哥哥和姐姐。』這裡存在過去與現在兩種時態，而不只是現在時態。作為一個剪輯師，多年後看著這些你生活的素材，那是一種非常奇怪的、反射性的體驗」。

自我反射不僅需要自我意識清醒，而且需要充分地意識到自我的哪些方面有揭示的必要，以便觀眾既能夠理解製作的過程，也能夠理解完成的作品，要明白揭示本身是有目的、有意圖的，而不是單純地自戀，不是偶然隨意地暴露。正如詹·魯比說的那樣：「從人類學來看，自我反射意味著人類學家系統地嚴格地揭示他的方法……反映如何透過媒介以一定的方式來建構作品的意義，並且將作品傳達給心儀的觀眾。」

四、歷史、記憶和自民族志影像

尼克爾斯認為：「還原歷史世界本身成為在自我反射中如何理解電影作為中間介質的問題。」並指出紀錄片讓觀眾看到導演「對我們講述這個還原的過程」，並對「我們談論這個歷史世界的方式提出質疑」。尼克爾斯提出的自我反射式紀錄片導演的主體性對影片還原歷史的影響，也是自民族志紀錄片在還原歷史和記憶中的矛盾性。「自民族志證明的和自白的特徵通常會贏得一種真實感和可靠性，這種信任源於攝製者的親身經歷」。

从一开始，美国的历史和政治便成为麦克艾威电影的基石。但他总是将历史和政治精心地构织在一个以个人亲身经历和体验为基础的复杂人际互动模式中。《后院》是麦克艾威第一部关于南部的全面刻画，影片以他家的生活与受雇于他家多年的一对黑人夫妇的复杂关系为线索展开，透过他的家庭来表现两个种族的关系。

《谢尔曼的远征》以个人沿着美国南北战争期间对南方形成毁灭性打击的一次军事行动的路线寻找个人的爱情，影片首先所质疑的一个冲突是性别战争，另一个冲突才是美国南北之间的持续紧张，「《谢尔曼的远征》是一部关于地域的影片，在一定程度上也是关于生活方式的影片」。《关于柏林墙的一些事》表达柏林墙倒塌后冷战核武器威胁下人的生活变化。

《六点钟的新闻》花了几年时间对美国晚间新闻所报导的各种灾难的受难者进行追踪，讨论了新闻报导（其实是历史）与个人的生活和生存状态的关系，追问历史对个人生活、命运的影响。《模糊的时间》更多的是表现家庭历史与个体生命、亲情和爱情的复杂纠葛。麦克艾威认为，「家庭是一种终极的政治体现，因为家庭决定了为某些无助的、真正需要无私支持和爱的人放弃你的一部分生活……你必须把家庭作为一种政治表现来考虑」。

《明亮的叶子》以好莱坞20世纪50年代的虚构片《亮叶》（Bright Leaf）为出发点，从个人的视角来追溯他的家族与杜克家族为经营烟草种植业所进行的明争暗斗及惨遭破产后，麦克艾威家族三代人开始弃商从医，救治过无数的癌症患者，但与家乡的那些嗜吸香烟者相比，他们的医术并不能降低多少肺癌死亡率。父辈、电影、死亡、南方的优美与苦难这些主题使影片超越了只是对导演个人家族历史的一次追溯，而成为对美国历史问题和现实问题以及人们生活的一次探究。

瑞诺夫说：「透过影片个人化的、自我反射的方法才能使其政治目标在一个普遍性经验接受的范围内聚焦和语境化。」对于麦克艾威而言，历史和政治必然地始于家庭也终于家庭，个人的即历史的政治的。「出于礼貌和教养不谈论不愉快的事情是非常南方化的。我觉得还有一部分原因是因为苏格

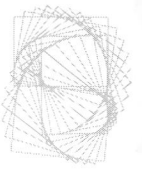

蘭高地遺傳的那種對生活的克制：男人不該表達情感」。「我經常探討人們在談論情感而不是在行動時的麻木。這是美國東北部人們普遍的一個現象」。

麥克艾威對於家庭關係和感情的探討總是在這樣的互動和擴展中觸及歷史。自民族志紀錄片的魅力在於它是喚起人們個人的、反身的、具體的、有療愈效果的情感，它的目標是溝通意義而非描述世界和還原歷史。從《後院》開始30年來，攝影機不只是記錄麥克艾威的家庭生活，還見證了他的家庭及美國人在攝影機前發生的變化。拍攝《後院》時，父親對著攝影機表達了對羅斯選擇以拍電影為職業而不是從醫表示的不以為然，25年後，《影像的記憶》中羅斯與剛滿20歲的兒子安德瑞關係非常受挫，兒子無視他的存在，他抱怨說：「當你透過電腦與別人交流的時候，我很難跟你說上話；我感覺你的心總是用在那些高科技的事情上。」

接著羅斯以旁白對觀眾傾訴道：「經常我有種強烈的感覺：他就是一個高科技控；假如當我在他這個年齡的時候可以擁有這些的話，我不確定我會怎麼做。」他的沮喪充滿了諷刺意味：此時此刻他正在拍安德瑞，而安德瑞從小在父親的鏡頭前長大也深知這點，他自己透過高科技產物影像介質與兒子交流，事實上，他自己也是別有用心的。這是自民族志紀錄片的兩難處境，矛盾、含混又交織在一起。

記憶和影像的相互作用以及過去和現在的影像在麥克艾威的紀錄片中變得相當複雜。麥克艾威紀錄片中的歷史不過是通往這些影像所指歷史的一些線索和思考方向，而不是準確的描述和細節證明，但這些記憶的影像往往會隨著時間的流逝給觀眾揭示出人的情感和體驗在歷史之河中驚人的變化。麥克艾威以自我及其家族的記憶來召喚和承載美國大歷史中普通人的記憶和體驗。30年來，他以影像作為記憶的容顏，以個人的視角書寫著美國家庭民族志史，儘管這種記憶和歷史可能是破碎的、片面的，具有強烈記憶載體的主觀色彩。

但正如蒙田所說：「儘管我有時會自我違背，但是實際上像狄馬德斯說的，我決不會違背真情。」自民族志紀錄片不僅是對自我親身經歷的描述和審視，而且還是對自己文化和歷史的反思性說明和批判性省察，體悟人們思

考和生活方式及做出倫理道德抉擇的文化模式和社會結構,並反思人們如何才能踰越那些束縛自我的模式與結構。自民族志紀錄片好似時間的旅人,行走在自我記憶與人類歷史的途中。

(孫紅雲,北京電影學院副教授。主要從事影視藝術教學與實踐、紀錄片創作與理論研究工作。)

以電影為切入點的民族志研究進路——謝里·奧特納《非好萊塢:美國夢日暮西山之際的獨立電影》評介

李榮榮

摘要:美國人類學家謝里·奧特納(Sherry B. Ortner)所著《非好萊塢:美國夢日暮西山之際的獨立電影》以獨立電影為切入點,透過追問獨立電影揭示的「現實」究竟是什麼,探討了20世紀70年代以來美國社會階級結構的變化以及「美國夢的終結」,並對造成這些變化的新自由主義的資本主義進行了尖銳批判,進而鮮明地體現出人類學作為「文化批評」的價值訴求。該書對於我們理解當代美國社會文化變遷,以及認識美國人類學本土研究的新進展都具有一定的借鑑意義。

關鍵詞:獨立電影;民族志;文化批評;美國研究

一、引言

在相當長一段時間內,西方人類學是以非現代的、非西方的遙遠「他者」為對象的,很少凝視自己的社會與文化。以美國人類學為例,自形成之初便是以「正在消失的美洲人」即印第安人作為主要研究對象。當然,其對現代社會的興趣久已有之,例如博厄斯就曾指出,視人類學為蒐集奇風異俗、與現代文明社團生活無關的學科的看法是錯誤的。

然而,受學科分工慣例的影響,此類研究較難形成主流。20世紀30年代起,以米德的薩摩亞研究為代表,一度專注於印第安人研究的美國人類

以電影為切入點的民族志研究進路——謝里奧特納《非好萊塢：美國夢日暮西山之際的獨立電影》評介

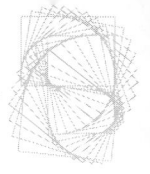

逐漸向海外地區擴展。二戰之後，在新國際主義以及對第三世界的戰略關注的引導下，美國人類學的海外研究日益興盛，在雄厚資金的資助下，美國人類學家的足跡從此遍布全球。

20世紀60年代至70年代以來，人類學界開始反思其與殖民主義、帝國主義、歐洲中心主義的密切聯繫。伴隨著對知識生產背後的權力關係的質疑，西方人類學逐漸開始自覺地將西方社會納入研究範圍。美國人類學會也在20世紀60年代末承認對美國研究的合法性與重要性，同時也承認對當代美國社會的研究已被忽視。

不過，長久以來關注異域社會的學科慣例導致了美國社會不是美國人類學順理成章的研究對象，中國研究一度面臨偏見與質疑。20世紀80年代，馬庫斯和費徹爾提出人類學要回歸本土文化研究，透過「變熟為生」的手法來反思習以為常、理所應當的自身文化，並以此來發掘人類學的批評潛力。此後，馬庫斯和費徹爾關於人類學作為文化批評的定位為美國人類學進行美國研究，尤其是進行主流社會的研究提供了一個關鍵的理論支持與合法性依據。

在美國人類學界進行了一番自我拷問之後，關注美國社會及文化的民族志研究不斷增多。本文所介紹的《非好萊塢：美國夢日暮西山之際的獨立電影》（Not Hollywood: Independent Film at the Twilight of the American Dream）便是秉持「文化批評」精神的民族志研究之一。從2003年出版的《追夢紐澤西：資本、文化與58屆》（New Jersey Dreaming: Capital, Culture, and the Class of '58）到2013年出版的《非好萊塢：美國夢日暮西山之際的獨立電影》，洛杉磯加州大學人類學教授謝里·奧特納（Sherry B. Ortner）

一直關注美國社會的階級結構及與之相應的文化經驗。如果說《追夢紐澤西》更多關注作者本人出身的中產階級以及美國社會欣欣樂道的向上流動，《非好萊塢》則以獨立電影為切入點，分析了20世紀70年代以來整個美國社會階級結構的演變，並在書中著力強調了在美國社會幾乎說得上是諱莫如

深的向下流動，進而對造成這些變化的新自由主義的資本主義進行了尖銳批判。

二、民族志聚焦

（一）獨立電影的興起及民族志主題的形成

多元異質的現代社會總是充滿各種紛繁複雜的線索，往往令研究者難得其要領。於是，找準一個具體有效的切入點便顯得尤為重要。由於好萊塢在生產及傳播美國文化霸權方面具有舉足輕重的影響力，奧特納曾經設想對之展開研究。此前，馬林諾夫斯基的學生、人類學家霍滕斯鮑德梅克（Hortense Powdermaker）曾於1946至1947年間在好萊塢進行田野調查，並於1950年出版了《好萊塢：夢工廠》（Hollywood: The Dream Factory）一書。

最初，奧特納想在此基礎上進行重新研究，沒想到困難卻接踵而至（鮑德梅克後來回憶其田野經歷時，也提到了她曾遭遇困難重重的「進入」問題）。在內外邊界清楚分明的好萊塢，不論是參與觀察，還是實質性訪談都面臨著諸多困難。可見，儘管早在20世紀60年代末，勞拉·納德（Laura Nader）就已旗幟鮮明地發出了「向上研究」（study up）的呼聲，但要真正進入經濟資本、社會聲望等皆高於人類學家本人的階層進行研究並不容易。

幸運的是，在奧特納努力想要「進入」好萊塢的過程中接觸到了獨立電影。相比於可望不可即的好萊塢，獨立電影圈要容易接觸得多。其中的主要原因之一，便是獨立電影人與人類學者都屬於「知識階層」，在一定程度上有著相近的興趣與訴求，即二者的工作都屬於「文化批評」，從而便於人類學者進行「側身研究」（study sideways）。於是，奧特納將研究重心轉向了獨立電影。那麼，什麼是獨立電影？其興起與美國社會文化變遷的關係是什麼？它在講述什麼故事？又是誰在拍攝它？

所謂獨立電影是與好萊塢電影或者片廠電影相對而言的。一般說來，獨立電影以一種反好萊塢的姿態出現，二者的區別大致可以概括如下：好萊塢是大投資，獨立電影是低預算；好萊塢意在娛樂，獨立電影意在呈現生活之艱難；好萊塢迴避在政治議題上表明立場，獨立電影的政治和批判性相對明

以電影為切入點的民族志研究進路——謝里奧特納《非好萊塢：美國夢日暮西山之際的獨立電影》評介

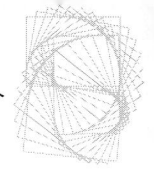

確；好萊塢熱衷虛構題材，獨立電影傾向現實題材；好萊塢的結局多是皆大歡喜，獨立電影的結局則甚少歡樂。

誠然，在實際運作中並非所有獨立電影都「獨立」於好萊塢的資金，但這並未削弱獨立電影作為一種以揭露現實為己任的藝術形式所具有的批判精神。當然，大多數獨立電影只是作為一種含蓄的「文化批評」來探討現實、反思習以為常和理所應當，其意圖並不在於喚起直接的政治行動。

20世紀70年代，伴隨著好萊塢大片的興起，獨立電影運動開始萌芽。雖然在此後較長一段時間內，獨立影片僅在幾個大城市的藝術影院放映，但自20世紀80年代晚期開始，獨立電影逐漸走出藝術影院，甚至在公眾文化空間內動搖了好萊塢文化的霸權地位，以至好萊塢巨頭在獨立電影名利雙收的刺激下不得不在旗下設置專門的獨立影業。大概自2007年開始，受經濟因素的影響，獨立電影的資源縮減、票房下降，隨後開始進入其蕭條期。

奧特納在《非好萊塢》一書中分析的主要是20世紀最後十年全盛期的獨立電影。在奧特納看來，獨立電影的興盛與美國社會階級結構的演變及其在公共文化領域的反映相關。二戰之後，美國經濟蓬勃發展，社會一派欣欣向榮的景象。《退伍軍人權利法》的執行促成了數百萬退伍軍人湧向大學、職業學校或接受職業培訓，由此有效促成了中產階級的大幅擴張。與之相伴，每個人無論其出身如何，都能享有受教育的機會並走向好工作、好生活的信念亦在社會上普遍流行開來。

然而，自20世紀70年代以來，新自由主義經濟政策的實施一方面解除了政府對商業、金融的管制，另一方面削減了政府支持的公共服務；加上經濟「全球化」的累積效果以及保守政治的共同作用，美國社會的階級結構出現明顯變化。簡單講，工人階級屢遭打擊，中產階級日益萎縮，一個貧富懸殊、底層沉重的結構逐漸顯現。相應地，努力奮鬥就能帶來好生活的信念亦遭重創。可以說，恐懼、焦慮開始取代承諾向上流動的美國夢，漸漸籠罩了美國大眾的心靈。那麼，獨立電影如何揭示上述這些變化呢？

（二）對獨立電影內容的解讀

在《好萊塢：夢工廠》一書中，鮑德梅克並未分析電影內容本身，《非好萊塢》與此不同。奧特納除了對獨立電影圈展開民族志調查外，也對電影內容本身進行了分析解讀。奧特納選擇獨立電影的標準主要來自美國獨立電影的兩大風向標，即聖丹斯電影節（Sundance Film Festival）與獨立精神獎（Independent Spirit Awards）。

進入其分析視野的 600 多部影片的共同特點之一，便是秉持現實主義精神，關注好萊塢不願碰觸的「黑暗」或「邊緣」題材。例如有的影片講述了新自由主義經濟下白領工作的不幸，即使努力工作也難避免向下流動。又如移民電影不再表現代際差異或文化差異等傳統題材，轉而關注移民的悲慘遭遇與其家庭的支離破碎。

再如女性題材的影片著力渲染暴力（家庭暴力、強姦）以及底層女性面對的窘困生活，其中足以讓受新自由主義經濟擠壓的白人中產階級侷促不安的是，2003～2010 年拍攝的 5 部描述貧困女性生活的電影全都以白人女性為主角，而這就打破了以往將貧困與種族捆綁在一起的社會成見。

獨立電影的另外一個特點是道德含混且著力渲染灰色地帶，時常令觀眾難以作出明確的道德判斷。與好萊塢電影中人物黑白分明、結局邪不壓正的慣常套路不同，獨立電影中鮮有一身正氣的「英雄」出場，結局往往也不是大眾所喜的邪不壓正。筆者訪談的資料表明，電影拍攝者有意迴避作出道德判斷。對此，他們的解釋要不就是讓觀眾自己判斷，要不就是獨立電影的職責恰是要揭示灰色地帶無所不在這一事實。

在民族志中，奧特納以戀童癖題材的影片為例，討論了獨立電影含混的道德立場。20 世紀 70 年代以來，美國中產階級的家庭結構開始發生巨變：離婚率不斷升高，單身母親、外出工作的母親不斷湧現。曾經只見於窮人家庭的上述現象逐漸令中產階級的家庭也成為問題重重、暗藏危險的場所。到了 20 世紀末 21 世紀初，「戀童癖」逐漸成為頗受公眾關注的話題及獨立電影的題材之一。

以電影為切入點的民族志研究進路——謝里奧特納《非好萊塢：美國夢日暮西山之際的獨立電影》評介

在影片中，兒童受傷害的原因多可歸結為家庭破裂、父母（或其情感）缺席。總之，是家庭的不正常導致兒童生活於風險之中。此外，觀眾在影片中還會發現，兒童眼中的戀童癖者既帶來了傷害，同時又能代替缺席的父母給予他們某種關愛。換句話說，戀童癖題材的顯著特點是其道德立場含混不明。在筆者看過的 9 部戀童癖影片中，僅有 3 部從道德上譴責了戀童癖行為。奧特納在戀童癖題材上花費筆墨自然不僅是為了敘說人性中的陰暗，實際上，她的意圖更在於透過個人故事而將批判矛頭指向新自由主義。

20 世紀 70 年代之前，美國社會各種調控措施的存在限制了以逐利為目標的資本主義本身蘊含的非道德因素，但 20 世紀 70 年代之後，各種調控措施逐漸被棄置，追逐利潤的行為在新自由主義的話語中獲得了正當性。家庭之所以成為危險場所所指向的社會現實之一，是因為在新自由主義經濟政策下，聯邦政府、州政府縮減了用於幫助家庭經濟狀況欠佳的兒童的預算，並最終給這些孩子帶來了切身傷害。從而，「包括獨立電影在內，美國公共文化中如此之多的道德含混反映的乃是新自由主義的資本主義自身的道德含混（甚至比含混更糟糕）」。

「個人的即政治的」！儘管獨立影片講述的是「個人故事」，但在作者看來卻無一不在揭示「美國夢」的虛幻。奧特納指出，儘管「美國夢」作為意識形態的產物本身帶有很強的神話色彩，但在新自由主義思潮及政策實踐侵蝕人們的生活之前，它畢竟是很多人可以做的夢，也是很多人實現了的夢。如今，不盡相同的「個人故事」卻在紛紛傳達美國人對經濟的恐懼不安（向下流動近在眼前）以及對身體的恐懼不安（在犯罪率下降的社會裡對暴力犯罪言過其實的恐懼）。所有這些焦慮和不安，在奧特納看來正是「後美國夢」或「美國夢的終結」的體現，而這也正是與社會、經濟變遷相伴的文化變遷。

總之，獨立電影撕開了以好萊塢為代表的霸權文化溫情脈脈的面紗，並將殘酷的現實擺在觀眾眼前。正是由於獨立電影所具有的這種揭露現實的批判維度吸引了人類學家奧特納。在她看來，這些陰鬱的、暴力的、性倒錯的電影之所以能夠在 20 世紀 80 年代晚期以來吸引了大量觀眾，除各種技術因素的推動外，也正是由於美國社會階級結構發生了深刻變遷。

（三）對獨立電影拍攝者的分析

在民族志中我們可以看到，作者除了分析影片內容，也緊扣美國經濟與階級結構變化的背景，描述了20世紀80年代至90年代獨立電影圈的形成。所謂獨立電影圈由製作公司、專業團隊、電影節、電影學校、電影雜誌等要素構成，是一個自視為與「好萊塢」的美學及經濟利益相悖的超地方的「品味群體」。在民族志中，作者著重討論了電影投資人、製片人與製作人（獨立電影圈內集劇本寫作與導演於一身的角色）的階級背景。讀者則可由此看到民族志以獨立電影為線索的巧妙之處：不同階級以不同方式進入獨立電影世界，從而，民族志的視線沒有限制在某一特定階級的命運上。

在民族志中，「X一代」（Generation X）與「專業管理者階層」（Professional Managerial Class）是理解獨立電影以及美國社會階級變遷的兩個關鍵概念。所謂X一代，從人口學的角度講，指的是20世紀60年代早期至20世紀80年代早期之間出生的一代人。不過，奧特納更多的是按照人們與更大的政治經濟背景的關係來作界定，換言之，討論焦點在於她一貫關注的階級內涵。因而，凡是20世紀60年代早期以來出生，且遭受了新自由主義經濟秩序衝擊的一代都可稱為「X一代」。

獨立電影講述的正是發生在「X一代」身上的故事。此外，絕大多數獨立電影人也都來自「X一代」，只是其中又有分化。從年齡上講，絕大多數製作人、製片人、投資人都屬於「X一代」，但當「X一代」蘊含的階級內涵受到強調時，這個概念就只適用於製作人，而不足以描述製片人尤其是投資人。畢竟，擁有豐厚的經濟資本與社會資本，才能使其有條件投身獨立電影且無畏經濟風險。當然，製作人的「資本」並不一定就低，但其階級背景相比製片人、投資人要更加多元。

民族志研究顯示，獨立電影的所有投資人以及多數製片人都來自專業管理者階層。所謂專業管理者階層，是由資本主義經濟體系內的管理者及提供專門知識與技能的人士構成。隨著發達資本主義日益圍繞著知識與訊息而發展，教育對於該階層的重要性顯得更加突出。相比美國社會以往的精英階層，

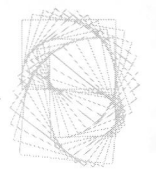

以電影為切入點的民族志研究進路——謝里奧特納《非好萊塢：美國夢日暮西山之際的獨立電影》評介

專業管理者階層的地位與權力更加基於財富與教育、物質資本與文化資本的聯合。

自然，專業管理者階層內部也有明顯分化，如其中大體可分出更加富裕、政治上趨於保守、不太關注知性或藝術的一派，以及相對不那麼富裕、政治上傾向革新、更為知性的一派。用布迪厄的話說，前者是「統治階級中的統治部分」，後者則是「統治階級中的被統治部分」。民族志分析指出，專業管理者階層內的這種組合在 20 世紀 90 年代中後期發生了變化。彼時，自 20 世紀 70 年代晚期開始的「長期低迷」仍在持續，但在電信、訊息技術、地產等領域則出現了一系列經濟泡沫。正是在這些泡沫中，出現了一個集財富、政治革新、關注非主流文化等特點於一身的群體，而其中就產生了獨立電影的製片人與投資人。

獨立電影的內容與風格決定了它不可能像好萊塢大片那樣娛樂大眾，那麼，誰在觀看獨立電影？奧特納認為，多數觀眾來自專業管理者階層重構後出現的新群體：「正是專業管理者階層在過去幾十年的發展與重構帶來了更大的觀眾群體（包括生育高峰出生的一代人和『X 一代』），由此也使得獨立電影走出了藝術影院。」

不過，這基本上是作者的推斷。作為讀者，我們也許要問究竟哪些群體是獨立電影的擁躉？他們如何分析與評價獨立電影？觀看影片是否能夠影響以及如何影響他們的日常生活？換言之，儘管獨立電影以其揭露現實陰暗的姿態而迥異於好萊塢電影，但這種基本面向小眾、布迪厄所謂屬於「有限生產領域」的藝術形式在多大程度上能影響社會生活？可惜作者未對這些內容進行民族志調查。此外略有遺憾的是，奧特納對於獨立電影拍攝者的呈現也較多倚重訪談資料，對其工作的參與觀察大多也是在片場內完成，而對他們在片場之外的日常生活少有描述。

（四）美國夢的終結？

來自專業管理者階層的投資者、製片人在新自由主義經濟秩序下獲取大量財富，繼而投資或拍攝對新自由主義經濟秩序構成批判的獨立電影，可以說是對新自由主義的一個巨大嘲諷。在民族志中可以看到，製片人、製作人

視覺人類學
上篇

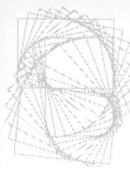

對於哲學或文化理論充滿興趣，德里達、齊澤克、布迪厄、傅柯、朱迪斯·巴特勒等學者們研究的是他們時常討論的話題。

對此，奧特納的解釋是，談論這些話題乃至以此為主題拍攝影片並不僅僅只是為了透過「拽人名」來提升文化資本，更是獨立電影帶有批判性思考的體現。因而，儘管獨立電影以小眾為目標群體，但布迪厄關於文化生產領域內的有限生產旨在追求聲望的解釋，並不能完全解釋獨立電影。

誠然，獨立電影也是美國文化的一部分，其中自然也潛藏著意識形態成分。並且，儘管作者多次表示投資人和製片人具有進步的政治傾向，以及符號資本也會產生實質價值，但讀者還是有可能懷疑這個階級更多是以投資、拍攝獨立電影來表現其特立獨行。不過，奧特納更傾向於強調從研究對象的視角出發進行同情的理解，弄清楚獨立電影如何擔當起批判、替代好萊塢等占支配地位的文化秩序的任務。

因而，她相信投身獨立電影的人們希望透過影片來改變世界的激情與真誠，也相信這些人信奉的個人主義能夠成為抵禦新自由主義的力量之一（當然，個人主義本身因與新自由主義糾纏甚多而帶有可怕的消極面）。雖然獨立電影人常常否認他們具有政治傾向，但在奧特納看來，獨立電影對於現實主義的承諾本身就蘊含了政治意味，就是一種政治行動。

嬰兒潮之後出生的西方年輕人時常被批評為喪失了應有的政治熱情與行動能力，《非好萊塢》則告訴讀者，X一代並非對政治無動於衷，獨立電影就是他們投身社會、參與政治的新方式。作者談到，與美國社會經濟變遷相伴的文化變遷可以說是「美國夢的終結」。

但也恰如作者所說，獨立電影對於現實主義的承諾本身便蘊含了政治意味，那麼，獨立電影能夠走進主流影院，並對好萊塢文化霸權構成挑戰，這一現象本身是否也是「美國夢」具有自我修正能力的某種體現？或許我們也可以說，意在「文化批評」的研究在揭示及批判美國不平等的社會結構的同時，也在一定程度上顯示了美國社會蘊藏的其他可能性。

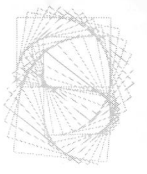

三、結語

透過追問獨立電影揭示的「現實」究竟是什麼，《非好萊塢》一書從細微處切入，詳細討論了新自由主義與美國社會結構及文化變遷的關係，這也正如奧特納所述，其興趣在於用民族志方法和文本來具體呈現何為新自由主義經濟下的「經濟結構調整」與「貧富懸殊」。可見，民族志的優勢正在於以對細節的把握來超越以往關於新自由主義的抽象或宏大敘述。

《非好萊塢》對獨立電影世界的分析為我們理解現代多元社會提供了一種線索。當人類學者以電影世界（或其他藝術形式）為切入點來認識現代社會時，若要避免停留在文化研究的層面，仍然離不開對作為電影世界（或其他藝術形式）之產生語境的社會生活進行有民族志深度的研究。或者說，當人類學的田野已從村落延伸至城市，從單點擴展至多點時，即使面臨諸多困難，深度訪談尤其是參與觀察的方法依然值得人類學者堅持。

（孫紅雲，北京電影學院副教授。主要從事影視藝術教學與實踐、紀錄片創作與理論研究工作。）

文化與影視的審美互動——人類學紀錄片的審美創造探究

李文英

摘要：在真實記錄的同時，一部優秀的人類學紀錄片也需注重對美學品格的創造和提煉。其審美創造可從兩方面進行考察：

其一，文化審美創造方面，體現為對民俗審美事象和審美活動的文化建構，以及對文化傳承者的審美經驗與審美情感的流動性和複雜性的創造性表達；

其二，影視審美創造方面，體現為創作主體從特定的審美觀念出發，深入觀察拍攝對象而產生強烈的創作激情與衝動，並透過相應的技術與藝術手段傳達出自己的審美感悟與體驗。文化與影視的審美互動，充分揭示人類學紀錄片審美創造的價值和意義。

關鍵詞：人類學紀錄片；影視人類學；民族文化審美；審美情感；影視審美創造

作為田野調查基礎上的創作成果，人類學紀錄片重在紀實和客觀呈現，即記錄人類真實的生存與生活狀態。人類學紀錄片除了遵守科學、理性的創作原則，注重學術思想的表達，更要尊重審美、藝術的創作原則，注重人文內涵和藝術表現，它是紀實與審美的融合統一。人類學紀錄片既需要記錄審美的事項，也需要審美地記錄。

首先，人類學紀錄片記錄的是人類真實生活的方方面面，其創作雖不單以審美為目的，但審美是內在於生活本身的東西，人類生活中包含了形形色色的審美現象。其次，人類學紀錄片對人類族群的各種文化生活進行影像記錄與展現，必須上升到審美的高度，從而真正實現對人的生存的理解，可以說：「美學使人類學對人的理解達到存在的頂峰。」因此，人類學紀錄片不再滿足於做一面「生存之鏡」，而是融入了對美學品格的提煉。

最後，面對冷清的紀錄片市場下人類學紀錄片的生存危機，審美創造機制具有審美救贖的現實意義，起協調商業利益和社會責任的作用。因此，從文化和影視方面揭示人類學紀錄片審美創造的規律和特點，闡釋人類學紀錄片審美創造的價值及意義，任重而道遠。

一、文化審美表達：審美活動的文化建構與審美情感的流動性和複雜性

人類學紀錄片在文化審美表達方面，主要呈現為兩點：其一，民俗審美事象和審美活動的文化建構；其二，文化傳承主體的審美經驗與審美情感的流動性和複雜性。

（一）審美事象和審美活動的文化建構

各種民俗民間審美活動是人類與世界接觸後的一種符號性的表達，凝聚了族群先輩們一代代延續著的審美經驗與審美情感。民族審美事象和審美意象的影像重構與表達呈現為捕捉生存世界之美、關注人類的審美文化現象和審美文化習俗。

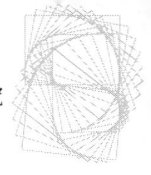

少數民族族群中各式各樣的審美現象為紀錄者的審美創造提供了大量原生態素材，使其可以透過展示各種民族文化審美形象，揭示民族審美的規律，發掘民間審美文化的價值，喚起現代人詩性情感與詩性思維的覺醒與復歸。人類學紀錄片主要呈現為4個方面：

第一，人文自然景觀之美。人類學紀錄片展示的是與人類活動與民族生存有關的景觀，它表徵著人類詩情畫意的生存空間和人類現實生存的困境。不同的自然生存空間孕育著不同的生命形式，並展示出不同的地域美學特徵。人類學紀錄片創作者注重將自然與人文景觀進行情感投射，在把握事物真實的同時投以創造性觀照，使之符合美的規律和秩序。

第二，日常生活之美。中國少數民族文化尤其是少數民族由古代傳承下來的文化，沒有書面的文獻記載，大量豐富、鮮活的審美文化現象都存在於日常生活中，因而人類學紀錄片的形象展示與視覺記錄更有助於研究少數民族審美活動的本質規律，反映少數民族特定的審美意識和審美實踐內容。

第三，藝術創作之美。民族神話傳說、少數民族原生態的音樂舞蹈藝術、建築藝術、書畫藝術以及服飾圖案等，都是人類審美創造的藝術成果，具有古樸的原始文藝之風。

第四，宗教儀式之美。宗教儀式的審美效應主要呈現在兩個方面：展現富有地域色彩的樸素而神聖的美，保存和發展對生命的知識和態度。其審美效應還在於它與歌舞形式的結合，透過視聽兼備的影視方式展現記錄宗教儀式操演過程再合適不過了。

在這一意義上，人類學紀錄片是各種審美事象和審美活動的綜合顯現，直接反映了民族審美意識與審美情感的豐富性，審美現象的多樣化，審美內涵的深邃性。當然其間還有異常活躍的象徵意象等。

概而言之，從民族文化審美角度而言，研究中國少數民族美學是深入研究中國少數民族及其文化的需要。在這種意義上，中國人類學紀錄片反映了多樣態的文化審美存在形式，它在記錄審美的同時，也在創造自由的生命形象。

影片構成的各種審美事象與審美活動，逐漸形成了某種文化觀的建構與鞏固，呈現某種具有像徵性的文化鏡像，在人類學紀錄片解析中置換為新的文化符號。從人類學影片所涵蓋的具體內容來看，影視人類學從對現實生活和文化現象的純記錄轉向對特定區域族群真實存在的審美文化現象的記錄，揭開特定區域族群文化序列中被遮蔽的審美精神，以影視的手段發掘人類文化的審美現象和充滿審美氛圍的生存境況，對文化作出更富創意的闡釋。

（二）文化傳承主體的審美經驗與審美情感的流動性和複雜性

人類學紀錄片關注的是族群審美文化中的文化享有者的審美經驗與審美情感。美學的最初定義是感性學，研究人的感性經驗和內在情感。人類學紀錄片的主體是人，他們既是土生土長的文化傳承者，又是審美文化的創造主體。

審美文化由文化傳承者即每一位族群成員共同創造、世代相傳並不斷更新。「任何民族性格和審美心理結構都是歷史造就的『生命意識』的載體，帶著精神個體必備的豐富複雜性和鮮明的個性特徵，因而具有不可替代的社會價值和美學價值。」

人類學紀錄片從文化審美的視角展示反映人類審美創造實踐中，所折射出的文化傳承主體審美情感的流動性和複雜性，主要體現在以下幾個方面：

第一，體現在民族氣質、民族性格與文化傳承者的審美情感的辯證關係。作為文化傳承者的審美主體，其審美實踐活動必然體現出特有的民族氣質與民族性格，凸顯其民族性。例如，廣西壯族人服飾以藍黑為美，以花鳥紋飾，不僅是一種審美感性經驗形態，同時與黑衣壯族群的土司制度、經濟、文化與地域因素以及文化心理有關，深藏著獨具民族氣質的集體記憶。反言之，民族的審美觀念、審美情趣、審美理想也會受到民族氣質與民族性格的制約。民族性與人類審美的關係互為辯證統一。

如《麗哉勐僚·銅鼓文化》展示了銅鼓上之所以刻有鷺鳥環顧太陽四周，與壯族崇尚光明與自由的太陽崇拜與鳥崇拜的民族性格有關。如漢族有「后羿射日」，壯族也有射日傳說，至今保留著原始的祭祀太陽禮俗，寄寓一種

崇尚太陽的審美願望。同時，對鳥情有獨鍾的壯族人在服飾、岩畫、版畫中繡畫各種飛翔之鳥，以審美觀念的灌注彰顯出藝術審美之靈性，抒發了對鳥圖騰的敬仰與審美情懷。

第二，體現在審美情感與外界因素的交錯。人與現實的審美關係不是獨立存在的，人類文化生活、審美活動滲透於意識形態、經濟、技術、權力的交織中，並在互為交織中形成相對穩定的文化價值觀，文化傳承者的審美情感可視為多因素交錯而成的族群文化價值觀的表現。審美文化在外界因素的雜糅中呈現為審美經驗表達機制的擴散與合流。審美文化既有傳統文化的擴散與繼承，也有現代化過程中與其他民族審美文化的融合。

如《甲次卓瑪和她的母系大家庭》展示的摩梭文化中，大多數人還在實行族內的走婚制，甲次卓瑪選擇實行與其他民族婚配的制度，符合人性自由發展的美學追求；又如苦聰人因為種族禁忌等原因不織布裁衣以及經常為生存而與外界進行「默商」交易，苦聰人的服飾穿著也繼承了其他民族（如哈尼族等）的服飾樣式，在叢林與定居的歷史遷移中實現服飾審美文化的交流融匯。

第三，體現在文化傳承者流動而複雜的審美心理。從時代性的角度而言，這種流動而複雜的審美心理源於內部文化表現出的強烈的堅守和保護意識、對外部世界表現出某種渴求、因不可逆轉的文化變遷與同化而表現出民族精神家園的迷失。

1. 文化固守與保護

族群本土文化是一個族群的集體記憶，是族群精神和信仰的象徵，是包括族群歷史、族群心理、審美情趣在內的世代相傳的血脈。少數民族地區有著悠久的歷史文化和原始文化痕跡，對族群文化的保護和傳承，體現族群的歸屬感和族群的集體精神。文化傳承者對傳統文化表現出強烈的固守和保護意識。固守傳統文化的內在精神體現出對民族傳統文化的熱愛，民族文化的心理定式是一種歷史積澱的結果。

視覺人類學
上篇

　　中央電視台綜合頻道紀錄片節目《中華民族》之《鄂托克的故事》第二集《一個人的那達慕》講述了一位 50 歲的蒙古族人寶日其勞取得了鄉里的那達慕 1500 米快馬比賽的冠軍後萌生出一個重要的想法：他要依靠自己的力量，籌備十幾萬的資金，召集村子裡的騎馬好手，組織一場家庭那達慕大會。由於摩托車逐漸成為代步工具，加上草場的不斷退化，過去萬馬馳騁的現像在蒙古族也越來越少見了。寶日其勞努力傳承這個「馬背上」的民族流傳了幾千年的馬文化，恢復年輕一代對馬的熱愛。馬文化是蒙古民族文化一個重要的象徵，老一輩蒙古人和新一代有著濃厚民族情結的年輕人正在用滿腔的熱情，表達自己對本民族文化的熱愛。

　　《中華民族》之《鄂托克的故事》第三集《達爾扈特》講述了 86 歲的誦經老人巴德瑪道爾吉自 6 歲起，80 年來幾乎從沒有間斷傳播祖輩們流傳下來的神聖又單純的蒙古族特有的經文祭祀文化。由於他與族人們以托雷伊金祭祀敖包為精神寄託，因此被稱為托雷伊金達爾扈特。托雷伊金達爾扈特在大草原綿延生息了數千年，巴德瑪道爾吉則是今天的托雷伊金達爾扈特，且輩分最高。傳統的祭祀活動被一個整裝 6000 億立方米大氣田的開發所干擾，年輕的托雷伊金達爾扈特布仁巴雅爾需與天然氣公司當面交涉，確保祭祀活動不受氣田開發的干擾，保證祭祀文化的順利傳承。

　　此外，傳統的托雷伊金祭祀活動在私人牧場進行，因踩踏草地而遭受牧民的抱怨，因此需給牧民一定的補償。對傳統的固守體現在巴德瑪道爾吉仍然按照傳統的方式生活著，自行打造祭祀神器，並一直省思當年他的老師對他傳授知識的往事，對於沒有充分學習老師所教知識而深感愧疚。這是一個被確定為內蒙古自治區非物質文化遺產的托雷伊金祭祀文化，達爾扈特希望更多的人瞭解這一文化，且向當地民族習俗文化志願班的中小學生進行傳授。

　　對馬文化和敖包祭祀文化的守護，是重拾民族自信心的關鍵，體現了文化傳承者的民族情感寄託，人類學紀錄片抓住這一點，將拍攝鏡頭指向「向根性」的民族審美情感，並以此捕捉有價值的人類學訊息。

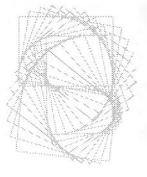

(2) 對外部世界的渴望

　　固守不代表一味地強化民族文化的優越感，否定以平等的態度對待任何異域文化。文化傳承者本人在文化變遷中對外部世界表現出某種渴求。《茶馬古道·德拉姆》中的代課女教師，21歲的藏族女孩次仁布赤，認識到所在文化圈的閉塞與環境的惡劣，希望走出文化圈，尋找愛的歸屬和人生的方向標。對外界的嚮往與對故土的留戀是不可割捨的兩部分。正如該紀錄片末尾民歌所唱：「毛毛細雨中我的布赤次仁，留下親愛的父母，不得不去遠方，想念父母之時，請菩薩指出一條相聚的道路……想念之時，請給指出一條相聚的道路。」喻示著次仁布赤內心深處難以割捨對養育自己的土地以及藏民族傳統生活方式的眷戀。

　　上海電視台紀錄片編輯室播放的《怒族一家人》中雲南怒江西岸高黎貢山上的福貢縣匹河鄉魯門寨怒族村民波益泗的二女兒、三女兒，都是立志走出大山，無錢讀書的二女兒李紅梅面對鏡頭說：「我以後要去山外面去打工，我家裡只有3個女孩，我爸爸媽媽希望，將來能給我找一個好丈夫，但我和他們的想法不一樣，我將來一定要到大山外面去，我不願意待在這個窮地方，如果我到山外面找到了工作，我會把我的父母親也帶走。」同時她希望將來能學會怒族傳統歌舞「ODD」（奧德德）的彈、唱、跳，並像能自製樂器、編曲填詞、彈唱跳遊刃有餘的父親一樣，立志把怒族傳統歌舞「奧德德」帶出大山，帶到更廣闊的天地，讓更多的人認識和欣賞這種傳統文化。

　　三女兒李玉花則是透過刻苦讀書和優異的學習成績，一心想改變命運，希望將來大學畢業後在城裡找一份工作，到大山外面去闖一闖。對外界的嚮往與對故土的留戀是不可割捨的。固守不是最終的出路，文化傳承者以一種「走出去」的反向方式，實現主體表達的自我意識，在對他者空間（包括生存空間和文化空間）的想像中建構自我的形象。

3. 族內精神的失落

　　族內精神的失落在於現代文明「闖入式文化」和現代化革新對民族地區生態文化的破壞、價值觀念的解構以及傳統空間秩序的衝擊，導致了文化傳承主體產生另一種審美情感。

審美情感不一定都是愉快的，有人將審美經驗中的情感分為 3 個層次，即淺層的愉快、痛苦和深層的愉快。「為了獲得深層次的愉快，有時候甚至需要痛苦，這就是人們為什麼喜歡悲劇的原因。」不同的是，文化持有者面對本民族內精神的痛苦時，不是內在精神需要和喜好使然，這種悲劇與困惑是客觀條件使然，是時代和社會的前進、文化的變遷所致。

文化傳承者對文化的變遷表現出某種族內精神的失落。1959～1960 年拍攝的《苦聰人》以及 2010 年攝製的《苦聰人的春天》介紹了在文化變遷和「引導型社會變遷」政策下，作為拉祜族支系的在現實家園的不斷變動中，也必然伴隨著文化適應下的精神家園的變遷。苦聰人迎來的春天是社會轉型後光明的一面。

而在現實中，這一春天是苦聰人歷經精神上的「寒冬與酷暑」的成果。主體性的缺失使在叢林與定居當中搖擺不定。據《少數民族審美文化的現實困境與相關理論的探討》一文介紹，「1957 年，苦聰人在當地政府、駐軍的幫助下，第一次出林定居，改變了生活方式。困難時期，苦聰人又回到原始森林，恢復游耕遷徙生活。1966～1967 年，在民族工作隊的動員下，苦聰人再次遷入政府建造的定居點。

由於苦聰人的定居依賴政府資助，1980 年，家庭聯產承包責任制就『意外地』瓦解了苦聰人的定居生活。20 世紀 90 年代，苦聰人仍然游耕於原始森林中。1994 年，由於森林保護的需要，當地林業部門就只能強制部分苦聰人回到其定居點定居。直到 1998 年，在專門針對苦聰人的扶貧計劃裡，解決苦聰人的定居問題仍然是一個首要任務，苦聰人至今對定居生活仍然無法適應。」苦聰人從原始社會透過「直接過渡」進入社會主義，跨越了封建社會、資本主義社會的過程，使其在時代的快速變遷和政府的過度輔助政策下失去了主體性和獨立性，勢必造成叢林精神的缺失。

歷史輾轉，根據 2010 年拍攝的人類學紀錄片《苦聰人的春天》介紹，1998 年，時任中共雲南省委書記令狐安指示，把苦聰人納入雲南省扶貧溫飽工程，要讓每一位苦聰人都有房住，有飯吃，有衣穿，有水喝，有田種，有學上。國家民族政策的實施，讓這個曾經的叢林民族迎來了第二個春天，但

仍無法取代和消解老一代苦聰人對叢林的留戀以及對「文化同質化」之現實的感慨。

族內精神之失落，給觀者呈現一種悲劇美。在人類自我更新的歷程中，族群生命的悲劇性是伴隨著人類與生俱來的一面，在人物和事件組合而成的族群精神失落的悲劇感中，透射出一種徹悟，一種警示，一種堅毅，以此構成人類學紀錄片在記錄人類情感時所營造的悲劇美。在文明與現代的矛盾和衝突中，更容易展現悲劇人物精神的崇高美，以獲取超越性的社會啟蒙意義和個人情感慰藉、共鳴的意義。《最後的山神》《神鹿啊，我們的神鹿》中的主人翁在對抗與抉擇的過程中，淋漓盡致地展現著一個民族的生命輓歌，他們的悲劇是社會的、歷史的，是悲壯而厚重的。

當代人類學紀錄片在用影像語言表達文化傳承主體的多種審美情感的相互雜糅時，正是基於文化固守與保護意識、他者空間的現代性想像和「返家意識」的多重情感疊合，並反觀當下文化傳承現狀和維護傳承主體的主體性地位，呈現地方性的審美意蘊。少數民族在多種民族文化情感形式化、意象化的相互雜糅中實現主體的具有普遍傳達性的自我表述。少數民族文化傳承者對待自身文化的態度直接影響其審美經驗、審美趣味和審美情感的變化與流動。在這種錯綜複雜的傳承心理作用下，傳統的審美自覺意識不可變更，但隨著時代的發展和審美觀念的更新，必然加入許多現代審美元素。

如此一來，人類學紀錄片影像在視覺性的時空中展現文化傳承者一系列具有客觀性的審美創造的同時，文化傳承者在敘述本民族文化之時逐漸走向審美自覺，呈現人類學影像邏輯訓導下本民族文化傳承者「詩意的棲居」的生存狀態。換言之，在人類學紀錄片拍攝過程中，出於對本民族文化的眷顧，文化傳承者在展示本民族文化時自然流露出一種審美的態度，使其審美文化和民族審美形象能夠更為優美地透過鏡頭展現出來。

簡而言之，影視人類學對特定區域族群真實存在的審美文化現象的記錄是揭示文化傳承主體審美經驗與審美情感的流動性和複雜性的物質基礎。從文化傳承者審美情感的民族性、多樣性和時代性、自覺性等角度，審視人類

學紀錄片審美所包含的文化內蘊,是探究人類學紀錄片審美創造的有效途徑之一。

二、影視審美創造:拍攝主體內在審美觀念與其外在表現手段的融合統一

在影視創造方面,人類學紀錄片的審美創造呈現為兩點,即拍攝主體內在審美觀念的灌注和使用影視手段進行技術和藝術上的審美創造。

首先,拍攝主體內在審美觀念的灌注。對審美文化的真實記錄是人類學紀錄片審美創造的首要任務。在真實記錄基礎上,還需融入創作主體觀照對象後的審美體驗。就創作主體的內在審美觀念與審美情感的賦予而言,人類學紀錄片是客觀事物經過主體心靈加工後的呈現方式,透過感覺、知覺、意象等方式轉化為知識的顯現,使之成為人類表達知識的一種形式。

創作主體從特定的審美觀念出發來感悟拍攝對象,從而產生審美創作衝動和獨特的審美情感,「情動而辭發」,最終將它轉化為有意味的形式。審美創造既要反映客觀的社會生活,又要展現創作主體的審美意識,這已經成為審美創造公認的規律。

「審美是一種複雜的生命現象,它的主要作用不是定義美醜,其意義顯現或隱藏於美與醜的定義下,存在於環繞著這種活動的喜悅與痛苦、愛與恨、冷漠與關切、理解與困惑、已知與未知之中。」深入生活、透視生存世界之人生百態的創作主體對拍攝對象的審美情感在拍攝前的體察與後期攝製創作過程中均有所呈現。透過形象來敘事和表達主題本身就可以看作是詩意的形象處理。

創作者對拍攝對象的理解、感悟以及發自內心的審美判斷而產生「觀物取象」的審美創作意識,創作主體與對象主體由此而建立起一種審美的聯繫,並推動審美思維付諸形象。人類學影像,是作為影像-符號體系的一部分而存在的,是由一系列影像鏡頭組成的定型連續體,是創作者創作衝動與創作思維的不斷延續而對未加工的原始材料進行重新思考和綜合統覺的過程,它

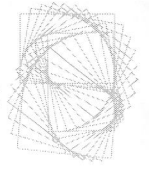

既是穩定的、明確的、具體的，同時又是靈動的、模糊的、抽象的，是主體創作衝動與現實物象的雙向交流與融合統一。

從遠古社會開始，形象就成為先民們用於描述和表達生命與生產活動、開拓原始思維的重要形式，因此，形象思維是人類思維的原始形態。「觀物取象」是人類認識世界的重要方式，這裡的象「不是事物或思維的孤立、靜態之象，而是思維與事物一體溝通並與整個宇宙相互聯繫的動態之象」，強調人與物的交流與轉換。

就人類學紀錄片創作而言，審美創作主體在對外界真實的直接觀察和感受的基礎上提取和把握事物之象及其內在特性，其真實物象的影像重構就是一個「觀物取象」的過程。不過人類學紀錄片與文藝創作的觀物取象又有著本質的區別。文藝創作所取之像是人類觀察實物後呈現於腦海的虛構意象，而人類學紀錄片所取之像是實實在在的客觀事象，它依賴於現代攝影技術而存在。離開拍攝設備這個物質載體，創作主體的審美創造也就無法實現。

此外，在「觀物取象」的過程中，「對於優秀的人類學電影製作者來說，能夠很自覺地做到對拍攝對象的尊重、對歷史的尊重與對人類學電影文本的尊重。」由此可知，拍攝者的審美情懷有賴於對真實性的維護和良好的道德自律，他對人類學紀錄片的審美創造，建立在真與善的基礎上，是真善美三者的渾然交融。

「觀物取象」的審美心理體現在創作者在感知階段對拍攝對象的情感留駐、對經驗的重視、用物象進行思維等方面。這種「物象思維」的審美體驗，展現創作主體的審美意識。在審美過程中，創作主體把自己的主觀感情轉移或映射到審美對象上，同理，電影鏡頭中的各種人類生活事象也會反向作用於人的情感，人類學紀錄片創作的審美心理機制體現了審美主體與外在世界的對象化交流關係，同時也是人的本質力量對象化的顯現。

其次，善於使用影視手段進行審美創造。創作者運用現代影像所特有的技術與藝術手段的自然流露，在各族人民創造的審美文化記錄的基礎上融入他對視聽藝術的審美感知，更能激發人類學紀錄片的詩性創造思維。

視覺人類學
上篇

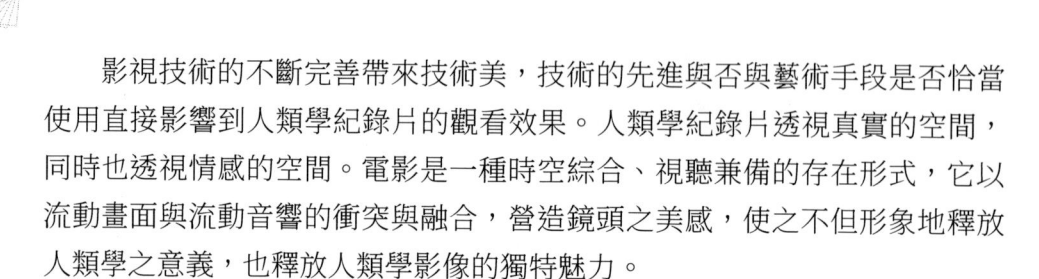

　　影視技術的不斷完善帶來技術美，技術的先進與否與藝術手段是否恰當使用直接影響到人類學紀錄片的觀看效果。人類學紀錄片透視真實的空間，同時也透視情感的空間。電影是一種時空綜合、視聽兼備的存在形式，它以流動畫面與流動音響的衝突與融合，營造鏡頭之美感，使之不但形象地釋放人類學之意義，也釋放人類學影像的獨特魅力。

　　人類學紀錄片創作主體別具匠心地運用技術與藝術手段，實現人類學紀錄片的審美創造，具體體現在以下兩方面：

　　其一，在技術手段上，透過攝影與剪輯進行審美表達。攝影能夠以絕對的優勢實現對現實時空的同步記錄，抓住原始事件記錄所能喚起的更為強烈的生活實感，以一種不同於人類眼睛的方式捕捉各種現象並感知世界，延伸人類的視覺觀察範圍，提高人類的洞察能力。鏡頭的運動、細節的捕捉，使鏡頭優於人眼。有些人類學訊息和細微事象只有電影才能表現，只有電影鏡頭才能觸及。

　　鏡頭能夠伸向空中、潛入水底，能縮放變焦，捕捉到人眼看不見或容易忽視的生活細節和細微的審美事象。人類學紀錄片拍攝後期的剪輯、蒙太奇處理方法，使剪輯手法和蒙太奇思維在對鏡頭的選擇、剪切和組合中更為真切和直接地表達人類的生存。人類學紀錄片透過蒙太奇思維和剪輯技術創造出獨特的審美韻味。此外，錄音、音響、光感、色感、字幕以及數位特技的使用，無疑體現出影視技術對人類學紀錄片創作的巨大影響力。

　　其二，在藝術手段上，以修辭手段與多維敘事進行審美創造。鏡頭語言與文學語言一樣，可以透過修辭表達言外之意。如胡台麗所言，「民族志電影（人類學電影）應發揮影像語言的特色，表現書寫民族志難以達成的效果」。人類學紀錄片巧妙地運用影像語言的修辭功能，表達審美主體的創作意圖並製造特定的影像效果。

　　同時在創作過程中努力調動多維敘事技巧，包括主客位敘事視角、敘事結構的選擇與互用、敘事內容詳略的安排等，以實現「一部好的電影」所具有的「結構合理、重點突出、形式與內容完美結合」。藝術手段的運用突出

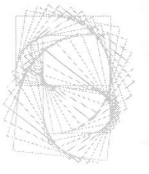

審美主體的敘事意圖和重心所在，有助於營造人類學影像的電影思維的審美意識。

影視技術的進步給人類學紀錄片帶來新的藝術增長點。從審美語境看，日常生活審美化以及審美現象的無處不在證實了審美的輻射性之強和影響力之大。而對於人類學紀錄片而言，「技術與藝術手法都合規律了，才談得上審美」。總體而言，人類學紀錄片在講求科學性的同時，也在努力地運用技術與藝術手段增強其表現力度。

「只要無損於人類學研究的學術性，並有助於揭示人類學內涵，一切影視手段都可以採用」。人類學紀錄片創作主體在審美創作心理機制的幫助下，調動各種影視表達方式和技巧，展現其審美價值，在形式上實現人類學紀錄片的審美創造。透過影像技術與藝術技巧進行審美展示，更賦予人類學紀錄片文本詩意而自然的生態審美特質。

三、結語

人類學紀錄片創作有賴於創作者在對拍攝對象進行感悟的基礎上，充分調用攝影機的各種功能進行影視人類學田野調查。它積極地、有目的地挖掘、整理少數民族的審美文化實踐成果的第一手影像資料，從媒介工具和審美藝術的雙重視角，審視少數民族的審美創造活動及其創造的各種審美事象。

審美創造為人類學紀錄片創作注入新鮮元素，逐漸成為人類學紀錄片創作的自覺。在「影視審美人類學」研究理念的輔助下，對人類學紀錄片審美創造進行研究，有助於人類學紀錄片創作更有效地呈現人類的審美本性。尤其是在文明進程的各種弊病以及本土價值的困惑與省思的語境下，更需要這樣的生態性的審美理念以建構一個詩性的想像共同體，從而有效地實現人類生命價值的回歸。

（李文英，信陽師範學院傳媒學院教師主要從事文藝美學、影視人類學研究工作。）

中國文化人類學紀錄片的現存問題及發展對策

趙鑫

摘要：文化人類學紀錄片是紀錄片的重要類型之一，文化人類學和紀錄片是文化人類學紀錄片的兩個本體。對於文化人類學紀錄片來說，文化人類學和紀錄片並不是簡單的加和關係。這兩個本體間的博弈，也使得文化人類學紀錄片的創作具有了獨特性和複雜性。本文採取定量和定性相結合的方法，主要探討中國文化人類學紀錄片的現實困境，並針對這些困境提出相應的對策。

關鍵詞：文化人類學；紀錄片；影視人類學

從 1957 年開始，在與外界幾乎無任何接觸的情況下，中國文化人類學紀錄片工作者在摸索中起步，在困境中堅守，在艱難中前行，在混沌中探索，歷經近 60 年的歲月，走出了一條具有中國特色的發展之路，積累了寶貴的經驗。

21 世紀以來，中國文化人類學紀錄片迎來了難得的發展機遇，進入了多元發展的繁榮期。但是，不可否認的是，挑戰與機遇相伴而生。目前，中國文化人類學紀錄片存在著很多問題，如果不能得到及時且妥當的解決，勢必會影響中國文化人類學紀錄片的健康發展。

一、中國文化人類學紀錄片的現存問題

21 世紀以來，特別是近 5 年來，在國產紀錄片行業迎來快速發展的機遇期的同時，中國文化人類學紀錄片也在迅速發展，數量激增。但是，筆者透過對中國近年來文化人類學紀錄片相關活動的實地調查和作品觀摩，發現目前中國文化人類學紀錄片在數量激增的同時，整體質量普遍不高，存在諸多問題，亟須解決。

筆者參加了第一屆（2014 年）和第二屆（2015 年）「視覺人類學與當代中國文化論壇」、「中國民族題材紀錄片回顧展」，以及 2015 年中國影視人類學學會年會暨首屆「學會獎」評審等活動，並從騰訊視頻和廣西民族博

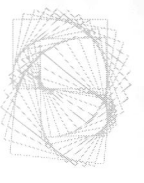

物館的網站上觀看了廣西國際民族志影展的入圍作品，發現目前的中國文化人類學紀錄片在題材選擇、本體融合、訴求平衡等方面存在一定的問題。

而這些問題都在 2015 年首屆中國影視人類學「學會獎」的評審中突顯出來。另外，本次「學會獎」評審工作是在剛剛成立的中國影視人類學學術委員會的指導下進行的，因此，頗具代表性。在此，筆者主要以入圍 2015 年首屆中國影視人類學「學會獎」的 35 部作品作為研究樣本進行分析，以期總結出中國文化人類學紀錄片目前存在的問題。

（一）題材侷限

本屆參展作品共計 35 部，其中拍攝對象為少數民族的有 29 部，比例為 83%，涉及的少數民族有土家族、傣族、納西族、藏族、蒙古族、怒族、土族、瑤族、哈薩克族、柯爾克孜族、布朗族、壯族、裕固族、彝族、赫哲族、獨龍族、哈尼族、羌族和苗族等。而拍攝對象為漢族的作品僅有 6 部，比例為 17%，如圖 1 所示。

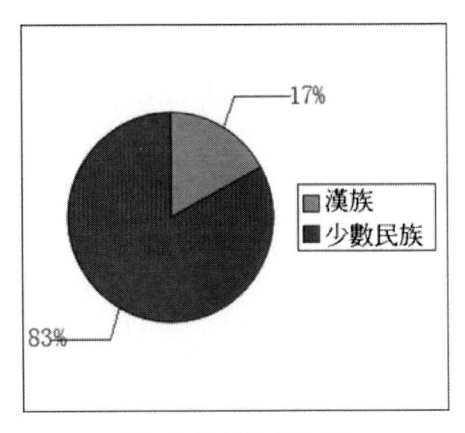

圖 1 涉及民族的比例

從內容上而言，主要涉及節日、生產和生活方式、族群認同、婚姻和家庭、宗教和儀式、民間藝術和傳統製作工藝等，數量上排在前五位的分別是節日（共 12 部，占 34%）、生產和生活方式（共 6 部，占 17%）、傳統製作工藝（共 5 部，占 14%）、宗教和儀式（共 4 部，占 11%）以及婚姻和家

庭（共3部，占9%），如圖2所示。其中，在12部關於節日的文化人類學紀錄片中，除2部是關於漢族節日之外，其餘10部均為少數民族的傳統節日。

而這12部作品均是文化部民族民間文藝發展中心執行的《中國節日影像志》的子課題或是子課題的延伸；在6部關於生產和生活方式的文化人類學紀錄片中，有5部是關於少數民族的，且涉及生產和生活方式的變遷問題；而5部關於傳統製作工藝的文化人類學紀錄片，則全部是關於少數民族正在消失或行將消失的傳統手工技藝的。

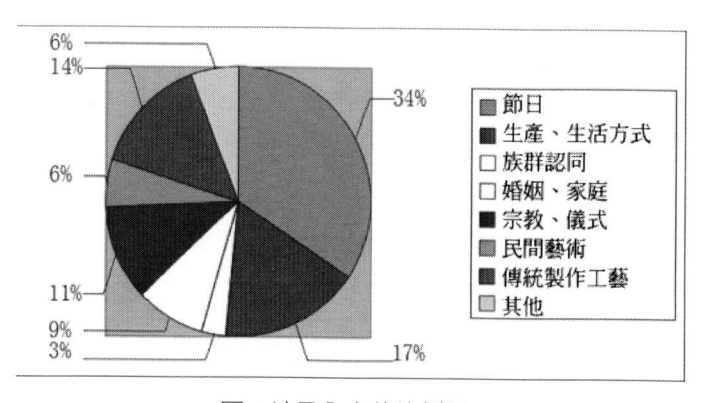

圖2 涉及內容的比例圖

從文化事項發生的地理空間來看，有33部作品拍攝的文化事項發生在村落，而只有2部作品的文化事項發生在都市，如圖3所示。其中，一部（《生活的咖啡線》）關注居住在都市裡的年輕農村務工人員的生活和情感問題，反映了都市文化與農村文化的碰撞與融合；另一部（《中國式養老》，該片獲得「學會獎」入圍獎）聚焦中國式養老問題，選取中原地區一戶典型的四世同堂家庭，真實記錄這戶人家幾代人的養老狀況，生動地呈現了在社會變遷和傳統家庭聚居模式變化的當下中國傳統家庭式養老模式的變遷。

中國文化人類學紀錄片的現存問題及發展對策

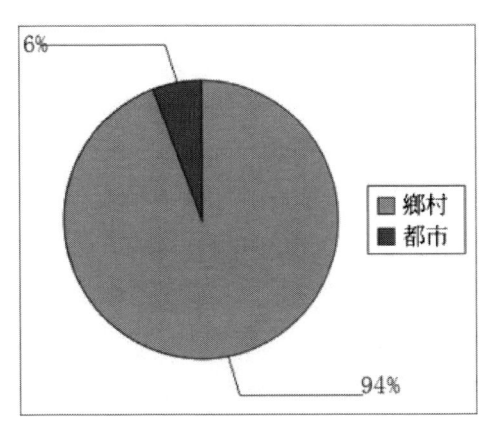

圖 3 文化事項的發生地分布

　　由此可見，從題材上而言，目前中國文化人類學紀錄片大多涉及少數民族傳統的生計模式、宗教信仰、儀式、節日、製作技藝等內容，且大部分或多或少地涉及文化變遷問題，屬於文化人類學常規的研究範疇，而對人口占絕大多數的漢族的相關內容涉及得較少，對都市文化和都市居民的生活，以及都市移民者的文化適應問題，關注得更少。

　　從內容上而言，中國文化人類學紀錄片沿襲文化人類學傳統的研究視角和領域，並沒有對文化人類學與現代社會之間的關係給予高度重視，仍然認為文化人類學的關注點在於偏遠的地緣空間、封閉的社群、邊緣人群和受現代文明影響較小的文化系統，這與世界文化人類學紀錄片的發展背景不無關係。

　　早在 1983 年，著名文化人類學紀錄片學者約翰·科利爾（John Collier）就曾指出：「儘管都市人類學、醫學和教育人類學已有了長足的發展，人類學文獻以及絕大多數具有影響力的民族志電影仍然主要關注古老的和即將消亡的部落民族。」

（二）兩個本體難融合

　　如前所述，文化人類學和紀錄片是文化人類學紀錄片的兩個本體，前者提供內容和方法，後者是手段和載體，二者缺一不可，彼此依賴，彼此融合。

然而，綜觀中國文化人類學紀錄片可以發現，這兩個本體達到完美融合的作品非常少，這個問題在本屆「學會獎」的評選中也暴露無遺。

1. 一個極端：缺乏影像本體意識

在中國，由文化人類學者拍攝的文化人類學紀錄片普遍存在對影像本體重視不足的問題。有些學者對視聽語言、影像規律和影像敘事不懂或知之甚少，誤認為只要花少量時間學會了影視設備的使用，就能勝任文化人類學紀錄片的拍攝。他們把影視當作文化人類學田野工作的手段和工具，認為影像的完整程度不是由影像規律和影像敘事來決定的，而是由文化人類學的學術觀點及對文化系統解釋的清晰度和完整度來決定的。

甚至有的學者直言，對於「影視人類學」而言，「影視」只是個定語，核心在於人類學；而對於文化人類學紀錄片來說，紀實影像和文字一樣，是為民族志的「書寫」服務的，其著眼點和落腳點都在文化人類學的學術研究上。從他們的作品中可以看到如下問題：構圖不美，缺乏構圖意識；曝光不正常，曝光過度或者不足；景別不豐富，誤認為特寫破壞文化人類學訊息的完整性而儘量避免使用；大量毫無意義或缺乏內涵的長鏡頭；鏡頭的運動缺乏目的性；不會利用拍攝角度，機位設置不合理；不會使用各種光線；不會用鏡頭講故事，節奏拖沓；不能熟練使用蒙太奇剪輯技巧……用一句話來概括：這些作品的可視性較差。

當然，也有像郝躍駿那樣既熟悉文化人類學的學科知識，又深諳紀錄片的影像本體規律的創作者，但這樣的創作者實在是鳳毛麟角。大多數文化人類學學者拍攝的作品均或多或少地存在對影像本體重視不足的問題。甚至就某些作品而言，與其將它們稱為文化人類學紀錄片，筆者更傾向於將其稱為供文化人類學研究之用的素材集錦或文化人類學田野工作的「影片筆記」，「它們是由攝影師（通常也是研究人員）在沒有預定計劃的情況下為展示某些活動而在現場如實搶拍的一些連續鏡頭」。

正如 2015 年中國影視人類學首屆「學會獎」評審活動中有一位學者所言，她在從事田野工作的過程中，在做常規田野筆記的同時，用自己的家用數位錄影機進行田野記錄。從田野點回來，完成文字民族志之後，對「影片

筆記」進行整理和剪輯，在剪輯的過程中，她用文字民族志中的內容來套正在剪輯的「文化人類學紀錄片」的結構，常受到文字民族志思維定式的困擾。創作出眾多既能在國際文化人類學紀錄片相關影展上獲獎，又能在電視台播出或在院線上映的優秀作品的胡台麗曾說：「影像表現不必模仿文字，文字思考表達方式也不能直接套到影像上。」由此可見，上述那位學者的苦惱根源於她用文字的思維方式來做文化人類學紀錄片，而沒有遵循影像自身規律和採用視聽語言自身語法來進行創作，其最終影像所呈現出的「可視性差」的弊端，也就不足為奇了。

2. 另一個極端：缺乏文化人類學知識

對於專業的影視工作者來說，他們克服了影像本體缺失的弊端，但卻往往會滑向另一個極端，即：缺乏文化人類學知識。他們往往沒有接受過系統的文化人類學學術訓練，不具備文化人類學的學術敏感性，缺少文化人類學田野工作的常識和經驗，不懂得文化深描的技巧。他們在拍攝之前，對欲拍攝的田野點及其文化事項缺少知識儲備，沒有在此田野點進行田野調查的經歷；在拍攝過程中，不能用文化人類學的客位和主位視角來對拍攝對象及其文化行為進行參與觀察、記錄和深描；在後期剪輯時，又過於看重故事的矛盾、衝突和懸念，卻忽視了文化人類學訊息的完整性。因此，一般而言，他們的作品在鏡頭的拍攝上都比較規範，用光、構圖、色彩、影調、景別、運動、角度、蒙太奇剪輯等都運用得較為考究和到位，故事性較強，但卻忽視了文化人類學這一本體，或對其重視不足。

例如，中國影視人類學首屆「學會獎」的參展作品《哈薩克的阿依特斯》（《新疆非物質文化遺產》系列電視紀錄片中的一集）真實記錄了新疆哈薩克族民間的阿肯彈唱藝術（阿依特斯，俗稱「阿肯彈唱」），涉及賽馬、婚禮、轉場和割禮等哈薩克族人民特有的生活方式和特殊的文化形態，並且展現了阿肯彈唱在哈薩克民族上述生活方式中的作用和具體形式。這些內容都在文化人類學的研究視野內。

雖然本片以版塊式結構分別呈現了賽馬、婚禮、轉場和割禮中的阿肯彈唱，但比較零散和瑣碎，並沒有將這四個版塊有機整合在一起，因此，無法

讓觀眾更好地感知阿肯彈唱在哈薩克民族日常生活中所具有的文化功能，且解說詞的主觀性太強，也因此弱化了民族志的可信性。

另外，這部作品忽視了對文化人類學主位視角的運用，缺少用規範的文化人類學田野工作和文化深描的方法來指導實際創作。因此，有的評委認為這部作品的觀賞性強，具有較強的宣傳意味，但文化人類學訊息不完整，忽視對文化人類學方法的運用，在進行影像化表達的過程中缺乏文化人類學思維。

綜上所述，文化人類學學者創作的文化人類學紀錄片在「可視性」上處於劣勢，而專業影視工作者創作的文化人類學紀錄片則在文化人類學訊息的完整性、文化人類學觀點的表達、文化人類學方法和視角的使用上均有欠缺。正如創作出《最後的馬幫》和《山洞裡的村莊》等優秀作品的郝躍駿導演在多種場合下積極倡導的那樣，文化人類學學者和影視工作者要合作，文化人類學和紀實影像本體要融合，二者是可以找到結合點的，且必須找到結合點。

中國文化人類學紀錄片與國外的差距還很大，其差距就體現在對文化人類學紀錄片這兩個本體的認知和融合程度上。那麼，怎樣才能尋找到這個結合點呢？對於影視工作者來說，要學習文化人類學知識，要明白文化人類學研究對象中的哪些內容適合用影像表達，哪些內容是用影像無法表達的；對於文化人類學學者來說，則要潛心學習視聽語言和影視創作規律，增強作品的可視性，用紀錄片的語言來記錄和講述關於文化持有者及其文化事項的精彩故事。

如果文化人類學學者和影視工作者各自為營，不謙虛謹慎地從對方擅長的領域中汲取用以彌補己方不足的營養，想要在文化人類學與影視藝術之間尋找到完美的結合點，就只能是痴人說夢了。

（三）兩個訴求相對立

縱觀世界文化人類學的發展，科學與藝術的分野和融合，貫穿著民族志的書寫和文化人類學家對多元文化的展示過程。對於用紀實影像來展演人類文化的文化人類學紀錄片來說，科學與藝術間的關係更是一個頗有爭議的話

題，當它們與其用途聯繫起來之後，便引發出文化人類學紀錄片的兩個訴求：學術研究訴求和大眾傳播訴求。而關於這兩個訴求間的關係，學界至今沒有達成一致看法。

2015年中國影視人類學學會首屆「學會獎」評審活動中，文化人類學出身的評委主要從文化人類學學術的視角來評判作品的內容、結構、學術價值和貢獻，而影視創作出身的評委則主要從影像本體的角度來評判作品的敘事方式、創作手段、表達技巧、形式要素和觀賞性。前者主要從科學的角度出發，後者則主要關照藝術的層面；前者更關注學術研究訴求，後者更偏向大眾傳播訴求。

例如，在《河南靈寶「罵社火」》放映後的專家點評環節中，文化人類學家莊孔韶教授認為該片所記錄的河南靈寶縣陽平鎮的東常村和西常村在春節社火活動中互相「謾罵」的文化事項，在全世界的文化形態中都比較獨特，該片在對「罵社火」的展示上比較完整，且涉及了「罵」的三個分類（動物界、性和祖宗），在文化人類學研究上具有較強的選題價值；而紀錄片研究專家陳剛教授則對作品在鏡頭的帶入感、拍攝對象間關係的處理、二元對立結構、平行蒙太奇剪輯和講故事的技巧等方面給出了改進建議。

從本屆「學會獎」參展作品的整體狀況可以清楚地看到，學術研究訴求和大眾傳播訴求在目前中國的大多數文化人類學紀錄片中往往處於對立狀態，儘管《開齋節》《宜昌薅草鑼鼓》《耶什格岔的春天》和《鄉愁》等為數不多的幾部文化人類學紀錄片為我們呈現了這兩個訴求實現融合的可能性。

本屆「學會獎」的作品展映會場設在河南大學，展映時間為週末，對於真實記錄人類文化形態的視聽作品，理應引起廣大青年學子的關注。實際情況也是如此，在第一場放映會上，會場裡坐滿了眾多的年輕觀眾。

但是，隨著展映進程的推進，所有會場留下來的觀眾幾乎清一色地都只是參會的專家和學者，很難找到普通觀眾的身影。普通觀眾的缺席，反映了目前中國文化人類學紀錄片在大眾傳播訴求上的缺失，而能在電視台播映的作品在學術研究訴求上又表現得十分薄弱。

二、中國文化人類學紀錄片的發展對策

針對目前中國文化人類學紀錄片在創作實踐中存在的題材侷限、文化人類學和紀錄片兩個本體難融合，以及學術研究訴求和大眾傳播訴求相對立等現實問題，筆者認為，可以在以下幾個方面做出努力。

（一）題材的多樣化、均衡化發展

較為單一的題材，勢必會影響中國文化人類學紀錄片在拍攝內容上的選擇。從理論上而言，在文化人類學的研究領域和研究對象中，凡是可被觀察到的，都可以成為文化人類學紀錄片的拍攝對象。但就目前而言，最容易擴展的題材有兩個，一個是漢族題材，一個是都市題材。之所以這麼說，是因為目前中國文化人類學紀錄片主要關注少數民族地區生活在鄉村裡的文化持有者及其展演的文化事項，那麼，與之相對的漢族聚居區生活在都市裡的文化持有者及其展演的文化事項則被極大地忽視了。

筆者認為，中國文化人類學紀錄片創作者在今後的創作中，從族群上來說，不僅要關注少數民族，還要關注漢族；從地域上來說，不僅要關注鄉村，還要關注都市。只有這樣，才能使中國文化人類學紀錄片的鏡頭對準所有族群的生活方式，關注更加多元的文化事項，進而達到文化人類學聚焦文化多樣性的目的。

1. 兼顧少數民族與漢族

眾所周知，中國由 56 個民族組成，漢族占絕大多數，其餘 55 個民族，因人口較少，統稱為少數民族。但中華民族具有多元一體的格局，「本文化」和「異文化」在中國的情況比較複雜。在中國，對於生活在主流社會中的主流人群來說，漢族文化和少數民族文化之間的關係不能簡化成「本文化」和「異文化」之間的關係，他們之間彼此關聯。

研究後者必然要以對前者的研究為基礎，研究前者能為對後者的研究提供參照，分別孤立地去認識其中一種文化，將不利於對中華文化從整體上進行認知，也不利於對各種具體文化的深入剖析。

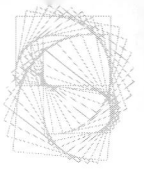

雖然，自 20 世紀 90 年代以來也湧現出諸如《沙與海》《深山船家》《茅岩河船伕》《遠去的村莊》《山洞裡的村莊》《婚事》《山裡的日子》《祖屋》《流浪北京》《彼岸》《江湖》等一批以漢族百姓為拍攝對象的作品，這些作品在內容上也具有一定的文化人類學訊息，但是，除了《山洞裡的村莊》的導演郝躍駿外，這些作品的導演幾乎都沒有接受過正規的文化人類學學術訓練，他們的作品被劃歸為文化人類學紀錄片，也是他們「無心插柳」的意外收穫。

從選題上來說，對少數民族題材「一邊倒」式的鍾愛，的確影響了中國文化人類學紀錄片的整體發展，也不利於透過文化人類學紀錄片進行跨文化傳播。因此，中國文化人類學紀錄片在選題上應該兼顧少數民族和漢族；在具體內容上，不僅關注各自文化的具體樣態，還要關注各種文化間的差異與共性、聯繫與融合、變遷與適應等問題。

2. 兼顧鄉土與都市

正如智利紀錄片導演顧茲曼所言「一個國家沒有紀錄片，就像一個家庭沒有相冊」。中國的紀錄片就是中國這個大家庭的相冊，翻開這本相冊，我們就能看到真實的中國社會及生活於其中的普通百姓的生存狀態和精神世界。而中國文化人類學紀錄片的責任就在於用客觀真實的鏡頭為生活在中華大地上的普通百姓留下關於他們所創造的文化的真實影像。改革開放以來，中國社會經歷著巨大的變革，城鄉一體化發展，農村勞動力大規模湧向城市，高樓大廈鱗次櫛比的國際化大都市如雨後春筍般拔地而起，西方文化無孔不入……

在這種社會語境下，傳統社會的鄉土本色固然在一些較為偏遠的地域還保存著，但肇起於西方的現代都市生活正改變著世代沿襲的文化傳統。褪去了鄉土本色的都市生活是一幅怎樣的畫卷？與現代化相伴而生的都市新興文化和亞文化表現出怎樣的特徵？面對與傳統差異極大的現代文化，從農村進入城鎮的新一代將如何抉擇？等等，這些問題既是擺在中國文化人類學學者面前的時代課題，也是中國文化人類學紀錄片的生動選題。

這讓我們不禁想起自 20 世紀 90 年代以來由獨立製片人在「無意」中為中國文化人類學紀錄片的百花園貢獻出的諸如《流浪北京》《四海為家》《彼岸》《江湖》《鐵路沿線》《回到鳳凰橋》等優秀作品。作品中那一個個鮮活的生命，有的在都市的角落裡苟延殘喘，有的不停地承受著夢想一次次破滅的煎熬，有的徘徊在鄉村與城市間找不到歸宿……這些無不牽動著我們的思緒，撩撥著我們的心扉，指引著我們踏入都市人類學的領域，我們再也不能置身事外，因為，我們就處在這近在咫尺的都市生活裡。

（二）文化人類學與紀錄片影像本體的深度融合

關於文化人類學紀錄片的文化人類學屬性和紀錄片影像本體屬性之間的關係問題，在學界一直沒有得到一致的答案。筆者認為文化人類學紀錄片與一般的紀錄片一樣，具有獨立存在性，一部文化人類學紀錄片就是一個獨立的影像文本。在文化人類學紀錄片中，文化人類學屬性和紀錄片影像本體屬性同樣重要，沒有孰輕孰重的分野，只有彼此依賴的關聯。

文化人類學紀錄片透過符合紀錄片影像本體規律的視聽語言，如實地記錄和深描存在於鏡頭前的人類及其文化的行為、事件和活動，並透過後期剪輯，以故事的形式向觀眾呈現對他們來說或熟悉或陌生的、與他們所持有的文化或相同或不同的文化。

即便是向一個社會展現另一個社會的文化人類學紀錄片，只需將文化人類學與紀錄片影像本體進行完美而深度的融合，選擇適合於該片所表現的內容的視聽語言和影像表達形式來講好一個關於文化的故事，已經足矣。雖然在有限的影片時長內，觀眾不能很好地瞭解和掌握影像所呈現的文化的方方面面，但至少能夠讓觀眾看懂創作者正在向他們講述一個什麼樣的故事，展現一種具有怎樣特徵的文化。

那麼，文化人類學紀錄片創作者如何做到文化人類學與紀錄片影像本體的深度融合呢？

首先，在充分的田野調查基礎上，從文化人類學的視角出發，立足所處的文化空間，在文化人類學「原理和研究問題的框架下」觀察和記錄，儘可

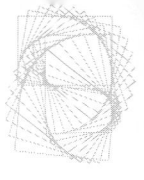

能全面地對文化事項進行深描，進而能夠為文化人類學學者做進一步學術研究提供形象化的資料。

例如，《祖先留下的規矩》以法律人類學的「整體論」和「法律多元主義」為學術理論支撐，以客觀觀察和互動參與為田野方法，以參與和分享的理念探尋合適的影像表達方式，以「我和他一起看他文化」的視角對彞族文化進行深描，在用「德古」的口述採訪和糾紛案例的跟蹤拍攝構建的複線結構中營造「他文化」的場域。對於普通觀眾而言，《祖先留下的規矩》講述了發生在四川省涼山彞族自治州古裡區的關於「德古」判案的故事。

當地的一位名叫「阿爾洋鐵」的「德古」利用彞族習慣法——「誠威」來調解民間發生的糾紛案件，構成了本片的主要內容。透過觀看影片，觀眾能夠獲取有關彞族習慣法、彞族的「德古」、發生糾紛的雙方當事人、「死給案」、糾紛的調解過程以及調解結果等訊息；而對於文化人類學研究者而言，他們還可以借此從法律人類學的角度研究彞族習慣法的生成語境、運行機制和現存狀態，從文化系統的角度研究彞族習慣法和彞族家支體系對彞族民間社會秩序的維持和族群的凝聚所起的作用，從語言的角度研究彞族的諺語體系及其背後深藏的彞族人的思維方式，從文化變遷的角度研究彞族習慣法與現代法律體系的碰撞和融合，從民俗的角度研究彞族的傳統文化，等等。

由此可見，該片既為普通觀眾呈現了一個生動的故事，也為圍繞彞族傳統文化展開的學術研究提供了真實、客觀、鮮活、形象的資料。

其次，在保證文化人類學訊息不遭受損傷的前提下，充分發揮紀錄片的影像本體特性，靈活運用各種視聽語言，確保文化事項具有畫面的美感。卡爾·海德在剪輯《達尼人的番薯》時，遇到一組焦點明顯不實的連續鏡頭，從技術上來講，這組鏡頭屬於「廢品」，應該被毫不猶豫地捨棄。但是，卡爾·海德卻認為這組表現煮番薯時連續不斷地生發熱氣的鏡頭具有很強的文化人類學價值，因此，他將這組技術上並不過關的鏡頭保留在影片裡。

不僅在焦點方面，在曝光、音響、鏡頭流暢等方面，他均認為只要鏡頭的文化人類學訊息容量是足夠的，就可以把在這些方面具有技術性失誤的鏡頭保留下來，這比捨棄它們而代之以技術質量高的鏡頭（在文化人類學訊息

容量方面不如那些技術有問題的鏡頭）更為重要。卡爾·海德的上述觀點是有失偏頗的。存在技術性問題的鏡頭，不僅極大地降低了影片的觀賞性和可視性，而且也破壞了影片的文化人類學效果，因為，曝光不準、焦點不實、聲音不清的鏡頭，無法將文化事項原有的文化人類學訊息完整地呈現出來。

在中國文化人類學紀錄片作品中，劉湘晨拍攝的作品在文化人類學訊息的影像表達上可算上乘之作，他也為之付出了巨大的努力。十幾年來，他一直堅守在新疆的高山、沙漠等偏遠地帶，用心記錄著即將消失的文化事項，對影像的要求可以說到了十分苛刻的程度。為了拍攝一個儀式，他會在儀式舉行的數天前到達現場，進行充分的田野調查，並對文化空間裡的各種場景進行實地踏勘並做出預判，在頭腦中形成拍攝方案，反覆思考在哪個位置布置機位，選擇什麼樣的角度，利用怎樣的光線，採取怎樣的構圖形式來結構鏡頭，才能把文化事項用最佳的影像效果呈現出來。儀式結束後他也不會立刻離開田野點，而是根據自己對文化系統的判斷，補拍或繼續拍攝一些對闡釋該文化系統有益的鏡頭。

他對即將拍攝的文化事項的發生時間、動機和過程，都能夠做到心中有數，因此，即便是面對一些突發的、光線環境很不理想的文化事項，他也能處變不驚，應對自如。在他的鏡頭裡，文化事項均是以唯美的影像效果呈現出來的。正如龐濤所說，「運用影視語言的水平高低決定了作品表達的準確性和影片的可視性」，也決定著文化人類學屬性與紀錄片影像本體屬性深度融合的效果。一方面，掌握高超的影視語言運用技能，必須要以對影像的熱愛、全身心的投入、勤學苦練和不怕吃苦為前提；另一方面，在拍攝過程中要不斷地對鏡頭前的文化事項進行判斷和預判，舍此，用唯美的影像來承托豐富的文化人類學訊息的目標難以實現。

（三）學會講故事

如前所述，學術研究訴求和大眾傳播訴求的相互對立，是目前制約中國文化人類學紀錄片發展的重要問題之一。造成這一現象的根源究竟何在？帶著這一問題，筆者在參加2015年中國影視人類學學會年會暨首屆「學會獎」

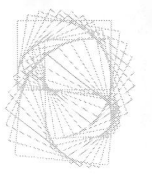

評審活動的過程中，仔細觀察觀眾在觀看文化人類學紀錄片過程中的反應，並在觀影後與他們進行交流。

笔者發現，造成觀眾不喜歡看文化人類學紀錄片的原因，除了這類影片在影像本體方面存在缺陷之外，還有一個突出的問題就是這些影片不會講故事，要麼令觀眾不知所云，要麼給人感覺拖沓冗長，要麼結構混亂。而那些既令普通觀眾「愛不釋眼」，又讓學者「流連忘返」的文化人類學紀錄片，都在敘事上有較佳表現。由此，笔者產生如下思考：文化人類學紀錄片在學術研究訴求和大眾傳播訴求之間的對立關係能否被打破？好的故事能否成為溝通二者的最佳媒介？

自從以馬林諾夫斯基為代表的文化人類學家探索出民族志這一田野工作的成果形式開始，民族志作者就在用文字來講述一個個既奇異又動人的人類故事。「每個人都是一則故事，就是說，說話是一種行為，行為是一種觀察，觀察也是一種描述，描述就是講述故事。我們民族志作者、人類學家，或者說是你和我，是具有有限影響力的參與觀察者，我們要做的就是講述人類的故事。」理查德·史威德（Richard Shweder）把文化人類學家看成是「講故事的人」；米希亞·蘭多（Misia Landau）認為就連「人類進化」都可作為故事來撰寫，「任何可研究的事件之順序均可用『敘事』的結構，具有開頭、正文和結尾」，即經典的三段式敘事結構。由此可見，文化人類學家不但不排斥敘事，反而用敘事的手法來生產文字民族志。諸如《西太平洋上的航海者》《努爾人》《薩摩亞人的成年》和《金翼》等被譽為世界經典的文字民族志，無不在為讀者講述著一個個精彩絕倫的故事。

以活動的紀實影像為載體的民族志——文化人類學紀錄片，作為民族志的一種表現形態，自然也離不開故事。盧西恩·泰勒（Lucien Taylor）認為文化人類學紀錄片之所以能夠引起人們對具體事物的感悟，就在於它「採用敘事的手法，描述個體的生活」。保羅·亨利（Paul Henley）認為講故事是所有紀錄片的共同點，作為紀錄片的一種特殊樣態，文化人類學紀錄片也同樣包含敘事的表徵，根據表現內容的固有特點和創作者的思考採用恰當的敘事結構，以吸引觀眾的注意力。他甚至認為儀式、傳統手工技藝、旅行活動

視覺人類學
上篇

（諸如遷徙放牧、朝聖、貿易或狩獵等空間位移行為）等都合乎三段式經典敘事結構，他反對流水帳式地對生活流進行簡單的堆砌，提倡用強化情節的方式使故事更精彩。

文化人類學紀錄片用視聽語言記錄和深描人類創造的可視的物質文化、社群文化和精神文化，是文化人類學科學研究的重要資料。因此，科學性是文化人類學紀錄片需要遵循的一個原則，它要求創作者要按照文化人類學的視角和方法來觀察、記錄和深描文化。但是，「單純的科學觀察是不夠的」，它「還必須抓住人物的本質、情感、憂慮和動機」，這是文化人類學紀錄片的兩個本體（文化人類學和紀錄片）雙重作用的結果。

即便是拋開紀錄片這一本體不談，就人與文化之間的關係而言，人創造了文化，文化是人的文化，反過來人又被文化形塑著，使一種文化中的人與另一種文化中的人彼此間在價值觀、行為舉止、生活習慣和風俗信仰等方面都存在著一定的差異，因此，生活在一定文化中的人的「本質、情感、憂慮和動機」反映了這種文化的本質和內涵。

據此，旨在記錄和深描某種文化的文化人類學紀錄片必然不能僅僅去記錄客觀存在的文化事項、人的行為和活動、人的生存環境和生計模式，以及文化變遷的表徵等，還要深度挖掘文化事項中的人的動機和情感，文化生活中人與自然、人與人之間的關係及其流露出的人的本性和智慧，文化變遷中人的情感、糾結和憂慮，等等。抓住了這些，才真正抓住了文化符號背後的深層意義和文化的本質。

動機促成了故事發展的動力，糾結和憂慮構成了故事的矛盾和懸念，情感使故事細節豐富並血肉豐滿，而人性和文化的本質則是故事抵達的彼岸。換句話說，抓住了「人物的本質、情感、憂慮和動機」，在一定程度上也就抓住了構成故事的各種要素，接下來要做的就是將這些故事要素按照一定的技巧組織成一個完整的故事，讓文化的豐富內涵在故事中得以生動的展現。也就是說，文化人類學紀錄片不僅可以用豐富而真實的文化事項來講故事，而且還要尋找一個好的形式來講好一個好故事。

三、結語

　　文化人類學和紀錄片是文化人類學紀錄片的兩個本體，但兩者不是簡單的加和關係，也不存在誰輕誰重的問題，它們共同構成了文化人類學紀錄片不同於普通紀錄片的特質。關注文化人類學學科領域的最新動向，深度融合文化人類學與紀錄片影像這兩個本體，是中國文化人類學紀錄片的未來，是中國文化人類學紀錄片工作者努力的方向，需要文化人類學者與影視工作者基於文化自覺之上的「通力合作」。

　　（趙鑫，曲阜師範大學副教授，博士，碩士生導師，山東廣播電視總台博士後科學研究工作站與復旦大學新聞傳播學博士後流動站聯合培養博士後。）

呈現「他者」的脈絡——民族志影像的意義建構與傳播潛力

熊迅

　　摘要：民族志影像如何使用影像這一種富有表現力但又有明顯侷限的方式來表述他者？本文基於視覺人類學和視覺傳播的旨趣，以四種意義建構的表述傳統作為分析的基本分類，把它們納入視聽傳播過程的脈絡中去分析，討論其與民族志文本相同或不同的傳統、結構、特徵和侷限。並在不同的表述傳統中分析影像表達與文本書寫的關係、影像模式與傳播觀念之間的關係、視覺潛力和影像民族志的關係。

　　關鍵詞：民族志影像；表述傳統；傳播語境；文與圖

　　具有機械複製功能的照相術與電影兩大發明曾經從本質上解決了視覺再現上糾纏不清的現實主義問題，也把圖像生產從「造型藝術」的神壇上解放出來：它的獨特性在於「本質上」的客觀性——在對象世界和視覺再現之間只有另一個實物發生作用。靜態的紀實攝影和動態的紀實影像的美學在於「揭示真實」。

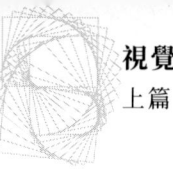

然而，隨著影像技術和視聽表達手段的流變，人們對影像傳播的認識不斷加深，人們發現影像本身不但進入了一個「靈光消逝的時代」，淪落為文字邏輯下的視覺附屬品，而且還無法真正表達現實，從而陷入了真實性的信任危機之中。

作為人類學學科產品或研究對象的民族志影像，從現代民族志的形成之初就開始發展。和以文本寫作為主的民族志不同，狹義的民族志影像在狹義的人類學學術生產場域中，既被要求具有和民族志文本一樣功能的「學理價值」——看重民族志影像的資料價值和理論價值，同時也被希望具有大眾傳播功能，對人類學研究具有「宣傳價值」——把民族志影像視為人類學研究文本的視覺附錄，從而使大眾更為瞭解。

本文一方面梳理民族志影像背後更為宏觀的影像表述的社會思潮和傳播語境，一方面論述民族志影像的表述脈絡與社會傳播之間的關係，關注在此之中的文圖之間的對話和磋商。筆者發現，和民族志文本一樣，民族志影像一方面與同時代的認識論視角的社會思潮保持密切的聯繫，一方面又和視覺傳播的傳統、手段和觀念的流變形成有趣的、時近時遠的關係。

一、闡釋脈絡（expository）與科學主義

闡釋脈絡的影像表達模式將現實世界的片段結合起來，組織成一個具有說明性、修辭性或論辯性的整體結構，其中的重點在於其闡釋內容的邏輯完整，證據真實充分，而非美學、詩意、戲劇性或視覺衝擊力，也不要求呈現現實世界時空的連續性和事件的完整性。闡釋的表達意在直接針對受眾進行傳播，強調訊息傳播的效果。

對於靜態影像來說，包含了現代攝影得以確立以後海量的新聞攝影、紀實攝影、報導攝影或圖片故事等。對於活動影像來說，既包括早期民族志影像、人文自然類紀錄片、社會教育類紀錄片等說明性或介紹性的結構形態，也包括數量不菲的意在宣揚動員或批判揭露的「形象化政論」的論辯性的結構方式。

呈現「他者」的脈絡——民族志影像的意義建構與傳播潛力

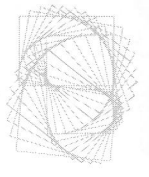

闡釋型紀錄片的首次出現可以追溯到 19 世紀 20 年代，和《西太平洋的航海者》一樣，直到今天還具有很大的影響力。目前的大眾傳播渠道中，新聞調查類和深度報導類節目、社會紀實、科教片、傳記片等紀錄片繼續沿用闡釋模式的慣例和形態。

闡釋型影像具有明確和直接的社會指向和現實述求。闡釋型影像的傳播者處於傳播過程中的核心位置，他們掌握了對現實進行「機械複製」的影像技術，他們偶爾或經常地「進入」對象世界，拍攝下他們看到的或希望看到的畫面，他們希望借此媒介，觀眾能相信自己從影像中看到和體會到的是「真正事實」，把影像和現實生活直接聯繫起來，從而進入他們設置的議程，接受他們傳播的訊息，同意他們隱藏的觀點。

因此大量的闡釋型影像擁有一個權威的「上帝之聲」作為旁白，或者用字幕來縫合的不完整的影像表述，使得總結說明和抽象演繹成為可能。當然，視覺材料在其中不可避免地常常處於從屬的位置，只是造成配合的作用。而視覺材料本身的模糊性和多義性也使其成為必須依附文字才能精確表意的一種附屬物。

闡釋性架構的背後，是「凡是在理性上看來清楚明白的就是真的」的認識論。這種笛卡爾式的樂觀信念從 17 世紀後開始與近代自然科學產生共振，到 19 世紀末和 20 世紀初，從理性上認識對象世界的理念和方法開始進入人文社會科學的領域，也直接催生了現代民族志的科學主義取向。

巧合的是，被認為紀錄電影和人類學電影開山之作的《北方的那努克》（雖然它顯然並不是嚴格意義上的民族志作品）和真正意義上的現代民族志《西太平洋的航海者》（雖然它的權威性因為一本《嚴格意義上的日記》而被廣泛質疑）都誕生於 1922 年，而它們的作者，一個是巧遇機緣拿起攝影機的採礦工程師，一個是轉了專業的物理學博士。這簡直是一個可以說明科學主義範式如何進入表述「他者」的場域中心的絕妙隱喻。

此後的近半個世紀，闡釋性的紀錄片、民族志影像、民族志的文本合成一股洪流。到 20 世紀 70 年代，科學的範式仍然在人類學的認識論中造成了支配性的作用。在民族志文本中，日常生活被打亂重組，隻言片語被作為證

103

據放在整體性的結構框架之中——分類的邏輯來自於假設的整體，比如馬林諾夫斯基關於特羅布里恩人的幾部專著就描述了「他們」全部的社會文化。

在讀者看來，藉助這些方方面面的組合，就能到達那個神秘的「他方」，瞭解到「他者」的社會文化的整體。而在後來的批評者看來，這種上帝的視角顯得頗為自大，把握他者世界的信心也值得懷疑。

對紀錄片或民族志影像的實踐來說，上述的理念和方法如出一轍，借用馬庫斯和庫斯曼的「現實主義民族志」的特點來說明：闡釋型影像要呈現的要麼是文化社會的全貌，要麼是某個要說明的世界，要麼是某個論點；傳播者作為權威；個人特殊的存在讓位於一般化的角色模型；畫面作為證據使用；個別事項總是被當成「典型」使用，等等。

如果要對比差別，那就是民族志影像因為不夠科學而顯得不夠格，民族志電影難以成為科學理念本身，大多只是科學範式和文字邏輯思維的證據或者「僕人」。一個典型的民族志影像的例子就是20世紀50年代的「中國少數民族社會歷史科學紀錄電影」系列。

闡釋模式顯然因其內在科學主義的機制擁有了表達宏觀和整體表述的能力，實證主義的進一步發展和影響也為其合法性帶來了正面意義。在闡釋型的影像實踐中，其文本的構成靈活而便於操控，製作成本和週期也變得易於控制。

因此，它們常常獲得組織傳播和大眾傳播的青睞，其潛在的邏輯從而進一步地影響了受眾。然而，在闡釋「他者」的過程中，我們也非常容易地發現，傳播者群體成為一個享有特權的「上帝」，真正的對象世界和富有能動性的受眾都被淹沒在不計其數的影像碎片之中。

二、敘事脈絡（narrative）與影像生產

受眾喜歡故事，這一點在文本寫作中也不難見到。無論是林耀華的《金翼》，還是黃樹民的《林村的故事》，抑或列維-施特勞斯的《憂鬱的熱帶》等民族志的文本寫作，或者近期出版的《無處安居：虛構式民族志》，無不是透過虛構的人物、情節進行戲劇化敘事的人類學民族志作品，使讀者獲得

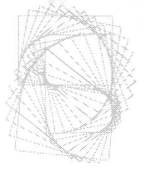

更為豐富、富於經驗喚起的文化感受。更有與之對應的「上古文化人類學」系列、「人類學筆記」、「方志體小說」等文學文本的民族志模擬，都可看出故事化的努力和體現出較強的傳播效果。

雖然文本寫作的故事化嘗試並不鮮見，但影響民族志影像表述方式的另一個脈絡應該來自於故事片的電影化敘事的傳統。在神奇的 19 世紀 20 年代之後，無聲電影的興盛似乎已經發展出來一套比較完備的手法。如巴贊所說，「無論是影像的造型內容，還是各種蒙太奇的手段，電影支配著各種手段再現的事件，並強加給觀眾」。

德國學派致力於發展造型能力，而後蘇聯電影實踐者又開始試驗蒙太奇的各種可能。到 1938 年，空間、人物和鏡頭的關係已經被實踐充分探討，鏡頭調度與情節結構之間的對位關係漸成規範。時至今日，電影敘事的「經典模式」還是最流行的編織故事的類型，成為支配電影產業的重要結構範式。

作為一種操作程序，經典敘事產生於戲劇實踐，以角色／動作的動力和與之相反的阻力形成衝突，經由對抗結構建立關於衝突的時間曲線。一個經典模式的電影既可以是簡單的單線順序敘事，也可以是看起來複雜一些的多線平行、交叉或時序上的往復、倒序，或者再麻煩一些的嵌套或迴環，但總能被拆解為一個個簡單的敘事單元。

一個敘事的劇本在寫作上常常是相當程式化的（尤其在好萊塢這樣的大規模產業鏈中），時空安排、衝突曲線的安排都有類似的設置，視覺元素如色彩、線條、空間、運動、影調等的設置也用來強化這個結構。換句話說，這種規則和「藝術」無關，它逐步借由產業化、大規模和全球性的影像生產變成了一種強大到可以引導、改變、控制受眾世界的媒介議程。

正如民族志必須把社會或文化想像為一個整體，並且透過對眼見的地方、耳聞的談話、遇到的人的描述，將他對「整體的想像」傳達給讀者那樣，影像敘事必須把無序的世界想像為一個有因果聯繫或者有潛在因果聯繫的敘述線索，並且按照這樣的需要挑選和重構鏡頭素材。實際上敘事結構是一種高度簡化的（也是更加具有跨文化視覺傳播普適性的）整體性的想像，敘事的

整合度越高，視聽元素之間、視聽元素與敘事結構的「共振」越強烈，影像在大眾傳播中的效果也就越好。

　　依據敘事結構和戲劇張力來安排視覺元素的方法經由此後電影電視等全球化、大眾化的視覺傳播媒介，像壓制性的「魔彈」交織成的火力網，不但傳遞了故事的訊息，也形成了電影敘事的類型化，還在潛移默化之中變成一種通行的語言系統。如同語言對文化的影響一樣，全面和深刻影響了全球性的受眾世界的觀看文化和視覺認知。當然也對人類學研究者和民族志影像製作者造成了潛在的影響，不論他們有沒有意識到其壓力，有沒有打算對此進行排斥反抗。和「科學民族志」影響下的民族志影像類似，當延續敘事傳統的紀錄片製作者或民族志電影人「觀察」對象世界時，他觀察到的大多是衝突的世界；當他們做「田野調查」時，調查的其實是田野中的戲劇與潛在的戲劇；當他們討論「田野對象」時，討論的其實是一個個的「角色」——結構化的語言，從而影響了對對象世界的認知。

　　機械複製時代的商業影像實踐和大眾傳播的需求，帶來了結構形態較為「保守」的經典表達範式和對「影像衝擊力」有著日漸增長的胃口的受眾文化。如何使人類學的學術旨趣和影像敘事的優勢有效地結合，並且拓展影像表達的維度，成為視覺人類學一個揮之不去的「疑難雜症」。上述凸顯衝突和情節優先的方式，即使不考慮職業傳播者在收視率的魔咒下，為了滿足情節需求而做出的所謂「凝練敘事」「刺激生活」或「搬演生活」，僅僅是經典模式本身的侷限，都會限制民族志影像所追求的厚度、開放性和理解文化所必需的複雜性和豐富程度——如 Tim Asch 透過其民族志影像作品《斧頭之戰》所嘲諷的那樣。

　　然而，這一套影像語言的表達能力不但使影像充滿了直指人心的可體驗性，也確實是慣於文字書寫的人類學者們的「軟肋」。筆者多次在民族志影像的放映場上觀察到，一些影片之所以導致連專業人類學者都無法忍受，其原因也許就是視聽表達沒有達到受眾所能接受的最低要求。另外，成熟的影像敘事以其極強的現場描述能力，不但可以直觀傳達訊息，也能設置隱喻和

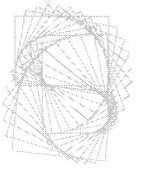

象徵，具有跨文化的傳播能力。同時文化事件本身的戲劇性、不確定性和複雜性也使得影像敘事的優勢得到發揮。

　　首先，以德魯和懷斯曼為代表人物的美國直接電影流派於20世紀中葉興起，也進入民族志影像的視野，不少研究者把它們列入專門的類別，即觀察型紀錄片。它們雖然看起來沒有太誇張的戲劇衝突，但依靠影像進行敘事，追求生活中的潛在的戲劇衝突仍然是它們的特點和目的。直接電影的長時間的工作方式，不干預對象世界、建立穩定和緊密的關係、儘量保持影像的開放性等理念，與民族志工作方法也頗為相似，從而成為一個解決之道，也影響了中國一大批與闡釋影像保持距離的紀錄片工作者。

　　其次，人類學電影工作者也發現作為民族志核心要素的儀式結構和經典戲劇或影像敘事基本同構。儘管不能經常碰上完全合乎經典模式的儀式事件，但擅用敘事結構的民族志作者仍能遊刃有餘地按照經典模式建構內在敘述和象徵線索。因此，利用和發掘這種同構關係，可以拓展民族志影像的可能性與傳播力。

　　最後，「虛構」敘事的民族志影像作品，有可被接受的「虛構與表演的技巧」，其目的在於突破過往的民族志真實觀念，來呼喚一種更為豐富的文化感受的可能性。這也是一種具有實踐和學術價值的實驗性方法，至少在原則上，對「虛構」電影來說，因為作者和觀眾都知道它和現實的距離，反而會比所謂的「紀實」少一些幻覺和謊言。

三、先鋒脈絡（avant-garde）與感覺民族志

　　整個文學藝術領域中的先鋒派從19世紀中葉開始發端，來自於對日益制度化的現代主義的質疑和批判，造成了哲學和文藝批評領域以及其後整個學術脈絡的語言學轉向。受到後現代思潮的影響，人類學尤其是文化人類學開始反思自身，不斷質疑科學主義和實證主義的客位優越感。

　　意義建構的方式向人文一方傾斜：民族志書寫、反思民族志、解釋人類學、主位和主觀、文本與話語等大量進入學術場域。隨著脫離知識主體及其語境的「客觀」科學研究受到質疑，個體的自我意識和主體性也得到全新審

視覺人類學
上篇

視,其思考和自我展示往往出現在與歷史文化互動中所產生的「破碎」、「間隙」以及「瞬間」的時刻,即「詩性智慧」的時刻。同時,作為「共通性」智慧,詩性的修辭手段也正成為人文科學追本溯源的手段。

作為對詩性、夢境、瞬間、通感有特殊優勢的影像表達方式,其「先鋒」的嘗試和實驗歷史更為悠久。隨著文學、繪畫、戲劇等藝術領域流行起來的未來主義、達達主義、超現實主義等藝術思潮的影響,在圖片攝影的領域,現代主義攝影在20世紀初就開始出現,作為現代攝影的一部分,它反而刻意地與實用性保持距離,也與把影像作為大眾傳播工具的目的性保持距離,更多地體現為一種突破性的思想表達和視覺實驗,被認為是人類使用圖像來挑戰視覺可能和促成思想變革的「先鋒」。

仍然是20世紀20年代,隨著更多的人才進入電影界,先鋒電影從1925年前的以法國為中心的印象主義過渡到1925年之後的超現實主義階段,1927年後,先鋒派電影人開始表現現實生活,轉入以紀錄片拍攝為主的「第三先鋒派」。《柏林:一個大都市的交響樂》被認為是一部真正意義上的依靠節奏、影像碎片和多義表達的先鋒紀錄片。

在創造日常生活詩意意象的影像製作中,製作者致力於運用各種蒙太奇手段「化腐朽為神奇」,使觀眾在經歷了影像衝擊後開始發現,先鋒紀錄片最重要的也許不是形式感和雜耍似的技法,而是隱藏在背後的作者觀念。此後,經由維爾托夫、伊文思、雷吉奧等人的實驗,先鋒電影的故意忽略敘事結構、極力試驗蒙太奇的可能性、大量使用隱喻和象徵以及主觀性極強的文本形態被延續下來,成為一種「詩意性」的傳統。

在現代的紀錄片製作實踐中,先鋒這一早先小眾化和精英化傳播的影像形態也開始成為大眾傳播的媒介,如雅克·貝漢、羅恩·弗里克等人的人文題材的紀錄片。

影像和人類學文本的實驗來自於不同的傳承,但也許可以歸因於關於如何表達現實世界的反思的整體脈絡和文化思潮之中。因此不唯影像,文本的民族志也經歷了詩意浪潮的衝擊,並以反思人類學的理念為民族志影像的變革提供了合法性:後現代視野下的民族志要麼是詩,要麼是寓言。

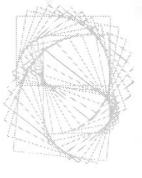

後現代民族志是詩——不是指它的文本形式，而是說它回到了詩的最初語境和功能；憑藉與日常言談的表述行為的斷裂，喚起了關於民族精神（ethos）的記憶，並因此激發傾聽者。後現代民族志力圖文本性地再創造詩歌與儀式表現的這種螺旋式進程。它具有視覺探求或宗教寓言的寓意，儘管沒有某個固定的敘述形式。

　　自從人類學不再聲稱對民族志書寫享有壟斷權後，民族志電影就處在一個更大的影像表達的譜系之中，這個譜系包含了共同的影像脈絡，並且不斷地影響著媒介實踐。很多闡釋式的紀錄片、非虛構電影和新聞節目其實關注的話題非常狹窄，常常用「大頭說話」的方式來說明世界，而且不具有體驗性。而敘事傳統的影像則往往只能受限於具體的人和事，最多「以小見大」，無法像文本民族志一樣直接在宏觀視角、社會情景和具體事件之間遊刃有餘。

　　在一些人類學影像實踐者看來，影像的特殊意義就在於它試圖達成主觀的個體經驗，能夠透過視覺人類學來體驗抽象的文化整體。因此詩意傳統再一次露出海面，晚近的視覺人類學的實驗已經開始批量地實驗這個議題。Lucien Castaing-Taylor 所主持的哈佛大學感覺人類學實驗室，關注結合感官美學與民族志的電影創作，透過所謂的「感覺民族志」來探討如何以視聽方式的「非主流」實驗，傳遞關於對主流世界的人類學的思考、批判和關心。

　　而這種關心跳脫闡釋性和敘事性的線索構建，無論是像《人民公園》那樣的超長鏡頭，還是像《利維坦》那樣的雜耍蒙太奇，其背後的追求仍然是先鋒影像的脈絡，即保持對自身文化社會的批判、對傳統敘事和藝術表達方式的挑戰、強調回歸影像本體、致力於整體和印象式的文化呈現、使影像在可體驗的同時打開更豐富的感官緯度。

四、自反脈絡（reflexive）與民族志反思

　　影像不但具有很強的直觀性，而且也常常具有有別於文字的自我表徵的能力。早在 1839 年，法國人希波利特·巴耶爾因為和達蓋爾競爭攝影專利權失敗，憤怒之下拍出了《巴耶爾之死》，無意中拍攝了世界上最早的自拍照和人體作品。

視覺人類學
上篇

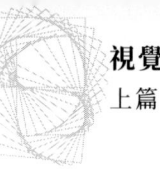

而在電影發展中，依賴客觀、忠實地反映生活的原貌的現實主義脈絡，既是電影實踐的一個表達方式，也是電影批評的一大理論流派。不過，對現實主義的批評一直存在，其中最重要的一個概念就是「反身性」。即透過不斷審視現實時空與電影時空、作者身份、攝影機角色等影像生產過程，並質疑其「現實主義」的建構本質與受眾接受此類影像背後的思維定式。

在此之中，如何打破「隱藏的攝影機」的尷尬或迷局，成為不少電影作者和紀錄片作者都在實踐的議題。如鈴木康志郎、今村昌平或原一男的「私電影」嘗試，布魯姆菲爾德、瓦爾達、麥克摩爾、路易·西霍尤斯等的第一人稱紀錄片，如《使我瘋狂》《拾穗者的故事》《超碼的我》《海豚灣》《持攝影機的人》《夏日紀事》等經典紀錄片，也包括中國不少的紀錄片嘗試，如吳文光的《治療》、周浩的《龍哥》等。

有趣的是，在 20 世紀下半葉，自然科學領域內對客觀規律性的探索也開始發生變化，20 世紀 60 年代貝爾不等式實驗結果對哥本哈根學派關於測不準原理的支持，撼動了純粹客觀的認知基礎。而奎因和庫恩的後經驗主義的科技哲學觀否定了實證論的價值和理論中立的研究觀，此後的詮釋學的興起為終結笛卡爾的科學主義典範時代又打下基礎。

幾乎延續同樣的發展時間表，20 世紀 60 年代至 80 年代，現象學、闡釋學、後現代主義思潮開始離開科學主義的知識生產範式後，從拉比諾的《摩洛哥田野作業反思》挑戰規律性和客觀性，到克拉潘扎諾的《圖哈密》、杜外爾的《摩洛哥對話》的呼應使反思民族志漸成聲勢。

如果說先鋒影像是從視覺表達的層面上率先進行打破既有結構的嘗試的話，後現代民族志則是從另一個層面討論人類學為何以及如何能達成對對象世界的認識。在傳播場域中，先鋒傳統從影像和直覺出發挑戰過於結構化的影像，更多地關注作者主觀性的重要性，強調視覺文本的本體合法性，或者再拓展一些，探討受眾世界與傳播者世界在感官層面上通感和聯覺的可能。

而後現代民族志從文本和邏輯出發質疑文本，認為話語高於文本，文本不過是對話的獨白形式，研究者對對象的客觀觀察也不過是一種故事形態或對話——民族志就是對話本身。從「真理」到「對話」的改變，背後是對人

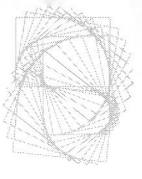

類知識生產和知識傳播的整體理解。從而民族志研究的對象世界—觀察者—傳播者—受眾世界等整個鏈條上的各種權力、關係和可信程度都被揭示和質疑。

後現代民族志的探索實際上部分化解了影像在人類學中的尷尬處境：既然大家都知道客觀、真實、科學的民族志的「真實」本身是值得懷疑的，那影像民族志與文本的民族志相比較，也未見得特別「不真實」；另一方面，原來影像常常被認為是附屬於客觀現實之上的表演性、情感性的層面的玩意兒，或者如筆者在各種不同場合聽到不少人類學者所認為的那樣「民族志電影在宣傳人類學上做得不錯」，影像往往因為「過於膚淺」或「不夠抽象」而處於研究的邊緣地位，但表述危機後的討論反而使影像開始受到重視。

如同尚魯什、胡台麗、約書亞·奧本海默等在民族志電影中所實踐的那樣，遵循反身傳統的民族志影像保持著天生的反思和批評的精神，同時在實踐上依照以下兩個脈絡進行：

一是透過強調過程性來挑戰隱秘的上帝視角，公開描述影像建構，即把製作過程、觀看過程作為拍攝對象，從而在具體場景中描述民族志形成過程中的參與性，即魯什所提倡的賦權和分享的人類學；

二是凸顯反身性，即自我呈現的合法性伸張，在影片中哪怕田野對象也有機會來呈現或決定自身形象。從而消解科學主義民族志的以看似科學話語造成的弊端，甚至有時也加入即興的和表演的因素，從而拓展既有的真實、虛構的界限。

五、結語

隨著學科的發展，人類學更多地離開本質論和科學範式，呈現出人文學科的特色，在其理論演進過程中形成的每一種理論思潮，往往都包含對先前某些理論的反思傾向。無論是文本還是影像，為了說明民族志傳播的過程，筆者既關注被攝者（或被研究對象）、拍攝者（民族志作者）和受眾（讀者或觀眾）這3個群體，也把他們背後的社會文化語境分為3個不同的場域：對象世界，即被選擇、被研究、被拍攝的人群和社會；傳播者世界，即田野

工作者、人類學家、紀錄片作者等所處的群體和社會（常常也包括製片、剪輯、出版等）；受眾世界，即明顯的和潛在的民族志影像的受眾群體及其背後的社會文化脈絡。需要注意的是，在實際的傳播過程中，3個不同的「區分」常常是邊界模糊且互有交織的。

闡釋傳統民族志影像的意義建構方式來自於現代民族志的科學主義傾向與視覺傳播中的現代主義脈絡，它一方面表現為傳播者相對於受眾的強勢地位，一方面受到文字思維的壓制性影響；敘事語境的意義建構可以透過以受眾為中心的傳播觀和經典敘事結構的雙向交織來實現。

影像敘事傳統經由工業化生產和大眾傳播的濫觴，視聽元素的優勢被充分利用，既成為具有跨文化傳播能力的視聽媒介，又形成了一套有效和高度簡化的影像表述的結構。人類學電影作者主動強調或被迫意識到影像敘事能力在傳播場域中的重要性，但又因其不夠抽象、不夠真實或不夠豐富而被民族志文字作者所詬病，從而處於大眾影像傳播和學術生產場域的雙重邊緣；先鋒傳統一方面與解構主義淵源頗深，一方面又與繪畫、攝影、電影的先鋒實驗浪潮貌合神似。

民族志影像雖然看起來和該傳統不一樣，但實質上無論是表達方式還是理念源流，都和它淵源頗深，因此可能是一個有價值的未來發展的取向；反思傳統雖然擁有一以貫之的民族志實踐和人類學理論的對話脈絡，但它的野心其實是反思整個知識生產和傳播的過程，從更為宏觀的層面上呈現和批評每一個環節上的社會互動，其意義建構突破了傳播者侷限於自身世界內部的不斷糾結，而開始真正進入對傳播過程中的各場域的探討。

（熊迅，中山大學傳播與設計學院副教授。主要從事視覺人類學、跨境民族研究工作。）

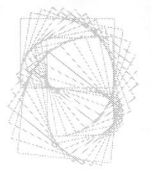

民族志電影的剩餘素材

陳學禮

  摘要：幾乎任何一部民族志電影的後期剪輯，都是選擇少量素材用於剪輯的同時捨棄大量素材的過程，這些被捨棄而未能進入最終影片的素材，即為本文討論的剩餘的素材。就民族志電影的生產過程而言，剩餘的素材常常被視為無用的素材。隨著老照片、老的活動影像逐漸受到重視，民族志電影的剩餘素材也理應成為一種值得重視的影音檔案。

  但是，從檔案本身的性質來看，以生產一部民族志電影為目的和出發點而拍攝的素材，其侷限性和缺點也是顯而易見的。筆者以為，用影像的手段開展田野調查，在「從一開始不設定講故事」的理念引領下，不僅能生產出可作為檔案的高質量影音素材，作為副產品的民族志電影也將具有更豐富的內涵。

  作為具有建立影音檔案庫能力的部門，如何制定出影音檔案整理的規範，如何制定出影音檔案生產的規範，如何創建影音檔案整理和拍攝的條件，如何建立影音檔案管理和服務制度，如何樹立影音檔案管理部門的公信力，是一系列需要考慮的問題。

  關鍵詞：民族志電影；剩餘素材；影音檔案

一、何為剩餘的素材？

  一部民族志電影的後期剪輯過程中，某些實地拍攝時記錄在膠片、磁帶、光碟、硬碟、儲存卡中的圖像和聲音，最終沒有被剪輯到成片中，被丟棄在素材庫裡，這些圖像和聲音就是本文所說的剩餘素材。

  這些剩餘的素材，主要包括兩種類型。一種是因為鏡頭畫面的質量有問題而不能被剪輯到最終成片中的素材。比如曝光不足或曝光過度，白平衡調節失誤，焦點不清，鏡頭畫面晃動過於激烈，鏡頭的聲音音量太小或過高等。一種是因為鏡頭畫面包含的內容不利於影片表述而無法進入最終成片的素

材。比如無法清楚地描述一個場景，無法清楚地敘述一個事件的過程，無法鮮明地表達某種觀點和立場等。

二、無用的素材？

對於一部民族志電影的後期剪輯來說，這些剩餘的素材是不能發揮任何作用的，往往被視為無用的素材。

任何一個瞭解民族志電影後期剪輯操作的人都知道，按照一系列要求挑選可用的素材，是最為典型的特徵。不論剪輯師挑選漂亮的鏡頭用於剪輯，還是挑選所謂必要的鏡頭用於剪輯，還是挑選既漂亮又必要的鏡頭用於剪輯，民族志電影的後期剪輯都表現為這種狀況：剪輯師選擇某些鏡頭的同時捨棄另外一些鏡頭，選擇一個場景中某幾個鏡頭的同時捨棄其餘的鏡頭，選擇一個鏡頭中某個片段的同時捨棄該鏡頭中其餘的片段。

雖然不是所有的剪輯師都喜歡用漂亮的鏡頭，但是漂亮的鏡頭就是漂亮的鏡頭，不漂亮的鏡頭從哪個角度看都不會好看。不過，一個鏡頭是不是必要的鏡頭，就很難界定。如果要把一個人物介紹清楚，必須使用其中有該人物面部的近景鏡頭或特寫鏡頭；如果要交代影片中某件事情發生的地點，就必須使用其中包含一個村莊，一塊空地，或者一所房子的遠景或全景鏡頭；如果要把某個宗教儀式的來源講清楚，就必須使用某個老人講述該宗教儀式的起源和歷史的鏡頭；如果要表現兩扇木門同時打開的過程，就必須使用一個鏡頭中包含門打開的過程的部分，以及打開時的聲音。

即使這些鏡頭中有某些問題和瑕疵，比如曝光略微過度，構圖不夠合理，水平存在問題，鏡頭的畫面不平穩等，當剪輯師找不到更好的鏡頭時，也不得不將就著把這些鏡頭剪輯進入最終的影片中。這樣的一些鏡頭，就是本文所說的必要的鏡頭。從這個角度來看，一個鏡頭算不算必要的鏡頭，和鏡頭的漂亮與否無關。

一個素材因為畫面質量有問題而淪為剩餘的素材，被視為無用的素材，可以理解。但是那些質量有保證的鏡頭，能夠把場景描述清楚的鏡頭，或者

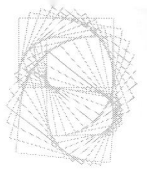

能夠把事件進展敘述清楚的鏡頭，如果也淪為剩餘的素材，或者被視為無用的素材，就值得好好反思。

一個鏡頭是不是必要的鏡頭，主要和一部民族志電影試圖描述的場景和過程，試圖敘述的事件，試圖講述的故事，試圖表達的觀點有關係。如果民族志電影試圖講述的故事改變了，或者試圖表達的觀點改變了，或者換成了另一個剪輯師來剪輯影片，那麼，曾經被認為是必要的某些鏡頭，可能變為剩餘的素材；曾經被作為剩餘素材的某些鏡頭，可能搖身一變，成為組成一個影片的必要的鏡頭。

正是從這個角度來看，剩餘的素材並非一定就是無用的素材。剩餘素材的「無用」僅僅是後期剪輯中選擇的標準之下的無用。當選擇的標準改變時，或者剪輯師發生改變時，剩餘的素材的性質也會發生改變。比如利用所有的素材重新剪輯另一個內容或表達另一種觀點的影片，或者說換另外一個剪輯師來剪輯同樣內容的影片，都可能出現剩餘的素材重新被選擇，曾經被選擇的素材淪為剩餘素材的情況。

當然，在這些剩餘的素材中，其中一部分無論如何都只能作為剩餘的素材。比如鏡頭中被拍攝主體之間的對話一旦公開會嚴重影響到現實世界中一些人物之間的相互關係，鏡頭畫面中包含了被拍攝主體的絕對不能公開的隱私等。

三、剩餘的素材作為檔案

某大學的圖書館、某科學研究機構以及其他公共服務部門透過購買、徵集或者申請贈予的方式，收藏民族志電影，建立影片的檔案庫，服務於教學、科學研究或公共教育，在一些國家和地區已經成為人人皆知的傳統了。不過，購買、徵集或者申請贈予民族志電影剩餘素材，建立素材庫的情況，在很多地方都還是新鮮事物，在有些地方甚至從未出現過。

最近一些年，老照片、老活動影像的重要性逐漸被認識。因為這些照片和影像能夠直觀地為當今社會的人們呈現過去某個時代的景象，諸如建築的樣式、街道的概貌、農業的發展、交通的狀況、人們的穿著、人物的面部表情、

人們的生活方式和交往方式等。除了這些之外，透過老照片和老活動影像中呈現的情景，以及照片和影像生產的過程，甚至能夠還原出某個年代的政治狀況、流行於人們當中的觀念，以及影像生產的方式和理念。

這些零星分布，或者說當時零散記錄的照片和影像被作為重要的資料、檔案收集並保護起來，原因不外乎3個：記錄的內容很重要，記錄的內容很特別，記錄的時間較早。

我們如果能夠吸取有史以來的經驗教訓，並樹立足夠超前的意識，應該考慮如何把民族志電影的剩餘素材（其實應該是所有的素材）作為檔案，收藏並保護起來。隨著時間的推移，當某棟房屋被拆除，某條道路被翻修，某條河流被迫改道，某片森林被大火焚燒，某個老人因病過世，某個儀式已經不再舉行時，這些在民族志電影剪輯時被棄置一旁的素材，忽然擁有了某種不可替代的價值，因為影像中的某個東西已經不復存在了。這些在民族志電影剪輯過程中被拋棄的音像素材，因為其唯一性，具備了檔案的意義，而且是珍貴的檔案。

不過，如果從檔案的角度來看這些素材的話，其侷限性也立馬顯現出來。比如，當時拍攝某個房子的鏡頭，僅僅是作為從一個場景剪輯到另一個場景的過渡鏡頭；當初找某個老人做訪談，僅僅問及他對某個宗教儀式文化內涵的理解；當初拍攝某條河道，僅僅是為了交代事件發生的周邊環境。然而，素材中看不到關於房屋內部結構、用材、空間格局的影像，也看不到房屋建蓋的傳統知識。

那個老人除了知道宗教儀式的深層文化內涵之外，還深諳村寨的歷史，熟悉在河中捕魚的所有地方性知識，曾經還是技術一流的木匠。當初拍攝的宗教儀式，從民族志電影的內容設計出發，僅僅拍攝了儀式中祭祀的部分，沒想到要仔細拍攝整個流程。從這個層面上看，雖然剩餘的素材作為一個地方的檔案聊勝於無，但是以這樣的方式建立起來的音像檔案，其缺點也是顯而易見的。

民族志電影從拍攝就開始的表述行為，導致了剩餘的素材作為檔案的缺點和侷限性。筆者在自己的博士論文《以鏡頭「寫」文化：民族志電影製作

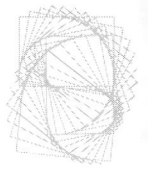

者和被拍攝者關係反思》中指出，民族志電影的製作過程從實地拍攝就開始進行表述了，並把實地拍攝界定為第一次表述，把後期剪輯界定為第二次表述，第二次表述在第一次表述結果的基礎上展開。

民族志電影的攝影師和剪輯師在選擇一些鏡頭的同時，捨棄另外一些鏡頭，並以此來完成表述。攝影師從連續的生活現實中選擇那些符合民族志電影製作者要求的內容，並記錄下來；剪輯師從攝影師拍攝的素材中選擇那些用於重新建構時間和空間的素材來結構影片。

這不免讓人想到第三種剩餘的素材，即那些被剩餘在民族志電影拍攝地點中的素材。民族志電影的攝影師的拍攝行為，至少會受到四種因素的制約和影響：

其一，民族志電影拍攝大綱或計劃中規定拍攝什麼文化事項，以及文化事項中哪些具體的內容。

其二，攝影師如何把連續的生活現實分解成不同的鏡頭。

其三，攝影師自身的知識架構、審美標準和其他個人喜好。

其四，諸如時間、天氣、禁忌等一系列攝影師不可控制的外部力量。

這些因素導致攝影師在拍攝過程中不斷選擇記錄某些鏡頭的同時，放棄了另外一些場景或鏡頭。所有被記錄在膠片、磁帶、儲存卡中的影音素材，都是攝影師選擇的結果。只是因為沒有被選擇的素材永遠地留在了生活現實之中，隨著時間的流逝而消失了，不像剪輯過程中的剩餘素材那樣可見可查，因此也常常被忽略。

不可否認，任何一個攝影師都無法完整記錄一個場景或者一個文化事項的全部。但是，攝影師確實可以做出一些嘗試和努力，讓拍攝的素材更加接近於生活現實的樣貌，或者文化事項的樣貌。

四、可以作為檔案的民族志電影素材

由此可以看出，民族志電影的剩餘素材能否作為檔案，與剪輯師的選擇和取捨沒有關係，而是和攝影師在實地拍攝中的選擇有關係。所以，如何才

能生產出可以作為檔案的民族志電影素材，全仰仗於攝影師。一方面，仰仗於攝影師拍攝出質量上乘的素材。另一方面，仰仗於攝影師拍攝出內容相對完整的素材。

內容的完整包含多個層面，從單個鏡頭的拍攝來說，需要保證聲音的完整、動作的完整是基本原則。從一個場景的拍攝來說，需要保證拍攝下來的鏡頭能夠透過剪輯來構建一個想像的時間和空間完整體。

回到前文的討論，攝影師能否拍攝出可以作為檔案的民族志電影素材，關鍵在於如何突破拍攝過程中的四種制約因素？也就是說，攝影師如何突破「拍攝的內容是為了民族志電影的後期剪輯」這個侷限？攝影師能否在「從一開始不設定講故事」的狀態下展開拍攝？攝影師能否在拍攝過程中放下影片的預設內容和結構，回到拍攝完整的鏡頭，拍攝完整的場景，拍攝完整的事件，並在文化整體觀視野下拍攝一個物品的狀態？這裡所說的完整不是完全或者全部的意思，而是一個鏡頭、一個場景、一個段落能夠表達清楚的意義上的完整。

如果攝影師從一開始就在不設定講故事的狀態下拍攝，必然面臨兩個矛盾。

其一，攝影師拍攝的素材可能散亂不堪，無法和預設的內容、結構相互吻合。

其二，攝影師拍攝的素材的量將無法估量。

不過，任何一個有剪輯經驗的剪輯師都知道，面對海量的素材時，儘管會耗費更多的剪輯時間，但同時會有更多的可能性結構出不同的影片，或者意想不到的影片。

所以，既能夠拍攝到作為檔案的高質量的素材，又能在此基礎上生產出更好的影片，採取從一開始不設定講故事的拍攝方法未必不可取。當然，如何操作從一開始不設定講故事的方法是關鍵的問題。

在實地拍攝中，用影像的方式開展田野調查，強於用影像的方式去講故事。比如一個宗教儀式，除了拍攝儀式的準備，儀式的進展之外，還應該拍

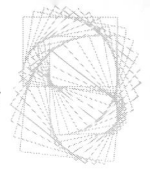

攝主持儀式的人物性別和應該具備的條件，拍攝儀式中使用的植物以及植物的地方性知識，拍攝儀式的發展變遷等。總之，不是為了一部民族志電影的結構、講述的故事而選擇性地拍攝儀式的某個部分，而是以田野調查的方式，把原計劃只是用來講故事的部分擴展開來，豐富起來。

任何一個攝影師無法避免實地拍攝過程中的主觀選擇和取捨，所以，用什麼理念和內容的標準去幫助攝影師作出選擇與取捨，才是至關重要的。

一種方法是，攝影師根據民族志電影預先擬定的拍攝大綱或腳本，僅僅選擇大綱或腳本中擬定的內容或場景。一種方法是，民族志電影擬定了拍攝大綱或腳本，攝影師把腳本中涉及的內容都羅列出來，並在文化整體觀視野下，把這些內容重新豐富起來，力圖把每個內容都拍攝到「完整」的程度。這樣就能同時滿足民族志電影的建構，民族志電影素材作為影音檔案兩個目標。

五、當民族志電影的素材用於研究

把民族志電影作為研究對象無非兩種情況，一是關於影片內容的研究，即透過影片中展現的文化事項，進而研究文化事項的內容和內涵本身。一是關於民族志電影的表述形式的研究，比如所謂的說明式民族志電影、觀察式民族志電影、參與式民族志電影等。

把一部民族志電影作為對象，進行民族志電影表述形式的研究，具有合理性和可操作性。其中不僅能看到民族志電影製作者個人的痕跡，也能看到製作者所處年代流行的表述方式。如果能同時把民族志電影、民族志電影的剩餘素材對照起來進行研究，就能有更多的發現。

比如，在拍攝素材的過程中，攝影師和被拍攝主體之間常常有各種交流和互動，但是在最終的民族志電影中攝影師的所有痕跡都被消除了。也存在另一種可能，在實地拍攝的過程中，攝影師就拒絕和被拍攝主體有任何形式的交流，攝影師拒絕自己的影像、自己的聲音出現在任何一個鏡頭當中。如果剪輯師拒絕使用其中有人在談論別人是非的素材，則說明影片製作者對於倫理的把控等。這些都是把民族志電影作為影片表述形式研究的可能。

不過，單純以民族志電影為對象進行某個文化事項的研究，其方法和研究的結果都值得懷疑。因為民族志電影本身是一個經過二次表述的影像文本，以一個飽含民族志電影製作者意圖、觀點的民族志電影為對象展開研究，得出的結論必然遭到質疑。

即便是往後再退一步，同時把民族志電影本身和剩餘的素材對照起來，展開關於某個文化事項的研究，也必須考慮攝影師在拍攝過程中所做的選擇和表述。所以，如果攝影師僅僅按照民族志電影預設的大綱和計劃完成拍攝的話，即便同時把民族志電影和剩餘的素材對照起來研究，也未必能夠有更多的發現，依然是在別人詮釋的基礎上展開的詮釋。

但是，如果攝影採取的是從一開始不設定講故事的拍攝模式，同時把民族志電影本身和剩餘的素材對照起來研究，研究的結果將更加趨近於某項文化事項本來的樣貌和本質。

如果有人因懷疑攝影師在從一開始不設定講故事的拍攝模式中具有的主觀性特徵，從而懷疑對民族志電影本身和剩餘素材進行研究的結果，那麼，也應該坦誠地思考那些沒有帶錄影機展開的田野調查過程中包含的主觀性。

六、具有建立影音檔案庫能力的部門

最後，對於具有建立影音檔案庫能力的部門和機構提出一些建議：

第一，徵集和收藏的影音檔案，不僅包括最終成型的民族志電影，還應該包括民族志電影製作過程中產生的所有素材。

第二，應該建立一套如何整理民族志電影素材的規範。在破除民族志電影線性敘述，講故事的模式和規範的基礎上，以地點、人物、建築、儀式、農作物、動物、植物、飲食等類別，進行整理。比如，某個人在某村堅持拍攝了近 20 年，村邊小河上的橋，由最先的獨木橋，變成水泥澆築的橋，再變成鋼板鐵索橋。再比如，村裡的一個老房子，最先作為村民委員會辦公的地方，後來變成了老年協會所在地，再後來由於村寨發展鄉村旅遊變成了一個遊覽景點。

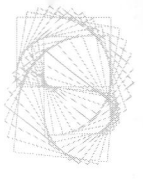

這種素材整理的方式，不應該受民族志電影剪輯方式的限制。哪怕某個內容只有一個鏡頭，也應該作為一個單獨的影音檔案。

　　整理影音檔案的同時，需要注意文字的描述。比如影音檔案的基本訊息，包括拍攝者、拍攝時間、拍攝地點等；影音檔案的基本內容，包括文化事項現狀、發展變遷的描述，以及片中人物的對白等。從影音檔案整理的角度來看，儘量避免以字幕的形式把文字添加到影像上，而是需要保持文字文本的獨立和影音檔案的獨立。

　　第三，可以考慮資助民族志電影的製作者整理民族志電影的素材。資助製作者整理曾經拍攝的民族志電影素材，尤其是那些拍攝已經20～30年，依然留在磁帶上的素材。另一方面，發起民族志電影拍攝，但是以檔案的建立建設為目標，民族志電影作為副產品。

　　第四，具有建立影音檔案能力的部門和機構，需要建立自己的公信力。不管是純粹義務的服務，還是把素材投入市場運作，都需要得到公眾的信任。所以，這些部門和機構需要有足以保護這些檔案的設備、場地和能力；需要不斷完善的管理制度。

　　（陳學禮，雲南大學西南邊疆少數民族研究中心影視人類學實驗室主任、中國影視人類學學會常務理事。主要從事民族文化、影視人類學研究工作。）

▋記憶的考掘——動畫式紀錄片之探索

郭春寧

　　摘要：作為一種聯姻的結晶體，動畫式紀錄片已經成為一個新的生命體，它不再單純是動畫與記錄影像的疊加，而擁有自己獨立的品格，它賦予獨立動畫創作者解釋自我和觀照歷史的自由。

　　動畫研究者 Annabelle Honess Roe 曾指出，「動畫和紀錄片是一對奇怪的搭檔」，但本文希望透過借由基於實踐的研究反駁這一觀點。透過動畫式紀錄片三部曲《成長的記憶》的創作，在梳理動畫式紀錄片的流變中得以發現，動畫式紀錄片是動畫所開拓出的新道路。

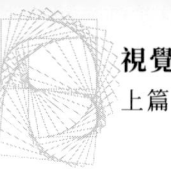

並且，由於往往基於獨立藝術的創作方式，動畫式紀錄片能夠成為認知和重新建構自我的媒介。動畫和記錄影像不僅不是奇怪的搭檔，從 1918 年麥凱自籌經費的獨立動畫紀錄片《魯易斯塔尼亞號的沉沒》開始，這種探索就成了動畫和記錄影像聯姻新的生命體。

因此，動畫式紀錄片的實驗背後是基於個體的歷史性和社會性批判，甚至是自我批判。因為，在動畫式紀錄片的創作中，創作者如同考古學家一樣，需要以新的視角考掘歷史和自身的記憶，把動畫創作建構成聯繫現實和想像的橋梁。這種新的電影類型也在這樣的考掘之中，從聚焦於是否「真實」的討論而擴展為與歷史、社會，尤其是自我的對話。

關鍵詞：動畫式紀錄片；動畫；紀錄片；記憶；自傳體記憶

一、動畫式紀錄片的界定

鑒於已有的相關研究，我們會發現動畫紀錄片可以作為動畫或記錄影像歷史中斷斷續續的線索。為了在考察動畫式紀錄片的坐標體系中確立出具有標誌性的節點，我們似乎有必要找到動畫和記錄影像的聯結點，而這恰恰反向地呼喚去劃定動畫與記錄影像的「界碑」，而這種邊界似乎是不穩定的，因為如果可以這麼比喻的話，動畫與記錄影像分別作為大陸板塊一直在漂移之中。對於動畫式紀錄片主要有如下 3 種界定：

其一，動畫紀錄片是一種電影的類型，融合了動畫和記錄影像。這種類型不應該與動畫歷史的影視紀錄片相混淆。

其二，動畫紀錄片展現了動畫作為一種表現手段來提高記錄影像的表現力，並擴展了影視的非虛構影像的領域。

其三，隨著動畫工具和技巧的提升和發展，電影人模糊了動畫和記錄電影的邊界。

在第一種表述中，動畫紀錄片雖然與一些紀錄片劃清了界限，但仍然被作為一種電影類型來對待。第二種表述很明顯地把動畫視作記錄的附庸，視

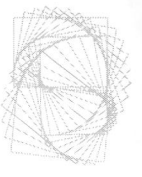

作一種服務性的姿態，沒有視作一種獨立的表達方式。第三種表述指出了動畫式紀錄片動態發展的過程，但是動畫更多作為一種技術性和工具性的呈現。

這樣表述的原因之一是，相當多數的動畫研究和評論是緣著對電影的興趣而介入的，因此這些研究往往侷限於把動畫作為電影的一種類型，把動畫作為記錄影像的輔助手段。甚至，動畫式紀錄片概念的提出，也很明顯看到重點仍在記錄影像上。

由此，我們可以看到動畫與記錄影像的邊界是基於我們關於真實與想像的認識。而因此，對於動畫式紀錄片的研究也有著這樣的斷裂性，即一部分研究是關於動畫對所謂「真實」或「真相」的表述的，而另一部分則希望將這種表達方式視作一種類型，結合了動畫和記錄影像。而這種分裂性幾乎是以2010年為界限的，究其原因，或許與2008年《和巴什爾跳華爾茲》的成功推出有關，因為這部作品使得動畫式紀錄片更廣泛地躍入了大眾的視野，引發了學術界的討論，也同時成為商業推廣的獨特標籤或噱頭。

與動畫式紀錄片受到熱捧的現象相對應，對於動畫式紀錄片的命名的質疑也超過以往任何時候。因此，一些獨立動畫創作者提出了對這個稱謂的抗議，譬如 Marcin Gizycki 指出：「我並不認為動畫式紀錄片是一種正確的表述。因為我本人也從事紀錄片創作，因此我抗拒這個表述。我認為繪製的或電腦創作的影像不應該被稱作紀錄片。我認為這個表述的流行是因為《和巴什爾跳華爾茲》這樣的作品發行需要一個新的類型名詞推廣。」

儘管這個名稱或許可以因為約定俗成確定下來，但這不能阻礙動畫獨立地位的抗爭和對狹窄界定的超越的態度。即是說，動畫式紀錄片的界定和形式突破，都來自於藝術家強烈的自我意識，源自對現有界定的質疑與超越。

二、詞與物：動畫還是記錄

動畫式紀錄片可以作為動畫開拓新類型的代表。當一些藝術家透過動畫的「自我」姿態進行歷史表述時，研究者提出了問題，這種新的媒介作品究竟該如何界定和歸類？它們是紀錄片還是動畫？事實上，這一命名的問題可

以從傅柯的《詞與物》（The Order of Things）中找到新的審視方式。這樣的歸類涉及我們該如何理解動畫和記錄影像的本質。

很多對動畫式紀錄片的誤解都源自記錄的方式一定要依託於電影或攝影。其實，這是我們對於照片影像是真實的媒介的依賴。每一種媒介，都有其自身的特性，都有其自身維度可以觸及的真實與想像。世界上第一部動畫式紀錄片就不依賴攝影記錄。

不是只有透過攝影才能呈現真實，《魯易斯塔尼亞號的沉沒》這部動畫式紀錄作品就用千張畫面來陳述戰爭帶來死亡的事實（見圖1）。用獨立動畫來反抗當時報業集團對這一新聞的壓制，用自籌經費的動畫作品向全世界呼籲反戰。

也是從這部作品開始，動畫式紀錄片賦予了藝術家對歷史事件發表個人觀點的自由。1915年，德國潛水艇向英國的魯易斯塔尼亞號發射了多枚魚雷，致使大船沉沒，1198人喪生，其中有128名美國人。

麥凱作為一名美國的漫畫家和動畫家想要在他所在的報紙上為這一新聞刊登插圖。但報業集團的老闆赫斯特不想因為事件的報導引發美國捲入一戰，因此極力壓制這一新聞。加之當時攝影條件的限制，這一沉船事件並沒有被攝影記錄下來。

但麥凱並沒有放棄對這一事件的報導，他採訪了事件的倖存者，並結合一些文字報導和繪畫作品，用動畫的方式展現了這一沉船事件。他的動畫作品中也結合了在這次事件中不幸遇難的人們的一些照片。其中很多是著名的體育運動員、演員、哲學家、企業家。麥凱用獨立動畫的方式講述了不應該被遺忘的遇難者，也告訴我們，作為生活的「倖存者」，有責任講述真相。

記憶的考掘——動畫式紀錄片之探索

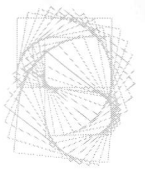

圖 1 麥凱歷時兩年在 1918 年完成了自籌經費創作的《魯易斯塔尼亞號的沉沒》

而遺忘同樣發生在關於獨立動畫紀錄片的最初嘗試的記載上。儘管一些評論家認為麥凱是這次沉船事件的動畫記錄者，但當筆者在克羅地亞的薩格勒布動畫會議上談到這一觀點時，Marcin 教授對此提出質疑。

他指出：「第一位對這次沉船事件的動畫記錄者是英國先鋒動畫家 John Bull，他在沉船事件發生的當年，1915 年就創作了《速寫系列 4》，以動畫的方式講述這一事件。」Marcin 教授相信，「有更多的動畫式紀錄片創作在麥凱的作品之前，只是一些丟失了，而一些即便保存在資料庫裡，卻仍有待研究者去考掘」。這就是關於動畫式紀錄片歷史的一種遺忘。

如同人會忘卻一些事情，關於動畫式紀錄片乃至獨立動畫的歷史也需要不斷更新。事實上，這種「遺忘」也是研究者不斷探索和反思這一領域的動力。

125

关于战争，不同资金支持来源的动画作品有著截然不同的观点和视觉表述方式。《鲁易斯塔尼亚号的沉没》用冷静的画面陈述了战争吞噬生命的过程，提醒人们不该遗忘逝去者，才能抵抗战争带来的创伤。而迪士尼的大製作《空中致胜》（Victory Through Airpower）儘管被很多动画评论者认为是优秀的动画作品，但由于是美国政府支持的战争宣传片，所以在作品中用绚丽的色彩和音响来鼓吹战争的荣耀性。

在渲染爆炸场景时，动画有意迴避了人物的出现，而使用一层层的爆炸火光来刺激感观。在表现战争胜利时，也发挥了动画的优势，没有出现人物角色，而是用代表美国形象的空中飞鹰战胜了代表日本形象的蛇。

笔者在此并不是要刻意批判战争宣传片，迪士尼等製作公司创作的动画宣传片有其特定的历史语境，但这反而凸现出独立动画能够让创作者自由发声的可贵。在面对战争、面对需要向战争说不的时候，独立动画家选择了尊重自我的意愿，承担了动画家以创作抒写良知的责任。

引起「是动画还是记录」的争议的另一个代表作品是麦克拉伦在1952年创作的《邻居》（Neighbours）。这部同样作为反战呼声的动画作品源自麦克拉伦在中国指导动画项目时，目睹内战的爆发，从而希望借由动画式纪录片探索人性深层的暴力与慾望（见图2）。

記憶的考掘——動畫式紀錄片之探索

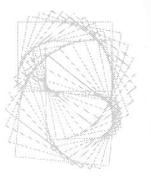

圖 2《鄰居》這部作品是麥克拉倫目睹戰爭後，用動畫的方式比喻性地表達人類爭鬥的源頭和悲劇

這部作品創造性地使用了 pixilation 的動畫方法，由此，在動畫中，人們的暴力行為因為某種「失真」而產生了滑稽的效果。可以說，這是某種程度上對暴力的諷刺和符號化處理。可是，即便如此，作品中有一些段落在當時還是因為被認為過於暴力沒能經過審查。

因此，為了放映給美國和歐洲的觀眾，麥克拉倫剪掉了兩個鄰居為了爭奪一朵花而毆打對方妻子孩子的畫面。可是，到了越南戰爭期間，公眾的觀點又變化了，麥克拉倫又被要求把之前刪掉的段落加了回來。

在作品完成的第二年，《鄰居》獲得了奧斯卡最佳短篇獎。雖然沒有人質疑這是一部優秀的作品，但很多人質疑它被歸錯了類型。這部作品獲得的是最佳短紀錄片獎，而不是最佳動畫短篇獎。

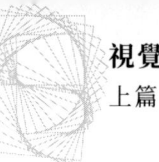

關於歸類問題的討論仍在繼續，1999年加拿大華裔導演王水泊教授的《天安門上太陽升》也是以動畫式紀錄片的形式呈現。這部作品同樣是獲得了最佳短紀錄片的提名。所以，一個有趣的現象發生了，很多綜合使用媒介的動畫作品既可以參加電影節，也可以參加動畫節。

甚至，這類實驗性的動畫作品往往獲得電影節的青睞，而在與其他電影作品的競爭過程中獲勝。但是，單純的電影作品卻幾乎不參加動畫節的活動。由此可以看到，很多命名和歸類之爭取決於在現實中媒介的主導地位。應該說，動畫必須要更勇敢和先鋒性地跨界才能獲得獨立的姿態，得以進行更深入的研究。

三、「地表」之下的結構考掘

這裡的「地表」有多重的比喻性，因為這既涉及跨學科的結構方法，也涉及對地質、對歷史和對自我記憶的挖掘。雖然這個比喻的恰當性有待評價，但它其實是筆者希望對獨立動畫進行跨界探索的一種表達——即把動畫式紀錄片的創作和研究視作一種考掘，並從考古學、歷史學、心理學的考掘結構和方法中得到啟發。

（一）考古學的方法：地表之下

考古學是對人類過去歷史的一種研究，透過挖掘和分析文物和地質環境數據來研究人類的歷史，包括對古物、建築、古生物樣本和文化景觀的研究。因為考古學涉及廣泛的領域和複雜程序，它既是社會科學，也是人類學。

因為傅柯的《知識考古學》一書的貢獻，考古學已經從一種專業的學術領域演變成為哲學的工具，啟發人們探索歷史的結構和敘事方式。獨立動畫家們也是受益者，作為獨立動畫實踐者之一，筆者也有著如同考古學家那樣的好奇心和野心，透過獨立動畫的實驗精神和批判性來探知「地表」之下。

這個比喻的靈感之一源自下面的視覺化圖表設計。因為在研究獨立動畫家的過程中，筆者把16位獨立動畫家的作品和創作年代設計為一張表格，幫助更好地理解創作者們與作品之間的關係（見圖3）。在用不同色彩區分作者並進行時間線的排列過程中，這種層次關係讓筆者聯想到地質層的結構。

記憶的考掘——動畫式紀錄片之探索

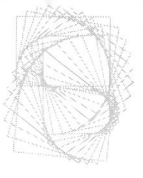

在構造地質學中，研究者正是透過地質結構的異質性來判定年代，進行歸類和劃分的（見圖4）。而在筆者看來，構造地質學提供給我們一種方法，就是如同用差異的方法探究地表之下，動畫也可以挖掘我們個體和歷史表象下的深層結構。尤其是動畫式紀錄片，能夠用一種個體記憶和歷史社會對話的方式來逐層揭示。

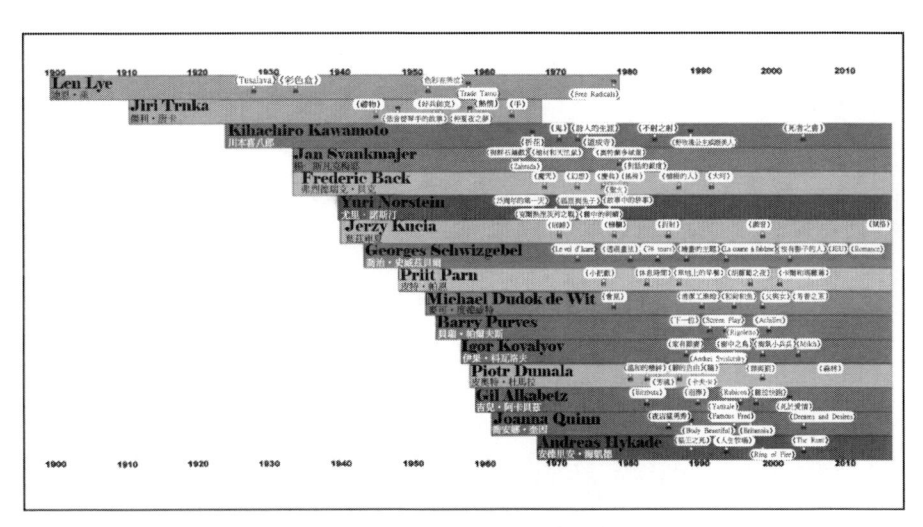

圖3　16位獨立動畫藝術家的創作年表

註：參見郭春寧：《獨立動畫手冊》，山東美術出版社，2016年。

圖4　構造地質學透過岩層的結構和組織來研究歷史的演變

歷史地理學：從嘗試到學科

很多領域都需要大膽構想和開掘，如同動畫式紀錄片仍然被視作電影或紀錄影像的附庸，歷史地理學（HistoricalGeography）在 20 世紀 50 年代之前仍然被看成是一種「無足輕重的嘗試」。那時歷史地理學只是一種試圖解釋歷史的愛好者們的構想，而如今歷史地理學早已成為重要的學術領域，用以研究歷史發展中地理環境及其演變規律。

作為連接歷史現實和個體想像的橋樑，動畫式紀錄片早已呈現出揭示自我和映射歷史的獨特視角和維度。因此，在學術研究層面，筆者相信動畫式紀錄片也可以成為一種紐帶，將不同領域連接起來，激發更有學術意義的研究。

（二）歷史和結構：第三空間的開拓

「要麼是沒有歷史的結構，要麼是沒有結構的歷史」，在德國哲學家阿爾弗雷德·施密特（Alfred Schmidt）的《歷史和結構》一書中，「結構」本身可以被看作是一種作為敘述的歷史。這是一場關於馬克思主義理論的兩種立場的辯論，結構主義的和歷史批判的對話。猶如關於動畫和記錄影像本質的探究或許是無果的，在看似對立雙方的辯駁中或許可以試圖從第三空間的視角切入，即開拓出一條新路。

動畫式紀錄片就是動畫與記錄影像結合的一條新路，也是獨立動畫精神所倡導的個體對社會和歷史的反映。因此，獨立動畫的過程如同柏拉圖筆下蘇格拉底的對話，是一種接近本真的質詢。或許，並不能因此得出動畫和記錄的真理，但藝術家們的豐碩作品卻可以幫助我們無限接近「現實」與「想像」的結合。

（三）記憶的結構：遺忘和屏蔽

從圖 4 中我們可以看到，現有的研究指出記憶的過程如同一種代謝的過程。一個有趣的現像是：其實遺忘是記憶體系中重要的一部分。因此，無論在個體還是在文化層面，遺忘都似乎承擔了一種保護機制。甚至，遺忘也是一種記憶——屏蔽記憶（Screen Memories）。

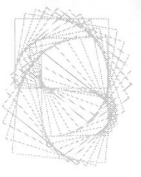

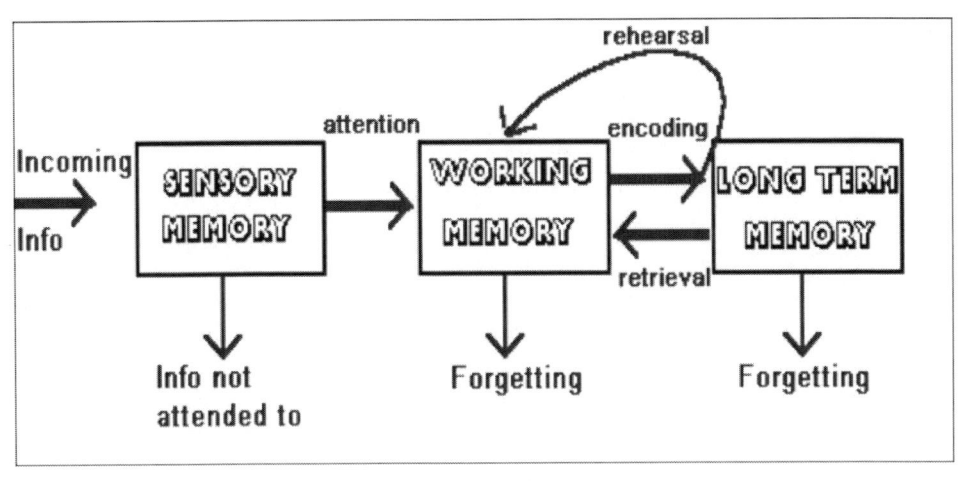

圖 5 記憶的結構圖表

註：Dr Jonathan Stirk's keynote "Cognitive Psychology: Memory-Structure & Processes"。

儘管科學家們可以依據記憶的結構發明出電腦，但我們並沒有破譯整個記憶的秘密。電腦儘管基於記憶的結構設計了儲存和調用數據的模式，但電腦還不同於人類，因為電腦並不像人類那樣有遺忘的功能。因此，實踐作品《番茄醬》（Ketchup）作為《成長的記憶》的第一部作品，就是從探究為什麼遺忘開始的。

因此，筆者認為透過從「自我」出發的再認識，動畫式紀錄片的實驗賦予認識獨立動畫新的理解。正如「自我」的認知和記憶能夠架構想像與現實的橋梁一樣，動畫式紀錄片也有機會成為跨領域學科的紐帶（圖6）。

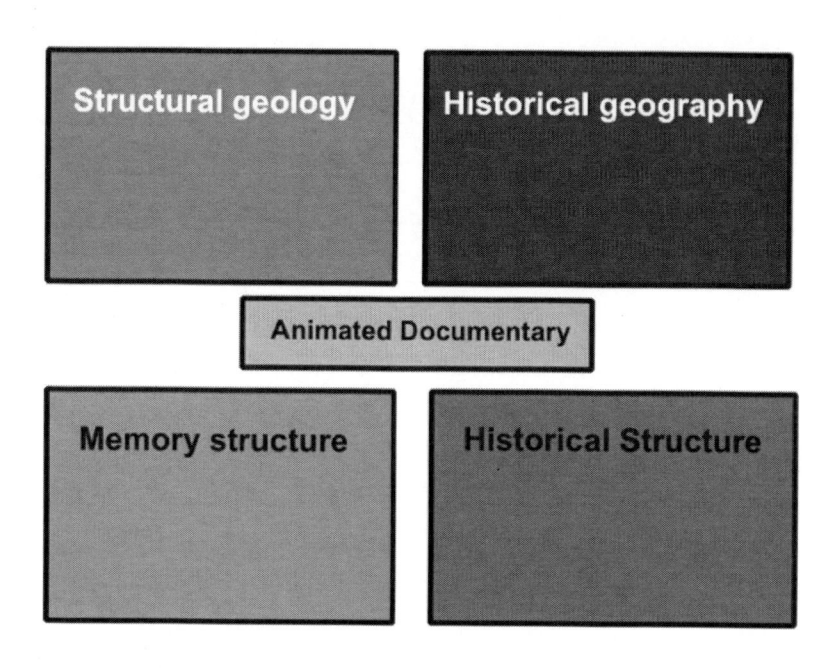

[圖：Structural geology、Historical geography、Animated Documentary、Memory structure、Historical Structure 的關係圖]

圖 6 動畫式紀錄片有機會成為跨領域學科的紐帶

四、自傳體記憶的動畫實驗

20 世紀 80 年代以來，心理學家就一直探討與記憶相關的問題，自傳體記憶是記憶的一種重要形式，是指個人對於往事的回憶。心理學家杜威·德拉埃斯馬（Douwe Draaisma）曾這樣寫道：「自傳體記憶是我們最親密的夥伴。自傳體記憶所提出的問題有必要嵌入到我們的生命河流中去思考。」

記憶的考掘——動畫式紀錄片之探索

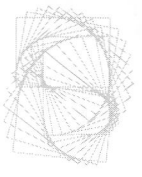

圖 7 《從記憶中來》（Drawn From Memory）是保羅‧菲林格爾（Paul Fierlinger）的自傳體動畫作品，也成為獨立動畫挖掘自傳體記憶的轉折點

（一）從記憶而來的自我

應當看到，儘管獨立動畫的先鋒創作者們勇於提出自己的觀點，但是把「自我」作為主題置入動畫作品中進行揭示，卻是頗為晚近的事情。在動畫

式紀錄片的發展中，1995年的《從記憶中來》（Drawn From Memory）是一個轉折點。因為在這部作品中，動畫家保羅·菲林格爾（Paul Fierlinger）用雙關語表述了提取記憶的過程，一方面，Drawn是提取記憶，另一方面，Drawn也是把記憶用繪畫的方式視覺化地表述出來（見圖7）。

在捷克出生，在日本成長，在美國工作，菲林格爾不僅有著豐富的地理和文化遷徙的記憶；作為一名共產主義領導者的侄子，他自己卻有著不同的政治見解。他個人的生活也有著極大跨度的轉變，從一名戒酒令的擁護者到酗酒者再到成功戒酒，菲林格爾把他人生中的轉折變遷都透過分層的手法繪製出來。

一般的動畫作品是用分層的方式節約創作的工作量，但菲林格爾把這種賽璐珞技法演變為一種敘事手法——專門為提取記憶而呈現的視覺表述。透過透明層的一層層景物和事物的疊加，記憶中的人和事似乎也逐漸被喚起，清晰起來。由此，菲林格爾創作了第一部自傳體動畫式紀錄長片。

儘管菲林格爾是眾多動畫獎項的擁有者，但他卻極少接受採訪或出席頒獎儀式。因此，這部作品成為公眾瞭解這位藝術家的媒介，也是作者自傳體視覺表述的媒介。也正因如此，菲林格爾創造性的自傳體動畫成為很難被界定和歸類的作品。

所以，如果我們超越出動畫的領域，會看到關於自傳體記憶的研究在心理學、文學乃至電影、漫畫層面的應用要早於動畫，並給予獨立動畫的探索以啟發。20世紀80年代，「自傳體記憶」的名稱在心理學中得以確立。而在此之前，文學上早有作者開始以自傳體的方式探索自己的記憶，普魯斯特的《追憶似水流年》就是經典範例。20世紀80年代至90年代，漫畫作品以視覺化的方式呈現了對自傳體記憶的挖掘，重要的代表作就是美國漫畫家斯皮格曼（Art Spiegelman）的《鼠族》（Maus）。

這部作品以對話的方式，透過作者（兒子）對父親的採訪和記錄，再現了第二次世界大戰集中營倖存者的經歷。漫畫作品把納粹、猶太人、波蘭人等都以不同的動物形象表徵。正是這種漫畫中的「種族」劃分，剝離了真實

世界，建構了一個動物面具下的人類世界。《鼠族》的自傳體方式和比喻的手法都提供給獨立動畫創作者新的可能性。

（二）探尋失去的自我

令人遺憾的是，《從記憶中來》這樣的從自我出發的動畫敘事並沒有被介紹到中國動畫學界。筆者是開始參與創作獨立動畫紀錄片後，才得以發現這部作品的。使我們認識到動畫可以作為講述自我的媒介的作品是《天安門上太陽升》。在王水泊老師鼓勵下得以挖掘自己的故事，而我們的記憶考掘則從童年開始，從為什麼遺忘童年的事件、童年的夥伴開始。

圖 8《番茄醬》是「成長的記憶」三部曲的第一部作品。這部三部曲基於一個男孩成長過程中遇到的青春期問題和涉及的社會創傷而展開

註：圖 8 為 2014 年法國拉羅謝爾中國電影節海報，海報選取了《番茄醬》作為底圖，並展映了《番茄醬》和相應的研討會。

實踐作品：《番茄醬》（Ketchup）

我的童年生活在黃土高原上，那裡的村莊種滿了番茄，那其實是在大山深處的一個秘密的軍工廠。疼痛、鮮血和一顆掉了的牙齒，幫助我記住了 1984 年。

——《番茄醬》

《番茄醬》是動畫式紀錄片「成長的記憶」三部曲的第一部作品。這部三部曲是有紀錄片色彩的實驗動畫系列作品。這三部曲包括《番茄醬》《PiGu》和《蚊子叮腳心》，主要講述了一個男孩成長過程中遇到的青春期問題和涉及的社會創傷。《番茄醬》在一些國際電影節、動畫節上獲得展映。在展映過程中，觀眾非常感興趣這部作品的紀錄片色彩，同時很好奇這部作品背後基於的真實故事。

事實上，《番茄醬》的創作源頭恰恰是因為對於真實發生的殘酷事情遺忘的探究。從當事人的一方看，那些童年的事情似乎早已淡忘，但是當有人發問的時候，當事人卻突然想起了一個個事件，而那些似乎已經被沖淡的畫面和氣味又鮮活和清晰起來。

「成長的記憶」三部曲在整體設計上就是基於一個男孩從 6 歲到 20 歲的成長過程中，關鍵的時間節點的事件和記憶。作品都源自對真實生活的回憶，但是以三維動畫的形式來重新建構記憶和敘事。

在《番茄醬》中，關於 1984 年的記憶是透過一個 6 歲的小男孩的視角呈現的。在敘事結構方面，並不是簡單地對幾個關於死亡事件的平鋪直敘，而是藉助一種比喻作為線索串聯事件。這個比喻就是番茄是如何製作成番茄醬的。因此，這個作品的連接方式不是事件，而是製作番茄醬的 3 個步驟：

(1) 清洗（Flushes）

(2) 切碎和罐裝（Chopped and Canned）

(3) 高溫消毒（Sterilization）

　　關於死亡事件的記憶是與「自我」的疼痛聯繫在一起的。那些殘酷事件中的人與物必須借由「自我」掉落的一顆牙齒才能夠被「自我」的記憶喚起。《番茄醬》的敘事線索和比喻的方式也啟發我們重新思考動畫式紀錄片乃至獨立動畫的創作方式。這樣的解構過程就是首先面對現有的界定和創作，透過從「自我」出發在動畫中重新建立關於歷史、社會的認知，而這一重構也是更新「自我」的過程。

　　以《番茄醬》為例，在重新探究自我記憶的過程中，不僅重新敘述了「我」6歲時永遠失去的牙齒、童年夥伴，也折射出了那個歷史年代的創傷。而透過記憶激發的創作過程，也得以探索獨立動畫創作的可能性。

圖9《番茄醬》中的敘事結構採用比喻的方式，這一解構番茄的比喻也可以對位到對記憶、對動畫式紀錄片的認知方法中

視覺人類學
上篇

註：圖 9 為《番茄醬》在 2015 年上海國際短篇週位於民生美術館的現場展覽。展覽採用 3D 影印方式影印了《番茄醬》中的角色，並將《番茄醬》的影像投影於這些影印的立體角色之上。

讓我們感到震撼的是，進入 2000 年後，很多獨立動畫作品都是從探尋失去的記憶開始的。2008 年，一部具有轟動效應的動畫式紀錄片的推出，震驚了世界。這部作品就是《和巴什爾跳華爾茲》（Waltz with Bashir）。

在這部作品中，導演阿里·佛羅曼（Ari Folman）用動畫對實拍影像的改寫呈現了他在戰爭中失落的記憶。因此，這部作品也是他找回自己失去的記憶的過程，這一過程讓他重新回到殘酷的戰爭，深深思考人性的複雜與黑暗面。

作品中，簡潔的色彩和強烈的對比令人印象深刻，這也是動畫對記錄影像的再創作。雖然原型來自於實拍影像，但動畫的線條和色彩重新建構了記憶中的世界（見圖 10）。這種超現實的風格也符合作者一再想要解釋自己為什麼完全記不起在軍營中的經歷。1982 年，當黎巴嫩戰爭爆發的時候，佛羅曼正在以色列軍隊中服役。

直到 2006 年，當他遇見服役的戰友時，戰友訴說自己一再被噩夢縈繞，而那些噩夢的場景和事件來自於他們共同服役時的經歷。佛羅曼這時才驚訝地發現，雖然面對共同服役的戰友，但他卻想不起來自己參軍時經歷過這些事情。為了瞭解真相，他採訪了很多事件中涉及的人，而這趟尋回記憶的歷程卻讓他更加震驚於記憶的複雜性。

一方面，他的戰友所講述的並不一定是真實的，他可能被不一定是自己做過的殘酷事情所纏繞；另一方面，佛羅曼或許做過那些事情，但遺忘的保護機制可能讓他儘可能不再回望戰爭往事。而即便他想去求證其他人，那些人往往也和他們一樣，經過戰爭非人的折磨，誰能保證自己的記憶是準確無誤的？但是，有一點可以確認，就是殘酷的戰爭改變了人，改變了人的記憶，把他們的記憶撕成碎片，再也拼合不起完整的自身。

佛羅曼用極為獨特的自傳體方式闡釋了自我，闡釋了戰爭割裂的自我。但幸好透過動畫的力量，他得以尋回了一部分可能永遠失去的自我，並將這

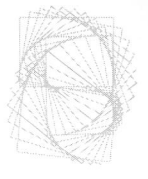

一過程呈現給全世界的觀眾。正因為這部作品的成功，更多獨立動畫家們希望藉助動畫式紀錄片來探尋自我。

圖 10《和巴什爾跳華爾茲》表現了作者如何透過動畫的實驗尋回自己在戰爭中失去的記憶

　　研究還發現，「自傳體記憶」在我們人生的每個不同階段都是不同的，尤其是 5 歲、15 歲和 60 歲。透過這些研究，反觀我們的創作，我們發現《番茄醬》的確是發生在「自傳體記憶」的第一個重要時期——「最初記憶」（Initial memory）。

不僅如此，很多原來困惑我們的問題透過相關的研究得以闡釋，同時，我們的創作也豐富了關於這些問題的解答。比如，為什麼《番茄醬》的記憶主線是關於死亡的事件和印象。或者說，番茄醬其實是童年記憶的攪拌，尤其是以對死亡的最初印象而引導的。

根據心理學家亨利（Victor Henry）刊載在 L'Annee Psychologique 上的文章分析，「自傳體記憶」的起始階段即「最初記憶」通常是以視覺的方式存在的，最初記憶的主要事件有：

（1）弟弟或妹妹的出生

（2）對於死亡的印象

（3）火災的印象

（4）慶祝節日

（5）開學的第一天

對於死亡的印象或許解釋了為什麼當突然想起孩子王——《番茄醬》中的男主角——「我」突然想起了一連串關於死亡的事件。而這些事件也是以對死亡的印象為起點，一個一個貫穿起來的。研究表明，記憶的儲存能力在幼兒1歲半的時候快速發展，到了6至7歲的時候，記憶就從一個個片段逐漸被組織成為有時間線索的記憶組，即有了敘事的能力。

《番茄醬》的背景就是一個6至7歲的男孩開始有了敘述的能力，基於一個特殊的事件，他的記憶開始有了時間順序，有了方向。而這個特殊的事件，是來自外部的第一次對死亡的記憶和來自內部的自己掉落的牙齒的疼痛結合起來的。

6到7歲的年齡，也是納博科夫（Vladimir Nabokov）第一次捕捉蝴蝶的年齡。在《說吧，記憶》（Speak，Memory：An Autobiography Revisited）這本書中，納博科夫把蝴蝶作為記憶的視覺符號。筆者認為，這至少有3個原因，它們都指向記憶的神秘性。

第一，捕蝴蝶是納博科夫一生的愛好，納博科夫最深刻的童年記憶就是捕蝴蝶，在撰寫《說吧，記憶》的期間，他也沒有停止過這一愛好，一隻隻蝴蝶標本成為這本記憶之書的見證。

第二，儘管納博科夫記得自己第一次捕蝴蝶是在 6 歲，從而以此展開了對一系列事件的回憶，但是在撰寫此書的過程中，他與親戚朋友核實，發現自己有很多事件、時間都可能記錯了。比如他可能第一次捕蝴蝶是 7 歲。因此，蝴蝶也像徵了記憶容易混淆不清的特徵。

第三，蝴蝶是納博科夫看來最為奇特和美麗的生物嬗變。很難想像，從醜陋的毛蟲到優雅輕盈的蝴蝶，造物的神奇與我們神秘的記憶一樣，仍然有太多未知性。

記憶搭建了現實和想像的橋梁。獨立動畫也提供給年輕的創作者更多自由去考掘記憶，與自我對話。

（郭春寧，中國人民大學藝術學院動畫與新媒體藝術講師。與閆柏屾合作的《番茄醬》被澳洲白兔美術館收藏，獲第 11 屆南京舉辦的中國獨立影像節的評委會大獎，上海國際電影周最佳短篇獎，韓國釜山國際短片節 NETPAC 大獎，並入選多個國際動畫節。）

視覺人類學視野中的「影音文獻」

朱靖江

摘要：近百年來，以影音媒介為載體的文獻資料日益受到中國內外學界的關注，除了對舊有影音作品進行蒐集、修復、數位化儲存與利用之外，海外與中國文化部門、學術機構與民間團體亦紛紛開展基於影像攝製的史志記錄與檔案累積，建立具有文獻價值的數位影像數據庫。

在這些影音文獻的創製過程中，視覺人類學理論與方法均得到不同程度的參照與遵循，一方面，視覺人類學既有的學術框架為影音文獻採編提供了一定的規範，另一方面，影音文獻項目也拓展了視覺人類學的應用領域，促進其在文化保護與傳承事業中發揮更為重要的作用。

關鍵詞：視覺人類學；影音文獻；理論建構

自19世紀中期以降，機械影像在工業革命的浪潮中問世以來，影像產品作為一種文獻類型，便始終在「有價」與「無市」的天平兩端搖擺。所謂「有價」，是指影像對於現實世界的形象記錄與直觀呈現，打破了符號化、抽象化的文字在保存與傳承人類文化血脈中的壟斷地位，因而具有公認的文獻價值。

所謂「無市」，是指長期以來，基於影像媒介的文獻材料並未得到學界與社會應有的重視，不僅缺少專業的收藏、保存與傳播機構，大量喪失新聞時效性的影音資料被視作廢物處理銷毀，更匱乏專業的科學研究力量，能夠利用影音文獻進行學術探索，並取得令人矚目的研究成果。

因此，在傳統的學術視野當中，影音文獻始終是一種聊備一格，可資參考，卻難以和文字文獻相提並論的「輔助性文獻」。直到當代，身處學術前沿的視覺人類學為影音文獻提供了越來越堅實的理論與方法支撐，逐步構建起獨立於文字文獻的學科體系。

一、影音文獻的歷史源流

攝影與電影術的相繼發明，為傳統的基於文字書寫的「文獻」概念提供了新的內涵與類型。一些早期的影像先行者，如法國人菲利克斯·路易·雷諾即指出「電影為我們研究的需要永遠保存了全人類的行為方式」，並倡議建立人類學電影檔案館。影像對現實世界的機械複製與呈現，使得這種基於視覺感受的媒介從一開始便帶有和語言文字相異的訊息交流功能，並在以文化記錄、保存和比較為學術主旨的早期人類學體系中占有一席之地。

（一）影音文獻的早期實踐

在電影發明之初，人類學家遠赴異域從事文化調查的早期活動中，阿爾弗雷德·卡特·哈登、鮑德溫·斯賓塞等學者都已採用電影記錄方法，獲得當地人種與文化的動態影像資料。

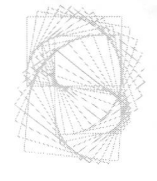

同時期的一些影像工作者,如美國攝影師愛德華·柯蒂斯,親身進入北美洲上百印第安部落,實地拍攝 4 萬餘張圖片,完成了具有深遠文獻價值的 20 卷圖文巨著《北美印第安人》;法國收藏家阿爾伯特·卡恩派遣多支攝影隊分赴 50 多個國家,拍攝收集了大約 7.2 萬張彩色照片,4000 張立體照片以及超過 18 萬米、約 100 小時的電影膠片,他將這筆影像財富命名為「地球檔案」,以此存續被現代文明侵蝕、消滅的古老文化。

美國電影導演羅伯特·弗拉哈迪亦於 20 世紀 20 年代陸續拍攝了《北方的南奴克》《摩阿納》等「對日常生活事件進行視覺描述」的影片,英國學者約翰格里爾遜稱其「具有文獻價值」,而「紀錄片」的英文詞彙「Documentary」即來源於此,可見此類影像作品與文獻之間存在的本源關係。

作為運用影像媒介保存人類文化訊息的試水者,上述先驅者一方面付出卓絕的努力,完成了彌足珍貴的影像記錄,另一方面,卻因經濟危機、世界大戰,特別是主流人類學研究從物質文化向社會結構與精神領域的範式轉移,逐漸難以為繼。這些記錄下 19 世紀末至 20 世紀前期世界多元樣貌的影像資料,除少部分傳世外,大多湮沒無聞,或直到近 20 年間才再度被發掘、整理,並由學界承認其無可替代的文獻價值。

(二) 影音文獻在 20 世紀 50 年代的復興

人類學界再次對影像的學術研究、教學與文獻價值產生廣泛興趣,復始於 20 世紀 50 年代。1952 年,德國哥廷根科學電影研究所成立,將電影攝製與視聽數據庫的建設用於研究與教學之目的。該研究所創立的「電影百科檔案」,至 20 世紀 90 年代已擁有 3000 多部生物、民族學和技術等科學的專題片,其中便包括「在世界各地的田野拍攝中,記錄不同族群的有關物質文化的民族學事件」以及「記錄有關精神文化的民族學事件」,「這些大量收藏的電影代表了作為科學文化遺產的寶貴資料,它們作為檔案被細心收藏,從而可用於多種用途」。

美國人類學界在 20 世紀 50 年代後亦逐漸重視影像材料的收集與研究。著名人類學家瑪格麗特·米德曾著重指出民族志影像素材的文獻價值:「由於這些是正在消失的人類行為類型,所以我們需要以一種方式來保存它們:不

僅允許他們的後代重新擁有他們的文化遺產,而且也將為我們理解人類歷史及人類的潛能提供一個可靠的、可複製的、可分析的研究資料集成。」哈佛大學、賓夕法尼亞大學、南加州大學等學校以及美國自然歷史博物館、國會圖書館等機構,先後成立電影檔案與研究部門,側重於收藏和整理有關世界各國社會歷史、族群文化的影像文獻。

從 20 世紀 70 年代開始,隨著成本相對低廉的磁帶攝錄系統逐漸取代電影膠片,其他國家也陸續建設人類學民族學電影資料庫。1977 年,日本國立民族學博物館在大阪成立,其主要特色即是擁有一套可以播映錄製好的世界上大多數民族的影片系統。「這個系統為參觀者提供一個可以滿足他們各自不同需求的服務項目,而他們要做的只是從一個可視的民族學各分類訊息中挑選自己所要的內容。」北歐各國也致力於合作建設人類學影像資料庫。

「北歐人類學電影協會的最重要目標之一,是建立一個人類學電影檔案館以用於教學、研究和提供訊息。目前這個坐落在丹麥奧爾胡斯大學的檔案館包括約 90 個類目,協會的成員機構可以選擇不同規格的螢幕為學生或參觀者服務。」綜上所述,在全球範圍內,建設人類學影像檔案館,保存、研究與傳播影音(視聽)文獻,是各國影視人類學界的基本共識之一。

(三)聯合國保護影音文獻之行動

1980 年,在南斯拉夫首都貝爾格萊德舉行的聯合國教育、科學及文化組織大會第 21 屆會議透過了《關於保護與保存活動圖像的建議》,使得影音文獻(即活動圖像)的保護與保存工作在聯合國的國際公約體系中占有了一席之地。該建議基於以下幾項共識:

(1)活動圖像是各國人民文化特性的一種表達方式,並且由於其教育、文化、藝術、科學和歷史價值,已形成一個國家文化遺產不可分割的一部分;

(2)活動圖像是新的表現形式,特別具有今日社會的特徵,因而證明是當代文化的一個重要的、不斷發展的部分;

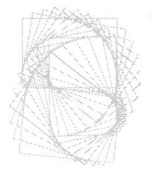

（3）活動圖像還為記載事件的發展情況提供了基本手段，並從而在一個新領域成為各國人民的歷史、生活方式與文化以及宇宙進化的重要實證，而且往往是獨特的實證；

（4）活動圖像作為世界各國人民間交流和相互瞭解的工具，起著日益重要的作用。透過在全世界傳播知識和文化，活動圖像對教育和豐富每個人的生活產生廣泛的貢獻。

《關於保護與保存活動圖像的建議》首次在國際公約框架下承認活動圖像的國家文化遺產地位，以及它在 20～21 世紀人類文明當中重要、獨特的文獻價值。但是，這種文獻極易遭受時間損耗和不當條件破壞，使這種遺產無可挽回地日益稀少，亟須各國根據國際法規定所承擔的義務，採取適當措施保護和保存活動圖像，以保證為後代保護和保存其文化遺產中特別易遭損壞的部分，就像保護和保存能豐富當代和後代生活的其他形式的文化財產一樣。

為紀念《關於保護與保存活動圖像的建議》，聯合國教科文組織第 33 屆大會透過將每年 10 月 27 日定為「世界音像遺產日」的決議，以舉辦週年紀念日的形式，促進各國官方與民間對影音文獻的重視與保護。

在聯合國致力保存與保護的音像遺產中，人類學影音文獻因其記錄世界文化多樣性之核心宗旨，顯然占有十分重要的地位，特別是大多數人類學影片難以參與商業流通，無法透過市場手段盈利並獲得存續的能力，更需要在國家與社會力量的支持下儘可能得以保全，對此，《關於保護與保存活動圖像的建議》的出現與「世界音像遺產日」的設立無疑造成了呼籲和傳召的作用。

二、影音文獻的中國實踐

中國對於圖像文獻有較為悠久的記錄與收藏整理，在機械影像誕生之前，以手繪圖畫形式呈現的「圖冊」，如《皇清職貢圖》《苗蠻圖》等，早已被視為官方典籍的組成部分。近代以來，由於國力衰弱、戰亂頻仍、電影製作力量弱小，且多集中於商業故事片領域，儘管有人類學者與紀錄電影工作者

赴湘西、西康等地攝製人類學動態影像資料，卻數量稀少，不成規模與系統。直到中華人民共和國成立之後，影音文獻事業才有了起步與發展的空間。

（一）國家意志之下的影音文獻

1. 中國少數民族社會歷史科學紀錄電影

1957 年，中國政府委託中國科學院民族研究所及相關電影機構，陸續對黎、傣、獨龍、鄂溫克、赫哲、藏等少數民族進行了較為系統的民族文化與社會歷史影像拍攝，並將這 16 部影片命名為「中國少數民族社會歷史科學紀錄電影」。

時任文化部少數民族文化工作指導委員會主任齊燕銘提出：「我們要在幾年內把國內在社會制度、社會生活上正在迅速變化的少數民族的歷史面貌真實地記錄下來，便於科學研究。少數民族不可能不變地等著我們去拍電影，他們要發展、要進步，就要迅速變化，天天在變化著，這就要我們趕緊搶救。」這也強調了這批民族志紀錄片作為國家級影音文獻的基本定位。

「中國少數民族社會歷史科學紀錄電影」是一次具有歷史意義的民族志電影實踐，在中國人類學歷史上第一次為 16 個少數民族建立了影像檔案，並由此奠定了中國影視人類學的學科基石。如學者郭淨所言：「民紀片在民國與當代紀錄影像（包括民族志影片和新紀錄片）之間，承擔了承前啟後的作用。而且，作為一個整體的拍攝實踐，它所跨越的時間和空間範圍都是未曾有過的。」

令人遺憾的是，由於政治運動的衝擊以及意識形態領域的干擾，原規劃中涵蓋中國主要少數民族的電影拍攝計劃並未完成，而這 16 部影片也被長期封存，僅作為內部觀摩的資料片有限播映，其文獻價值未能得到充分體現。

2. 中央新聞紀錄電影製片廠的影音文獻貢獻

在 1953-1993 年，以中央新聞紀錄電影製片廠為代表的國營電影製作機構承擔了中國影音文獻攝製與保存的主要任務，既拍攝了《百萬雄師下江南》《中國人民的勝利》等大量新聞時政類紀錄片，也拍攝了《凱里的苗家》《瑤山即景》《今日鄂倫春》等以少數民族文化為主題的紀錄片，「在涉及共和

國的重大活動、歷史事件等方面具有最權威的拍攝地位，創作了大量共和國歷史上最重要、最具文獻價值的新聞紀錄片，現保存約 4.2 萬本膠片，42 萬分鐘長度的紀錄電影資料，已經成為共和國的歷史影像檔案館」。

由中央新聞紀錄電影製片廠等機構製作收藏的新聞片和專題片，曾是電視普及前中國民眾獲得中國內外影像資訊的主要來源，記錄了半個世紀以來中國政治、經濟與社會發展的主線，具有鮮明的時代印記與重要的歷史價值。

但因其在國家政治體制中承擔的特殊使命，以及在市場經濟導向下的經營性理念，公眾並不容易從中獲取影像資料。這種由傳統行政體制與商業運營法則交織構成的障礙，也是中國影音文獻事業裹足不前的主要困境之一。

（二）多元建構體系中的中國影音文獻

進入 21 世紀以來，傳統上以膠片或磁帶進行影像攝製與儲存的影音系統被顛覆，數位影像以高質量的音畫品質以及便捷易用、低成本、高容量的優勢，成為影音記錄與保存的主要手段。一度因成本高昂難以獲取的影音拍攝、製作與儲存設備，近年來也廣泛普及，成為許多高校、博物館、研究機構或民間團體進行調查、科學研究與數據採集的得力工具，這也使得影音文獻得以在更為多元的體系中建設和傳播。

1. 文化部主導的節日、史詩「影像志」項目

在當代中國的影音文獻體系當中，由文化部主導的「中國節日影像志」與「中國史詩影像志」是目前規模較大，層次較高，具備一定學術理論與方法規範的影音文獻項目。「中國節日影像志」於 2010 年啟動，旨在透過影視技術手段記錄中國各民族、各地區的傳統節日，是中國第一次系統地進行傳統節日拍攝記錄的研究項目，目前已立項拍攝 100 個節日，積累了超過 3000 小時的一手影像資源。

「中國史詩影像志」在 2012 年底開始運作，透過拍攝各民族史詩藝人表演與生活的方式，記錄史詩及其語境關係，迄今進行了 40 多部史詩的立項拍攝，素材累計超過 500 小時，不僅包含經典英雄史詩，也包括瀕危或首次發現的民族史詩。

与贯彻国家意志的「中国少数民族社会历史科学纪录电影」不同，中国节日与史诗影像志不再以意识形态为创作主轴，而是基于节日仪式或史诗演述本身的脉络，如实呈现主要事象，特别是强调文化主体的主位观点。

「要将仪式的解释放归当地语境，应以当地文化持有者和文化参与者为第一位，全方位地收集分析他们的见解、感受和诉求，而学者的解说是第二位的。学者应保证客观公正地将他们的观点传达出来，捍卫当地文化持有者的权利，同时对各种观点都应保持尊重。」

「影像志」项目为影音文献创制做出的贡献，不仅在于它较为宏大的体量与日益丰富的拍摄实践，还在于它制定了较为详细、科学的拍摄规范。如《中国节日影像志体例》，强调影像志「客观、真实、完整」「须以田野调查、实地拍摄为基础，完整反映节日现状，兼顾历史源流」以及「文化尊重」的原则，又提出「围绕节日的具体发生地进行拍摄」「采录场景声音」「场景须为实拍」「注意集体与个体视角的双向记录」等具体要求，此外，还详细提供节日影像志的参考要素，影片制作技术规范与影像资料场记规范等。该体例完整、清晰地展现出「影像志」项目的学理依据、人文关怀与技术标准，为当代中国影音文献的理论与方法建构提供了有益参考。

2. 国家图书馆「中国记忆」影像文献计划

作为国家级文献机构，中国国家图书馆传统上以图书典籍为主要的收藏、传播对象，而以影、音直接记录历史的口述史、影像史，在其文献资源体系中长期处于缺位和空白状态。从2011年起，国家图书馆规划并启动「中国记忆」项目，以中国现当代重大历史事件和重要人物为专题，对口述史料、影像文献等资源进行采集、收集、利用和推广。

迄今为止，「中国记忆」项目已建设东北抗日联军、中国家庭故事、当代著名学者口述史等20多个专题，收集了逾600小时的口述史料、影像文献和大量历史照片、手稿、非正式出版物等文献资源。

与惯常的文献收藏方法不同，「中国记忆」项目不仅收集、整理与保存文献，还主动「创造文献」，即项目成员对专题内容所涉及的地点与人物实

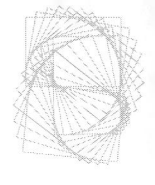

地拍攝與採訪，以獲得第一手的影音文獻資料。從2013年開始，「中國記憶」項目先後開展了中國年畫、大漆髹飾、蠶絲織繡、我們的文字及我們的英雄5個文化遺產類專題的資源建設。

「項目的特點是運用先進的影音技術，發揮圖書館文獻保存與傳播的優勢，系統性、搶救性地進行『以人為本』的記憶資源採集與收集。其成果將建成專題資源庫體系，作為國家記憶資源在國家圖書館集中、有序、永久保存，並透過網路和實體方式發布與提供服務。」

3. 其他影音文獻類實踐項目

中國影音文獻的採集、管理與保護、傳播於近年來獲得社會各界的廣泛重視，多種實踐項目應運而生，儘管在理論自覺和方法規範方面未臻完善，但已顯露出數位影像時代文獻民主化、公共化的大趨勢。目前已在實行的影音文獻項目大致可分為以下類型：

（1）博物館等公立文獻機構主持的影音文獻項目

掌握較為豐富資源和渠道的國家、地方級文獻機構，是影音文獻項目建設的重要主體。由於定位與職能差異，各類機構在影音文獻收集與利用方面各有側重。如中國民族博物館自2015年起開始舉辦「中國民族題材紀錄片回顧雙年展」，徵集、評選、收藏中國少數民族題材紀錄片作品，這也是國家級博物館率先在影音文獻保存與保護領域的重要舉措。

館長顧群認為：「少數民族的很多文化是無法僅僅依靠實物來呈現的，比如大量的非物質文化遺產，但影像卻能夠細緻、豐富地呈現出這些文化遺產的內涵和細節。所以，將影像與博物館連接，是未來博物館的必然選擇；把民族志影像資料納入民族博物館的收藏展示空間，更是民族博物館未來發展的必由之路。」

（2）科學研究機構、高等院校建設的影音文獻項目

隨著影像文本在學術研究與專業教學領域日漸顯露出重要價值，中國內社會科學研究院所與高校紛紛設立影像教研機構或檔案庫，進行影音文獻的收集、整理和研究工作。中國社科院民族學與人類學研究所作為20世紀

50年代至70年代「中國少數民族社會歷史科學紀錄電影」的創作主體，自1980年之後，研究所下屬的影視人類學研究室長期堅持民族志電影的拍攝工作，製作了近百部民族志紀錄片，是中國拍攝歷史最久、藏品最為豐富的學術機構之一。

2015年，清華大學發起了「清影：當代中國真實影像收藏與研究計劃」，儘可能多地蒐集中國有影像以來的民間影像，主要包括歷史影像資料、圖片、民間紀錄片、人類學影片及資料、家庭錄影等，把所有當代有價值的真實影像包括進來，只要符合紀實標準，有收藏和研究價值，全部收錄，建立數據庫。

中國傳媒大學成立崔永元口述歷史研究中心，主要職能是口述歷史的收集、整理和研究等，把崔永元團隊收集到的口述歷史影像資料，建成數位化儲存檢索系統，面向傳媒大學師生及社會其他學術研究機構、個人免費開放。此外，中央民族大學、北京電影學院、雲南大學、浙江大學等高校均設立了級別與規模不同的影音資料庫或人類學影像研究機構，逐漸將影音文獻的採集、收藏與研究工作納入科學研究與教學體系的主流之中。

（3）民間影音文獻項目的價值與使命

近十年來，由民間團體、非政府組織或企業主持的影音文獻項目亦蔚為可觀。它們更多側重於某些特定的主題，以影音媒介進行歷史、社會或文化內容的記錄與收藏。

成立於2014年的廣東深圳越眾歷史影像館是較具規模的民間影音文獻機構之一。該館以「獨立、中立、自立」為基本原則，以中國歷史題材的影像資料為收藏及研究方向，深度挖掘「藏在海外的中國記憶」和「散落民間的深圳記憶」。

執行館長黃麗平認為：「以民間的角度辦館，可以更輕鬆地摒棄各種政治觀點和政治身份，以圖像本身記錄歷史。影像館本身不對史料加以任何主觀色彩，而研究的價值是對於研究者本身而言，我們只是儘量收集，有序整理，以填補歷史資料的缺失。」

另一具有廣泛影響力的民間影音文獻項目,是紀錄片導演吳文光自2010年發起的「民間記憶計劃」,該項目主要由中國各省市青年人自發執行,返鄉尋找承載特定年代歷史記憶的老人,透過影像記錄的方式,收集宏大歷史無以關照的個體生命史與地方性史料。至2014年3月,該計劃「總共有133人在村或回村採訪,被訪人來自20個省246個村子的1220個老人……簡言之,是一種以民間方式建立『民間記憶檔案』的嘗試」。

民間影音文獻的收藏與傳播,一方面是當代數位影像生產社會化的必然結果,並在一定程度上彌補或呼應了官方影音文獻的空白或盲區,另一方面,民間影音文獻項目缺乏足夠的資金支持與政策引導,更多依賴於項目投資方的意願、主導者的號召力與參與者的社會責任感,尚未形成可持續的文化發展模式。

三、視覺人類學理論與方法對影音文獻的影響

作為一種基於影音錄製與儲存、記錄社會事實與文化事象的文獻類型,影音文獻受到多種學科的交叉影響,但最具指導價值的學科理論與方法,仍非視覺人類學莫屬。究其原因,一方面是影音文獻所承載的內容大多與人類學關注的學科領域相重合,如傳統社會的宗教信仰、社會生活、生計模式與親屬制度等,甚至中國內外多個影音文獻項目均帶有強烈的人類學背景;另一方面,視覺人類學在近百年間發展而來的學科價值觀、理論範式與方法論,在影音文獻的實踐過程中,恰好得以普遍的應用。

(一) 從科學主義到人文主義的文化立場

視覺人類學在其學科定位上,經歷了從早期的科學實證主義到現當代人文主義的學術範式轉移。電影的「獨特性在於其本質上的客觀性……在原物體與它的再現物之間只有另一個實物發生作用,這真是破天荒第一次。

外部世界的影像第一次按照嚴格的決定論自動生成,不用人加以干預、參與創造」。因此能夠成為人類學者觀察和記錄社會行為與文化事象的「客觀」工具。在這一科學主義的學術視域中,由攝影機記錄下來的影像內容僅僅是適用於人類學研究的基本材料,本身不具有獨立的學術表述價值。

視覺人類學
上篇

如瑪格麗特·米德所言：「如果有了經過適當選擇、加注、保存的影音材料，我們就能一遍又一遍地複製它們，並能對同一資料進行不辭辛勞的分析。正如精密的儀器教我們對宇宙有了更多的認識一樣，更精密地記錄這些珍貴的資料也能充實我們不斷成熟的知識，並對我們瞭解人類自身有所啟迪。」

這一理論範式直接影響了二戰後歐美影音文獻的建構與管理模式，如德國哥廷根科學電影研究所制定了《拍攝民族學和民俗學紀錄片的法則》，對拍攝與剪輯方法進行了嚴格的規範，如不採取戲劇性的角度和攝影機運動方式進行拍攝，剪輯要有代表性等。其影音文獻資料庫「電影百科檔案」，亦按自然科學目錄編排，生物學題材是按門、屬、種來編，民族學題材則按地理位置、社會類別來編，例如：

南美洲

巴西

E75 圖庫裡那（巴西；普魯斯河上游）——藥師治病。1950 年（彩色片，2 分半鐘）H·舒爾茨，H.Schultz（聖保羅）。

20 世紀 70 年代之後，傳統的人類學理論範式遭逢挑戰，人類學界開始檢討民族志的寫作立場與敘事策略，進而反思人類學理論的科學價值和普遍意義。克利福德·格爾茨在其《文化的解釋》中稱：「對文化的分析不是一種尋求規律的實驗科學，而是一種探求意義的解釋科學」，他否認人類學的田野是社會科學的「自然實驗室」，呼籲以對文化的「深描」和闡釋，取代傳統意義上追求普遍真理的人類學實證主義範式。視覺人類學逐漸擺脫「科學工具論」的侷限，開始建立人文主義的學科立場，影音文獻也因此從「科學物證」轉向「文化表徵」，呈現出新的學術品質與文化價值。

科學主義視域中的影音文獻是一種「物化」的影像記錄，它將被拍攝對象客體化與景觀化，僅考慮拍攝者的「研究意圖」或「科學目標」，不關注被拍攝者的表達或意志。因此，基於這一理論範式採集的影音素材，大多具有相對規範的形式（如固定鏡頭、中景或全景畫面等）與嚴謹的內容，但缺乏人性的展現和內在的生命力，是一種與現實世界割裂的「影像標本」。當

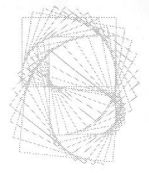

代視覺人類學倡導互為主體性的學術立場，不再強調研究者或拍攝者的權威地位，而是尊重被拍攝對象的文化「主權」，謀求建立一種合作的影像創作模式，甚至將「主位」表述置於「客位」闡釋的價值之上。

例如在《中國節日影像志體例》中，既強調「影片的內容應以文化尊重為出發點」，又提出「不建議使用解說、旁白等方式」的要求，主張由當地節日活動參與者自主表達其節日的源流、功能與意義，反對以外部闡釋取代當地人的內部觀點。

由此所採集的影音文獻不再強調形式上的嚴整與客觀，而是更注重文獻內容訊息來源的本真性，凸顯其文化主體性。也正因如此，影像口述史、旅行影像、家庭錄影等形態的影音文獻才獲得了學術合法性，由原住民／本民族成員自主完成的民族志影像作品也日益顯示出重要的文獻價值。

（二）從拯救「遺產」到見證「變遷」的記錄理念

人類學界將影像媒介引入學科疆域的初衷，即是記錄即將消亡的人類社會活動與文化事象，也就是對所謂文化遺產的「搶救性」記錄與保存。「在人類行為和文化進化過程中，這些正在消失的人類生活方式，以及其他一些反映人類獨特組織能力的文化的消失情況非常重要，所以這些文化具有特別重要的研究價值。過去幾十年裡，我們已經能夠利用影視手段真實地記錄人類行為並把它們作為科學和人文資源保存起來。藉助於科學發展的優勢和致力於保存正在消失的人類生活方式的努力，我們可以大大減少人類文化消失帶來的損失。」

20世紀50年代後，世界各國建立的多個影音文獻保存與研究機構均以此觀點為理論基石，如美國哈佛大學於1957年成立的電影研究中心，便致力於收藏、整理和研究民族志電影作者約翰·馬歇爾（John Marshall）在西南非洲卡拉哈里沙漠地區拍攝的大量朱·霍安西人（Jul'hoansi）原始遊獵生活方式的影像資料，而這種生活方式在20世紀60年代之後便逐漸消亡了。中國民族學與電影學界在20世紀50年代至70年代攝製的「中國少數民族社會歷史科學紀錄電影」，同樣著意於記錄少數民族的傳統社會生活，甚至

在大量舊有習俗已經消亡的情況下，不惜以「復原搬演」的方式，用影像重建這些逝去的文化場景。

基於「拯救人類學」（Salvage Anthropology）的影音攝製與收藏，固然是非常重要的文獻保存理念，但也存在一定的弊端，特別是將被拍攝對象視為與外部世界隔離、停滯且即將消亡的群體與文化，忽視了這些文化持有者自身的社會調適能力，甚至漠視他們謀求生存與發展的願望和努力，使其僅僅以一種「他者」景觀存在於博物館式的文化幻境裡。

當代視覺人類學反思這一傳統的「蠟像館」式的影音文獻生產模式，強調要在真實的社會環境與歷史背景下進行具有時代質感的影音文獻記錄，放棄「再現」「搬演」等文化景觀矯飾行為，如實記錄與呈現特定時代中被拍攝對象的社會行為特徵與文化變遷歷程，不再為建構某種歷史敘事而刻意營造與現實生活脫節的影像情境。

例如上述美國民族志電影作者約翰·馬歇爾在攝製完成20世紀50年代朱·霍安西人傳統遊獵生活之後，又在其後的半個世紀中，跟蹤拍攝這一族群所經歷的從傳統遊獵部落到現代農作社群這一劇烈變革的社會進程，最終形成了一整套（含有767小時電影資料，23部已出版影片，29部未出版影片，一部系列片，309小時錄音資料等，如今已收藏於美國史密森國家自然歷史博物館，並入選《世界記憶名錄》）朱·霍安西人1950～2000年影音文獻資料庫。

這也昭示出：與注重靜態場景和典型特徵的傳統影音文獻觀念相比，當代影音文獻理論更強調記錄動態的社會關係與具體情境中的文化現象，尤其重視特定族群歷時性影像文獻所顯示出來的嬗變過程，這無疑也受到了視覺人類學理論範式的深刻影響。

（三）從文字文獻附屬品到獨立文獻的價值變化

作為一種基於視聽感知的文獻類型，影音文獻在相當長的時期內並未受到主流文獻機構與學術研究機構的重視，這與影音材料長期被視為文字文獻附屬品的價值判斷相關，也和視覺人類學在人類學體系中居於邊緣地位的學

術境遇頗為類似。由於文字自從人類社會誕生以來，經過數千年之磨合淬煉，已經發展為一套成熟、複雜、精確的知識傳承系統，構建了表述人類文明成果的文獻體系。

誕生至今僅百餘年的影音媒介，迄今仍在經歷不斷的技術進化，視聽語法也遠未固化，近年來陸續出現的 3D 影像、虛擬實境（VR）與擴增實境（AR）等影像技術，還在不斷探索人類運用影像媒介傳遞文化訊息的潛在能力。也正因如此，對影音文獻的學術評價仍處在遠未確定其價值的初期階段。

根據視覺人類學在影像民族志與文字民族志之間的對比研究，我們亦可分析影音文獻與文字文獻之間的差異性，並由此判斷其是否具有獨立的文化傳承價值。

首先，文字作為訊息載體具有抽象性，對文字文獻的閱讀理解需要經歷編碼──解碼──再編碼的過程，否則便難以獲得真實的訊息。如當代人對於古代蘇美爾人的楔形文字、瑪雅人的象形文字未能完全破譯，便無法獲得基於上述文字的文獻訊息。影像則相反，是一種所見即得的具象訊息載體，影音訊息能夠形象地傳遞給接收者，如其親身見聞。

這種抽象與具象之間的差異，決定了影音文獻具有更為直接的視聽感受，對事件與人物可獲得更接近歷史原貌的認知。由於視聽訊息的具象性，它甚至可以突破語言文字造成的族群邊界，作為一種世界性的交流媒介，在不同文化背景與社會階層之間搭建交流和理解的橋梁。

其次，文字文獻訴諸人的理性思維，透過對文字的解讀、分析和判斷，可對一段文獻材料的真實性、邏輯性得出合理的結論。而影音文獻透過視、聽知覺的感官能力直接作用於大腦，以感受、直覺、移情、意會等方式進行知識的傳播與觀念的輸送。

它能夠喚起受眾本身所擁有的文化經驗，在異文化與內在經驗之間建立比較、產生共鳴。這種文獻傳播的路徑除了提供訊息之外，還能夠激發觀看者的情感或情緒變化，使之獲得更為豐富的身心體驗，加深對文獻內容的印

象。當代「虛擬實境」影像技術在影音文獻採錄工作中的應用，將會進一步強化其「體驗式」認知的能力。

最後，文字文獻是一種較為穩定、閉合的表述系統，它所記載的訊息具有較強的確定性，含混不清的文字內容通常被認為是失敗之作。影音文獻則更為開放，因為構建影像文本的視聽素材（鏡頭）含有豐富的訊息量——同一時空中多種元素的並置，有可能被具有不同文化背景的受眾強調其中的某些訊息，而忽略另外一些訊息的意義。

「開放性」之於影音文獻並不意味著訊息混亂，而是對社會文化複雜性的一種體認。影音文獻否認唯一性、權威性的闡釋模式，而是更強調由解讀者依據影像文本提供的訊息，進行富於個性的多義解讀。

基於以上分析，我們得以判斷影音文獻在性質與功能上均不同於文字文獻，特別是在存續歷史情境、呈現文明樣貌、傳承口頭文化等方面，具有無可替代的文獻價值。

四、結語

作為一種非文字媒介的文獻類型，影音文獻用視聽語言記載了人類自19世紀末至今一百餘年的文明起落與社會變遷，它的出現，使得我們得以「親眼」目睹諸多時代巨變，無須靠閱讀文字在腦海中建構一幅虛幻的圖景。從最初對邊緣族群文化遺產的搶救性記錄，到如今無遠弗屆地呈現人類社會的真實面貌，影音文獻的生命力正來自於對大千世界的不斷發現與對人類文明的自我反思。

視覺人類學以影像民族志為研究工具與學術文本，在其田野實踐與理論建構的過程中，也為影音文獻的歷史源流、文化本位、學術價值以及記錄方法，提供了有力的學術支撐。在影像文化日益深刻地影響社會觀念的當代（遑論一出生便沉浸於影像產品中的「00後」新世代），影音文獻將發揮越來越深遠的作用，它更多地承擔起文化傳承與思想傳遞的莊嚴使命，成為記錄文化遺產、見證當下社會與存續知識火種的文明檔案。

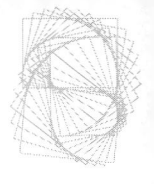

（朱靖江，中央民族大學民族學與社會學學院副教授，博士。主要從事視覺人類學、影像民族志研究工作。）

視覺人類學
下篇

下篇

▌花腰傣三部曲與影視人類學的時間厚度

吳喬

　　摘要：本文介紹了 10 年時間跨度內拍攝的有關雲南花腰傣族群的 3 部系列影片，將人類學紀錄片的敘述類型分為從「事件」到「故事」到「場景」3 個層級，分析了影視作為一種表達手段與傳統文本載體相比較的優劣，提出時間的厚重感是影視手段的另一顯著優勢。

　　關鍵詞：人類學紀錄片；影視；文本；敘事結構

　　3 月 28 日，農曆十五，月圓之夜。暮春的元江谷地溫暖清新，薄霧飄拂，蟲吟鳥唱。月色如流銀瀉落，給巍峨哀牢山的茂密森林鋪上了一層淡淡的輕紗。在波光粼粼的江畔，一道土磚寨牆圈護著一個小寨子。土掌房平平的屋頂鄰里相接，如同棋盤上的方格。夜幕降臨已久，晚飯的炊煙消散，窗戶裡透出橘黃色的燈光。這個幾十戶人家的小小村寨，似乎又該在一天的勞作之後沉沉睡去。

　　但是，今夜無人入眠。今夜有多年一次的盛事。今夜是南秀寨「跳月亮姑娘」的日子。

　　寨門邊的一塊空地上，月光皎潔。9 點多鐘，穿著民族服裝的花腰傣婦女，三三兩兩地來到這裡。她們頭戴艷麗的竹編斗笠，身穿綴滿銀飾的短褂，繫著著名的花腰帶，腰後掛著粉紅流蘇裝點的秧籮。全寨子的婦女聚集在此，遠望去，一片眼花繚亂的色彩。

　　歌舞開始了。所有的婦女圍成一圈，一個婦女手持一根長竹竿，頂端繫著一條飄帶。她在月光下揮動竹竿，隨著帶子的飄拂，女人們有節奏地喊道：「月亮姑娘啊，快下來吧，下來吧！」她們手拉著手，肩並著肩，身體也隨著呼喊的節奏左搖右擺。

視覺人類學
下篇

　　兩個婦女將一個裝著碎瓷片的竹籠套上女裝，戴好頭飾和大紅花，打扮成一個女人模樣。一條花腰帶繫在假人腰上，兩個女子分別拽著腰帶的一端。婦女們喊聲漸高，這個假人突然跳動起來。兩個女子拽著帶子不放，假人一上一下地跳著，雙袖如人手般前甩後擺，一仰一合。假人裡面的碎瓷片發出清脆的聲音，就像打著節拍。它是降靈的先行官。月亮旁、星星畔的精靈下來了。

　　很快，隊列裡一聲嗚咽，有個婦女跳著舞步走了出來。靈已經進入她的身體。她唱起歌，撐開一把紅紙傘。靈在她的耳邊低語，告訴她歌詞和曲調。她搖搖晃晃，手舞足蹈。她用傘檐一個個地去碰別的婦女，讓她們也感受到魔力。

　　一會兒，這些女子也感靈上身，加入了舞蹈和歌唱的行列。一溜紅紙傘下，被靈驅使的女子們挽著手，摟著抱著，跳舞唱歌。「月亮姑娘」附身的女子越來越多，舞蹈的氣氛越來越熱烈，歌聲也越來越響亮。那些仍然保持自我意識的婦女則站在外圍，為舞者喝彩助興。歡聲愈起，興致高昂。

　　一段時間後，輕舞發展成了狂舞。已經分不清節奏，聽不見歌詞。著魔的婦女們猛烈地踢著腿，甩著手，前仰後合，大喊大叫，揮舞著紙傘打來打去。一片煙塵之中，有人被撞倒在地，有人碰破了手指額頭，流出鮮血。

　　斗笠掉了，盤頭散了，紙傘成了飛舞的碎片，布傘也只剩下了傘骨。平日裡輕聲細語、溫柔安靜的花腰傣女子完全變了樣，都如發瘋一般。她們披頭散髮、衣裳零亂。尖厲的叫聲、哭聲、鬧聲混成一片。旁觀的婦女們看得津津有味，不時發出興奮的大笑。那些狂舞者的女伴們則趕上場去，一邊一個扶持著神志不清的朋友，為她們披好衣裳，挽好頭髮。

　　激烈的狂舞持續了一個多小時，精靈們慢慢安靜下來。被附身的婦女們也都坐到了舞場中間的桌子旁。精靈中的戀人降臨了。被附身的婦女們分成一對一對，開始了對歌。被男靈附身的婦女用小夥子的語氣說唱，向她的情妹挑逗調情。而被女靈附身的女子則溫柔地作答。她們互訴衷腸，一問一答，表達思念與愛慕。

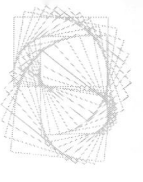

歌聲婉轉而悠揚。隨著月之精靈在耳邊的低語，情歌的內容也變得越來越有戲劇性。姑娘開始出謎語給情郎猜。精靈戀人借她之口說出一串串排比押韻的謎面，都是機變百出的字句。情郎猜著了，才得一親芳澤。情妹總是羞澀婉轉，半推半就。而身為「情郎」的女子，用小夥子的語氣和身份說話，甚至也表現出男人的急迫和主動。圍觀的婦女們靜聽精靈戀人的機智對答，不時對其中的精彩部分報以微笑。年老的婦人也陷入沉思，目光深邃而溫柔，彷彿想起了自己的青春與愛情。

這樣的歌詠持續到深夜，才由管寨子的雅媄主持，將月之姑娘送歸天上。被附身的女子一個個如夢初醒。她們對剛才自己所做的一切茫然無知。女伴們告訴她們，她們聽了也不禁啞然失笑。月上中天，已經是子夜時分。盡興的婦女們漸漸散去，第一天的「跳月亮姑娘」結束了……

如此狂熱的、集體性的執迷（trance），在素以優雅嫻靜著稱的花腰傣女性中發生，多麼令人驚異。寨子裡幾乎所有的成年女性，不管是年輕害羞的小媳婦，辛勞樸實的中年婦女，還是平日莊重優雅的老婦人，全都以如火的熱情投身到這個活動中。

從那些高昂的尖叫、閃亮的眼睛和激烈的肢體動作中；從那些事前的期待和事後的津津樂道中，任何旁觀者都體會得到，這是她們全情投入的人生的興奮點，這是她們日復一日單調的農村生活中的高光（highlight）。花腰傣對它的熱愛，不亞於西太平洋的航海者之於「庫拉」，努爾人之於牛，峇里人之於鬥雞，納人之於性愛。

而對於一個影視人類學者來說更為可貴的是：這個活動富於視覺感染力，是紀錄片的好題材。2006 至 2007 年，筆者在傣寨進行了一年的田野調研，期間參加和拍攝了當年這次月亮姑娘儀式，其後製作了 45 分鐘版的人類學紀錄片《月亮姑娘》。但當時筆者沒有想到的是，這將是後續多年的研究和數部影片的開始。

2007 年 10 月，筆者結束了在傣寨持續 12 個月的博士論文田野工作，離開了花腰傣地區。此後幾乎每年，筆者都又回到傣寨進行補充調查，時間短則 1 月，長則 3 月。這樣的研究迄今已持續了 10 年，田野時長累積約有 23

個月。期間，以大致每5年為一個間隔，共攝製了3部影片。在2006年的《月亮姑娘》之後，是2012年的《難產的社頭》，然後是2016年的《滅靈》。

以人類學紀錄片的敘事類型來看，《月亮姑娘》是一個典型的「事件（event）」。這項全寨的集體降靈儀式大致來說是週期性發生的。每次活動也有大致固定的步驟，使用固定的道具。甚至在被靈附體之後的情歌對唱「猜果子」中，吟唱者也使用格式大致固定的唱段。雖然每次被靈附體的人都不同，每次附體之後反應的激烈程度也不一樣，每個人在吟唱中也會在格式框架內做些即興發揮，但這個儀式的規程是固定的，它的文化內涵是固定的。

因此，反映這個儀式的紀錄片，其影片結構也最為簡單。導演的考慮集中在3點：

其一是事件本身的完整性。儀式之前的準備工作和人們的期待、儀式中的各個步驟、儀式後的酒宴和隔天人們的議論，3個部分都拍攝完整，在完整性方面就算及格了。

其二是解釋的清晰度。為了透過原住民之口來表達這個事件的文化含義，筆者在儀式前、儀式後及儀式現場做了許多採訪，將儀式目標、各步驟的含義、所使用道具的象徵意義等，都做了簡單而清晰的解釋。

其三是個體情感與生命歷程。作為集體典禮的儀式表達完整後，透過拍攝主要人物日常（非儀式）狀態下的生產與生活，以及對其人生經歷的口述史呈現，為宏觀的集體活動加入了個體化的視角。

挑選那些在「月亮姑娘」上擔任「主角」的人，例如主持儀式的「管寨女巫」「社頭妻」以及附體後表現最搶眼的幾位女性，讓她們現身說法，講述這個儀式給她們的身心帶來的感受和影響，以及降靈的「初體驗」對她們人生道路的影響（例如「月亮姑娘」上降靈的經歷可能成為她們今後3年修行和當上女巫的開端）。做好這3點，這部反映這一事件（event）的紀錄片就算合格了。如果事件本身吸引人，口述（採訪）部分也講得出彩，這部影片就能成為一部不錯的紀錄片。

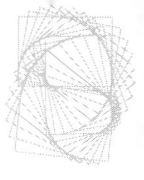

但拍攝於 2012 年的第二部影片《難產的社頭》則大不相同。這部影片的產生，依賴於許多機緣巧合的偶然因素。捕捉到它，對一個影視人類學者來說，算得上足夠幸運。

「雲一樣潔白的，你才挑啊；泉水般清純的，你才選！」2012 年夏末的一個月圓之夜，元江河谷的花腰傣寨子大檳榔園內，73 歲的「管寨雅嫫」白月遼降神附體，開始唸誦經文。「哪個是好的，你就進他的身；哪個最乾淨，你就牽他的衣。」在手搖摺扇的漫長吟哦中，她通知寨子的主管之神為第二天將要舉行的「稱衣服選社頭儀式」做好準備。

每個傣寨都設有一個或幾個「社頭」，由夫妻雙全、有兒有女的男性擔任。社頭及其妻子負責主持每年固定的集體典禮「攆寨子」和「祭社」。前者是全寨性的祛除（exorcism）和淨化（purifying）儀式，後者是針對寨子的主管神靈「布召社」的祭祀活動。除社頭以外，每個傣寨還設立了一位「管寨女巫」。

她負責在集體儀式上唸誦經文，透過降靈附體的方式與寨子的主管神靈「布召社」溝通。這樣，社頭夫妻主持祭奠、管寨女巫溝通人神，共同構成了傣寨的傳統信仰組織（church）。這一千百年的古老傳承，即使在「文革」中也並未中斷，而僅僅是轉為地下，足見其在花腰傣民間的生命力。

社頭的新老更替用的是極具特色的「神選」方式：全寨候選男性拿一件自己的衣服和一碗米，放在竹籮中，擺到「寨心」。負責儀式的老人在供桌前搭個架子，焚香獻祭後，綁定一桿秤。然後將候選人的衣服放入秤盤稱，並用往衣兜裡添米或減米的方式使所有衣服的重量刻度持平。主持人撒米祭祀，請「布召社」選擇自己中意的人之後，再把衣服稱一遍。這時有的衣服會變重，就被挑出來單獨放在一旁。

最後再將變重的這些衣服稱第三遍。其中最重的一件衣服的主人即當選新任社頭。這樣，所有候選人拿出的那碗米都倒入一個袋子裡，與象徵社頭身份的「背籮」一起送到當選者家中。他的當選得到了集體的認可，從此開始操持社頭之職。至於為什麼特定人選的衣服會變重，花腰傣人認為是寨子的主管神靈「布召社」看上了衣服的主人，去扯衣服的結果。

視覺人類學
下篇

在過去，擔任社頭是榮耀甚至神聖（作為被神選中的代理人）的事情，社頭在寨子裡受到大家的普遍尊重。人們是如此喜好這一職位，以致通常社頭的退位方式只有一種：至死方休（這也是「稱衣服選社頭」儀式多年難逢的原因）。人們是如此渴慕這一職位，據說有的人為了當上社頭甚至不惜舞弊——在自己的衣兜裡偷偷放上銀子以讓它變重。而神靈難欺，花腰傣人認為即使這樣，未得「布召社」青眼的人也不能如願。

但今年的這次「稱衣服選社頭」卻發生了亙古未有的新情況——一切按既定步驟進行之後，確有衣服變重，秤桿高高翹起，也確實選出了最重的一件。但連續兩次，連續兩家因衣服變重而被選中的人，都堅決拒絕擔任社頭。

第一個拒絕的老婦給出了還算符合花腰傣文化邏輯、擺得上台面的理由：她家老輩人是被槍斃的，按照傣族的觀念屬於「凶死」，會成為「惡靈」。而一個人若擔任社頭，其家中去世的長輩之靈就會（在冥界）去侍奉寨子主管之靈「布召社」。當然「惡靈」是不能侍奉布召社的。她說：「我家以前也參加過選社頭儀式，但從沒被布召社選中過啊。不知道這次為什麼會選中我？」「誰都知道我家上輩是槍打死的，今天布召社眼睛瞎了嗎？」別無他法，村民們只好另挑吉日，再稱一次。

兩天後的第二次稱衣服，又有一件變得最重的衣服被選了出來。令人沒想到的是，第二個被選中的老人反應比第一位中選者還要激烈。她當場拒絕了社頭之職，而她提出的兩條理由，在事後的採訪中都被證明是站不住腳的託詞。當村長、副村長及寨中眾人將米袋子抬到其家門口，企圖迫使其就範時，男女主人守在門口大喊大叫，推推揉揉，群情洶洶，場面幾乎失控。花腰傣人素以性情溫和著稱，公開的衝突非常罕見。這樣的情形，讓所有人驚異。懾於當事人近乎歇斯底里的堅決，人們只好作罷。

從沒出現過的問題擺在了大檳榔園村民的面前，寨子裡人人驚異張皇。管寨女巫說，眾神都還待在稱衣服的寨心小廣場上，等待著代理人的產生呢。這事該如何了局？

在後續幾天裡，大檳榔園暗流湧動。人們私下串聯、議論紛紛，都在談論一個問題：為什麼現在的人不願做社頭？各派力量藉機博弈，都在為己方

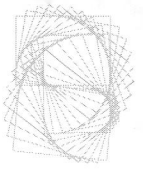

造勢，爭取更多的支持。言談之中，共有四種解決方案先後被提了出來。圍繞這四種方案的，是老傳統和新觀念、宗教組織和基層政權、社群與個人之間錯綜複雜的張力。

村中無秘密。透過眾人之口，許多隱藏在背後的導因逐漸顯露。這裡面既有話語權的爭奪，又有經濟利益的考量，還有財權和人際親疏的微妙關係。而在這之上的，是近年來迅猛的現代化和經濟市場化大趨勢給傳統村寨帶來的劇烈變遷。世事日新，老的社群組織和傳統信仰已經處於變革的臨界點上。舊的平衡已被打破，新的平衡尚未建立。神意難料，社頭的難產只是一個爆發點。看似偶然，實則積重難返，已經不可避免。大檳榔園在群情洶洶中，醞釀著下一個全村大會的召開，以及花腰傣人的古希臘式民主——「聲浪表決」……

作為人類學紀錄片更加「高階」的一種類型，《難產的社頭》不是一個事件（event），而是一個故事（drama）。類似於維克多·特納提出的「社會戲劇」。它有著完整的發生、發展、高潮、結局，乃至餘波（epilogue）的結構，有著邏輯上連貫而緊密的情節。它包含了衝突和張力，矛盾的彰顯，以及矛盾的解決。

另一方面，這也不是有著固定程式，從而大致可以預測的儀式；而是一個對花腰傣人和人類學者來說都出乎預料的突發情況。因此，《難產的社頭》在影視表現力和可觀賞性大為增強的同時，其編排難度也相應增加。雖然這個故事大致上仍然可按時間順序來布局，但不再能以真實時間作為唯一線條。「解釋性結構」的插入、當事人回憶的閃回、餘波的再現，都需要「順勢插入」和與整體結構的「有機結合」。

另外，作為兼顧學界同行和普通觀眾的一部折中和妥協的影片，它也採用了故事片乃至文學作品中慣用的環環相扣法。先提出懸念，然後解答懸念；在解答過程中又出現新的懸疑，然後再解答之。如此持續，力圖讓觀眾在這部長達 80 分鐘的紀錄片中保持看下去的興趣。為此，筆者在設計電影腳本的時候頗費心思。

視覺人類學
下篇

　　時光荏苒，又一個5年過去了。2015年11月到2016年2月，筆者再次回到傣寨。這次歸來，有新的故事在發生。

　　2016年1月17日，戛灑壩子最大的傣寨——水牛寨農閒時期平靜的下午被一陣噼噼啪啪的鞭炮聲打破了。聽到聲音，村民們三三兩兩地聚集到白文正家裡。白文正的老母親輾轉床簀有些日子了。今天的鞭炮，意味著老婦離開了人世，也意味著花腰傣人盛大而漫長的喪事將要趕在農曆新年以前在寨子裡舉行。

　　但是老太太的離世有些不是時候。這一年來，水牛寨以平均每個月死亡一人的速度，已經連死了9人。白家老太太正好湊了這個整。雖然水牛寨人口眾多，生老病死並不稀罕，但一連10人離世仍然極不尋常。村民們都在議論，這10個人也不都是「凶死」，像白家老太太就屬於「善終」。但確有不少「凶死」的情況。

　　人口相傳，有從床鋪上摔下來就出血不止而死的，有死於車禍的，還有正吃著飯好端端突然就嚥了氣的。這樣的情況水牛寨已經多年沒發生過了，在老人們的記憶中，上一次還是26年前。大家都說，寨子被厄運纏上了。如果不想辦法，不知道還有什麼災禍會發生。在第八個人死後不久，婦女主任和社頭就去找村長，要他拿出公款來，舉辦一次「清寨子」儀式。經過第一次全村大會，大家同意讓4個村民小組各自派出代表，去不同的寨子找有名望的「師傅」問卦。很快問卦得出了一致的結論：「清寨子」勢在必行。

　　綜合考慮所有候選人之後，一個其他寨子的「師傅」被請來主持這次活動。他帶領著村長和小組長們，挨家挨戶點香焚蠟，唸唸有詞，用枝條掃房間，用鐵鏈抽打，撒米撒穀，一番折騰。其間生人迴避，村寨一空。水牛寨多達百餘戶人家，從早到晚，這個活動一整天才完成。清除完成後，師傅又說，有死得不好的惡靈在侵犯寨子。他說原因之一是某個「凶死」的老奶奶，違反了凶死者的屍體不能抬進寨子，不能在寨裡舉辦喪事的規矩。

　　而老奶奶之死已經是半個多世紀以前的事，墓木早拱。但聽了「師傅」的話，老奶奶的後人又湊了1200塊錢，請「師傅」去墳場將她的墳墓挖開

來破解。搗鼓了兩天才算完事。「師傅」臨走時又閃爍其詞地說，即使這樣也恐怕尚未清理乾淨，水牛寨可能還會有人死去。

沒過半月，水牛寨果然又有一個在外面工作的 50 歲的男子跳樓自殺了。又過了十幾天，白家老奶奶的死亡，更為「師傅」的不幸言中加入了新註腳。

清寨子的事情告一段落後，水牛寨現任的兩位社頭都找村長提出了辭呈。按照花腰傣的文化習俗，他們有擺得上台面的「引咎辭職」理由：寨子遭遇重大災禍，主管村寨之靈的社頭和管寨女巫其責難逃。一定是他們的管理不合神靈的心意，才導致全寨受難。在過去社頭職位為人景仰的年代，這樣的「引咎辭職」也是除死亡退位之外唯一可能的社頭和管寨女巫的退位方式。

當然，在過去，這樣的退位會給當事人的聲譽帶來巨大損害，給其人乃至其家造成難以磨滅的創傷。但是，水牛寨今天的這次辭職卻遠非遵循慣例這麼簡單。實際上，社頭們早就不想幹了。從集體化到包產到戶再到近年的「土地流轉」，「社頭田」逐步消失、全村湊米的社頭報償制度日漸式微、村委會對社頭現金酬勞逐年拖欠，使得近年來的歷任社頭早已怨聲載道。

10 多年間，這個戛灑壩子人口最多的傣寨，其社頭從最初的 8 人降到 6 人，再降到後來的 4 人，到現在只剩兩人。他們也早已提出諸多說辭希望退位，這次的連續死亡和清寨子事件，給了他們最後的砝碼。

於是，水牛寨召集了第二次全村大會。村長在會上宣布，第二天將在村頭的「社樹」下重新稱衣服選社頭。既然水牛寨有 4 個村民小組，就按組選出 4 個社頭來。第二天上午，管寨女巫來到樹下唸誦經文，為布召社點名歷數每一位候選人的情況。

全寨人都拿著自家的衣服和米來候選，「社樹」下喧聲一片。4 個小組長各自操作台秤和桿秤，在一天的時間裡，伴隨著女巫的誦經聲，秤桿的起起落落，稱出了幾位衣服變重者。但是，所有的中選者都當場表示拒絕，並揚長而去。日已偏西，眾人悻悻散去，「社樹」下又恢復了寧靜。

過了一些天，水牛寨召開了第三次全村大會，村長在會前就做了工作，要求每個小組的組長勸說本小組的當選者接受社頭的職位。但是這個數百人

視覺人類學
下篇

參加的嘈雜紛爭的大會卻開出了意想不到的結果：社頭並未被勸服，反倒是管寨女巫也在大會上宣布退出職位。水牛寨的局面越來越複雜了。

好多天裡，圍繞管寨女巫的職位之爭，闔寨男女議論不休。據說這位女巫的前任就死因蹊蹺，可能是遭到了覬覦者的黑暗巫術攻擊。據說她的當選沒有透過傳統的「稱衣服」或者「放米碗」的神選儀式，而是「搶來的」。她在位期間，她的兒子擔任過村民小組的組長。據說在母子二人、人神兩道的暗箱操作下，把原本「社樹」所在的一塊地賣給了迅速擴大地盤的城鎮建築商。而將「社樹」移栽到了另一個地方。很多人認為這事大大開罪了社靈「布召社」。

據說她那兒子後來不但落選了小組長，還跟另一個女人發生婚外情，拋棄妻子離家出走。而老女巫本人70高齡了，卻又開始經血不止。有人說這都是神意震怒的惡報。而寨子裡現有兩個呼聲高漲的年輕女巫，隱然有以新代老之勢。兩人似乎都有一些老一輩女巫所不具備的新「技能」。其中一人正是首部《月亮姑娘》中降靈附體的積極分子；而另一人正在準備著自己的高階修行儀式──「跳冷勐」。這是普通女巫成為管寨女巫的必備條件。老女巫似乎感到了來自後輩的壓力，主動提出退位，未嘗不是她的以退為進之策。

但是在全村大會上，老女巫夫婦提出的退位之說立刻被村長坐實了。會後，村長當即發動4個小組的村民各自湊錢湊米，迅速將一大把零鈔和幾口袋穀米都送到老女巫家中，作為給老女巫的「退休金」。不少人都知道，村長和老女巫也頗有齟齬。村長夫妻多次在背後跟人說這個女巫太貪婪，集體祭祀時要錢要肉太多。還說現在全寨無人願意做社頭，很重要的一個原因是大家都不願和這個貪心的老太婆合作。

本來女巫退位，並沒有全寨為其湊集「退休金」的習俗。但這個老女巫說，現在社頭和女巫都無人接任，水牛寨從此「滅社」了。因此作為最後一任管寨女巫，她身上承擔著招致社靈震怒的風險。故而要錢要米，也算是對這種風險的一點補償。錢米到位，退位之事已無可挽回，老女巫的鬱悶可想而知。

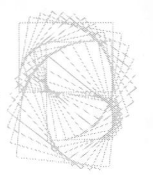

但是前文提到的白家老奶奶就在這個節骨眼上死了。按照習俗,每當寨子裡有人死亡,都要由管寨女巫負責唸誦經文,向寨子的主管神靈「布召社」彙報人口的變動,並將死者之靈送到寨子的集體墳場,讓墳場的故舊死者接納這個新成員。

因此,白家人找到老女巫極力勸說,請她不要放棄「管社」,至少要等到白家的喪事辦完之後再退出。不然,死者之靈送不走,活人恐怕還會遭殃。自然,有求於人的白家人再三澄清,自己與勸退管寨女巫之事無關,並對她的退位表示了惋惜。

花腰傣人的喪事習俗,如果死者是「善終」,將會是一個漫長而複雜的儀式過程。幾天之後,白家的喪事如期地舉行。宰牲無數,大宴賓客,頗為風光。但在第三天的葬禮重頭戲「蓋夥」儀式上,白家人並沒有邀請職位懸而未決的管寨女巫來主持,而是邀請了本寨另一位優雅沉穩的女巫。

在一整天的降靈附身唸誦中,這位受託者經歷了各種歡笑與哭泣(這都是死者之靈、家祖之靈、社靈、巫靈等各個「主體」在女巫身上的表現),出色地完成了自己的表演。但是請誰不請誰的決定卻有些微妙。實際上,受請的這位女巫與管寨老女巫之間還有些恩怨。在 20 世紀 50 年代初那個兵荒馬亂的年代,受請女巫的母親,就是死在管寨女巫家的一位先祖手裡。

而母親被殺的這一事實,導致這位女性在她的一生當中永遠失去了擔任管寨女巫的資格。如前所述,「凶死」必導致「惡靈」,而「惡靈」的子女是不能「管寨子」的。在她們似乎平靜的講述中,這些遙遠而血腥的過去仍然埋藏在各自心底。

白家喪事之後,管寨老女巫在自家的巫靈神龕前唸誦了一整夜。她要告訴布召社,對他的祭祀將從此斷絕。她也要告訴自己的巫靈,不再管理寨子的安危。在黎明前的靜謐中,老女巫數次大放悲聲,淚眼婆娑。按照花腰傣的解釋,這並不是她自己在哭泣,而是附在她身上的社靈在痛哭。

寨子裡又開始了新一輪的熱議。從村長、村民小組長到堅持要求退出的兩位社頭,以及管寨女巫,還有堅決不肯接任的其他當選者,沒有一個人願

意從自己的嘴裡說出「滅社」二字。但是，大家也都心知肚明，今天的水牛寨，滅社的結局恐怕已難以避免。

同在戛灑壩子的其他幾十個傣寨中，最近已經出現了多起歷史上從未發生過的事情。例如，過去社頭一向是透過「稱衣服」神選產生的，而現在有一個傣寨因為人人都不願做社頭，已經採取了各家輪流擔任，每家幹一年的方式，放棄了「稱衣服」儀式；又如，以前從來沒有擔任村長或支書的人兼任社頭的情況，現在已經有一個寨子規定：誰當村長，就必須同時擔任社頭。

村長換屆，社頭也跟著換人；再如，過去社頭的報酬來自「社頭田」和闔村湊集的穀物，而現在社頭田日益被侵奪，且谷價日賤，社頭的收入大幅縮水。已經有一個傣寨規定：誰擔任社頭，就把全村的那個「低保」名額給誰。用每年3000多塊的「低保」津貼來補充社頭的虧空。花腰傣的「社」，已經亂象紛呈，傳統村寨信仰體系的消解日見端倪。水牛寨的事情，不過是洪流中的一滴。

世事日新，歷史上從未有過的「滅社」之事，即使在「文革」中也從未斷絕過的花腰傣人的「社」，即將在今天的水牛寨呈現其謝幕演出……

《滅靈》是花腰傣三部曲的第三部。與第一部的「事件（event）」，第二部的「故事（drama）」不同，第三部影片的結構類型乃是「場景（panorama）」。

這個場景中有多條「故事線（story-line）」。例如，第一故事線是因連續死亡事件導致的集體恐慌，以及隨之而來的袪除儀式──「清寨子」。第二故事線是「社頭」組織的日漸萎縮，「原子化（atomized）」的現代經濟生活對集體社群活動的消解，以及基層政權組織村委會的權力侵奪。

第三條是管寨女巫的遴選、明爭暗鬥和任職經歷，作為人靈兩界溝通者的女巫的社會角色，以及花腰傣女性從常人轉變為神職人的儀式過程與心路歷程。在這些主線之外，還穿插了葬禮、婚禮、城鎮的擴張、土地流轉、年輕人離開土地的打工生活、村委會的選舉等片段。在文化的解釋方面也各有側重。

第一故事線著重解釋的是花腰傣文化中「善終」與「凶死」的對立、身後世界和生命循環的觀念，以及「好」與「惡」的形成。第二故事線解釋的是花腰傣文化中具有顯著凝聚力甚至排他性的「社群」如何透過集體儀式來自我強化，以及這種傳統社群在現代化、商品化的今天如何不可避免地面臨「個體化（individualizing）」的消解。第三故事線解釋的是薩滿現象、薩滿病、一個社會中特異者的產生機制，以及文化對特異者的定位。

但是，這麼多的故事線和這麼多對文化元素的解釋，都包含在時長僅為1小時左右的影片中。並且要讓異文化的觀眾看懂，讓非人類學者的普通人理解，還要兼顧影片的可觀賞性，這事實上是做不到的。而且，也不應該去追求這個目標。因為這不是影片這種載體的天職。

《滅靈》所追求的，是所謂「整體場景」的呈現。是讓觀眾穿過紛繁複雜、各自獨立又互相聯繫的一大堆線索和片段，不必去記憶各種文化的解釋，不必去釐清每條故事線，甚至不必理會懸念和解答，而只是感受社會劇烈而深刻的變化中的一種人的精神狀態，一種生活方式（life style），一種「社會場景（social-cultural field）」。

為什麼給影片設定這樣的目標？這就涉及影視人類學方法中反覆討論過的那個問題：文本和影像兩種載體各自有何優勢和劣勢？同行的一般共識是：影像相對於文本的弱項，是對抽象概念的表達，以及對人物內心思想的表達；影像相對於文本的強項有二，即對動態人類活動的呈現以及直觀的情感傳遞。而以花腰傣三部曲為例子，我們看到，影像載體還有第三強項，那就是時間的厚重感。世事萬千，表象紛呈，而人生最主要的歷程卻大致相同。

任何將生命時間跨度濃縮到一部觀影長度中的作品，都會給觀眾帶來強烈的、直觀的震撼。電影能讓我們在1個多小時的時間裡，目睹人事滄桑、花開花落；目睹時光在山河和面龐上的刻痕。現實中平淡如水的日常生活，經過劇烈的濃縮，成為感人的濃烈和厚重。這在虛構作品中人人耳熟能詳，例如最近反響很好的《星際穿越》；在真實電影中，也不乏精彩範例，例如《56 up》。相比之下，文本雖然也能表達大時間跨度的關照，但其衝擊力與影片差距很遠。

視覺人類學
下篇

　　影視相對於文本在時間感上的表現優勢，來自於影視表達手段固有的直觀感染力，以及「全息化」特徵。文本表達是抽象化和扁平化的，當其傳遞一個訊息時，就不能兼顧其他。而影視表達則近似「全息」，面對受眾時可以傳遞更多內容。

　　例如，描繪管寨女巫在祭奠上降靈附體和唸誦經文的這個片段，如用文本記述，在數千字的篇幅中，作者可能著重翻譯女巫唸誦詞的內容，也可能描述現場的各種法器。不管作者傳遞的是什麼，都必然少於現場訊息。而且這些訊息是經由作者選擇來傳達給讀者的。

　　但用影視記錄，幾個鏡頭中影像和聲音所體現的內容，可能既包括女巫唸誦時的動作和表情，又包括唸誦的聲音，還有周圍觀眾的神態，以至女巫身上的民族服裝、神龕前各種法器的擺放、神龕在室內的位置、牆上的裝飾圖案等，甚至光線的明暗、香煙的繚繞以及聲音的悠揚所共同營造的一種沉迷（ecstasy）氣氛。

　　而觀眾對於影音訊息的解讀，完全可能多於作者，看到作者未注意或者沒有解讀的東西。在上面這段鏡頭中，藝術學者可能注意到了牆上的紋飾和女巫服裝上的繡花，語言學者注意到了「巫語」相對於日常語音的音變和詞序變化，音樂家注意到了間隔押韻的韻律學和樂器的使用，建築學者注意到了傳統土掌房的結構和方位布局，植物學者注意到了貢品中的各種藥用植物。即使是普通觀眾，也能因為個人經歷和旨趣的不同，體會到、關照到作者所未見的人和事物。

　　正因為影視有著近似「全息」的訊息傳遞，在時間感的表達上就具備很大優勢。歲月的滄桑，時光的印跡，從老人臉上的溝壑，到牆上彩繪色彩的消退，到新社樹的小苗長成覆屋大樹。林林總總變遷，都以豐富飽滿的姿態呈現在觀眾眼前，其訊息之密集和情感之直觀，都勝過文本的平面描述。更在影視的三維訊息傳遞之外，又增加了第四維度——時間維度。

　　另一方面，人類學的學科規範要求研究者在研究對象的過程中長時間進行田野工作。研究者會對一個族群、一個社群進行持續多年的研究和關照，

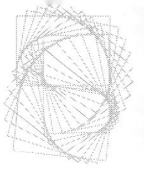

因此在時間維度上本就有深厚的積澱，故而更適合用影視手段來表現其研究成果。

時間的厚重感，也為影視手段和人類學研究的結合提供了良好契機。而當今中國正在經歷前所未有的、令世界矚目的急劇社會變革，這更為追求時間衝擊力和歷史價值的影視作品提供了難得的題材。

時光荏苒，《月亮姑娘》中的垂髫少女，在《滅靈》中早已亭亭玉立；當初腼腆的新媳婦，現在已經是 3 個孩子的母親和家庭的主心骨；而在水牛祭祀時娓娓講述的老人，不少已經離開了這個世界，生死永隔。

十年人事幾番新，寨子也從清一色的土掌房，變成了如今的小洋樓林立。戛灑更從少數民族地區偏遠寧靜的小鎮，變成了廣場、噴泉、別墅成群的喧囂都市。表像在變，文化亦然。這個傳統社會正在經歷千年以來最劇烈的變遷。

10 年時光，3 部影片。從個個爭當社職並以狂熱的興趣投身到傳統信仰活動中，到有史以來神職第一次遭遇嚴峻挑戰，再到從前不可想像的「滅靈」出現在世間。在一個族群、一個文化發生深刻的、結構性的變遷的臨界點上，我們人類學家到場了、觀察了，並用鏡頭語言記錄了。

對時間厚重感的關注和文化的歷史保存，不僅僅是學者資深的研究旨趣，也是學者對這個民族，乃至整個人類文化多樣性的社會責任。

（吳喬，中國社會科學院社會學研究所副研究員。其人類學電影《難產的社頭──一個花腰傣社群的信仰與文化度遷》獲「中國影視人類學會獎一等獎」，並被中國民族博物館民族志電影永久收藏。）

行動網路時代的微紀錄片傳播與當代中國文化建構

牛光夏

摘要：在 20 世紀末拉開帷幕且日呈燎原之勢的數位媒體語境下，紀錄片的類型與風格更為豐富，微紀錄片順勢而生，尤其是行動網路時代的到來、智慧手機的普及，使微信平台成為微紀錄片的主要傳播渠道。本文從行動網

路時代新的傳播格局和傳媒生態所帶來的視覺文化語境出發，聚焦基於微信公眾平台的微紀錄片的影像表意實踐，從文化層面分析這一具有時代特色的視覺文化對當代中國文化的建構。

同時指出這類紀錄片用鏡頭聚焦當代中國的多元社會與多樣人生，記錄大時代下形形色色的個體，致力於發現身邊不知道的美，傳播當代中國人的生活理念和價值觀，藉助於社交媒體來構建一個反映當下人們生活狀態的富有時代感的「文化中國」。雖然這些披著文化外衣的微紀錄片生產大多具有商品導向性，但不可否認的是，它們對於受眾有著文化濡化的作用。

關鍵詞：行動網路；紀實短片；文化中國

20世紀30年代，海德格爾就曾在《世界圖像時代》一文中預言在現代社會，世界被把握為圖像，人們越來越倚重於藉助圖像來闡釋和理解生存於其間的世界。進入21世紀，我們看到視覺文化已然成為當代文化的主導因素。

在20世紀末拉開帷幕且日呈燎原之勢的數位化浪潮的席捲之下，數位技術和互聯網路的普及帶來傳媒生態的變遷，作為視覺文化載體之一的紀錄片的類型與風格更為豐富，第一人稱自傳體紀錄片、紀錄劇情片、動畫紀錄片、未來時態的紀錄片、互動紀錄片、網路眾籌紀錄片、沉浸式VR紀錄片等新的紀錄片理念或形態出現在人們的視野中，使過去人們對紀錄片的狹隘認識不斷受到衝擊。

早在2011年鳳凰視頻就致力於微紀錄片的打造，把微紀錄片作為自身影片內容差異化競爭的手段之一，曾陸續推出《重返風沙線》《甲乙丙丁》等相關節目以及「新拍客運動」等。行動網路時代的到來、智慧手機的普及，使新的傳媒語境下受眾的碎片化、移動化觀看成為可能，從而改變了人們傳統的觀影方式。

在這樣的傳媒生態環境中，一些以推送影片內容為主的微信公眾號大量出現，其中以「二更」「一條」「即刻」「三顧」為代表的專門以推送生活方式類紀實短片為主的微信公眾號脫穎而出，它們因貼近生活以及較強的媒

體屬性和傳播能力贏得了受眾關注，使微信平台成為微紀錄片的主要傳播渠道。

本文從行動網路時代新的傳播格局和傳媒生態所帶來的視覺文化語境出發，聚焦基於微信公眾平台的微紀錄片的影像表意實踐，從文化層面分析這一具有時代特色的視覺文化對當代中國的文化建構。

一、行動網路時代的觀看之道

一種新媒介的出現會為人類創設出一種全新的生活環境和生活方式，與麥克盧漢同屬媒介環境學派的伊尼斯認為一種新媒介將導致一種新文明的誕生。互聯網路改變了觀眾的收視習慣，行動網路更使他們無論何時何地都可用手機獲得視覺資訊。

在現代通信技術永不止歇的發展步伐的推進下，移動化、影像化和社交化成為當今互聯網的三大特徵，智慧手機成為與人類最為親密的隨身媒體，人們可以無時無刻、隨時隨地地用它來聯通世界。MSN 已成為過去時，QQ 和部落格、微博也受到冷落，微信成為受眾在移動端的一個極為重要的訊息接入口，幾乎已成為我們使用最為頻繁的社交媒體。

除了來自朋友圈的分享訊息，大部分訊息來自於我們所訂閱的微信公眾號所推送的訊息。有數據表明，現在中國人平均每 90 秒鐘就要看一次手機，更多的創業投資湧向短片領域，整個社交媒體已進入短片時代。根據中國互聯網路訊息中心（CNNIC）近期發布的《第 38 次中國互聯網路發展狀況統計報告》顯示，截至 2016 年 6 月，中國手機網民規模達 6.56 億，網民中使用手機上網的人群占比由 2015 年底的 90.1% 提升至 92.5%。

手機端網路影片用戶 4.40 億，85.7% 的影片用戶分布在手機端；手機端用戶規模半年增長率為 8.7%，增長速度明顯高於 2.0% 的整體增速；主流影片網站移動端的流量占整體流量的 70% 左右，且有進一步增長的趨勢。從以上數據可以看出，手機螢幕已成為個人網路影片服務中最重要的收視終端。

2016 年被稱為短片年，一批基於行動網路微信平台的短片公眾號呈井噴式發展，如「一條」「二更」「三顧」「即刻」「不急」及 Papi 醬等，

在此之前已有美拍、秒拍、騰訊微視等短片 APP。因 4G 網路的搭建、無線 WIFI 信號的大面積覆蓋和手機拍攝、播放功能的日趨強大，這些新媒體影片已嵌入到人們的日常生活中去，成為被觀看的對象，改變了我們之前的觀看之道。

麥克盧漢的媒介分析理論的一大創見就是提出了「媒介即訊息」，他認為真正對某一時代產生影響的不是媒介所提供的訊息，而是媒介本身，一種新的媒介的出現會為人類創設出一種全新的生活環境和生活方式。麥克盧漢把印刷文化與之前的口語文化進行對比，指出「讀寫文化賦予人的，是視覺文化代替聽覺文化。

在社會生活和政治生活中，這一變化也是任何社會結構所能產生的最激烈的爆炸」。印刷文化是視覺文化最初的表現形式，單就影像而言，後起的視覺藝術中，從電影、電視到網路，不同的媒介對應著不同的觀看之道，也帶給人們不同的日常生活體驗，構建出不同的「視覺場」。

觀看作為「觀者之看」，與觀者所處的觀看環境、觀看動機和觀看的自由度直接相關。由於影院的觀看是在一段封閉的時空內專門進行的，有固定時段、固定座位及作為公共場合觀影規則的約束，這些因素使影院的觀看帶有強烈的儀式感和限定性。

曾經電視機作為家用媒介處於家庭幾何空間的焦點位置，「看電視，是家庭最日常的但又是最深邃的功能性事件，家室空間以及空間的部署都要配合和適應這個事件」，電視常常作為人們做家務、聊天、就餐時的一個伴隨式的影音存在於家庭時空中。

但進入新媒體時代後，電視在家庭中重要的媒介地位被電腦、IPAD、手機所取代。行動網路使新媒體插上了超越時空的翅膀，人們可以隨時隨地、無時無刻來聯通外界。就像萊文森在他的著作《手機——擋不住的呼喚》中所說：「手機完全斬斷了把人束縛在室內的繩索……手機把它的使用者從家宅和辦公室裡解放出來，送進大千世界的希望之鄉里去。」它移動便攜的特性把使用者從電腦邊解放出來，所以萊文森稱手機為可攜帶的流動家園，是移動之中的媒介之媒介。

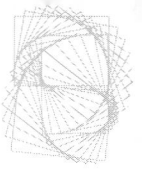

同時它也是一種更為個人化的媒介，人們可以隨心所欲地控制觀看的時間、地點和節奏，小屏觀看的私密性，加之互聯網所賦予的觀者對觀看對象的評論互動功能，以及新媒體平台海量儲存、即時點播的優勢，使人們忽視了手機小螢幕所帶來的觀感劣勢，使手機成為視覺傳播史上最強大和潛力無窮的媒介。

手機微信平台上短片的出現正是契合了當下新媒體的傳播語境，它藉助於智慧手機、行動網路的飛速發展和對手機用戶碎片化時間的利用，以及社交媒體的多媒體化趨勢，而蓬勃發展起來。這說明紀錄片已然走向全媒體共通之路，新媒體正在改變人們觀看紀錄片的習慣。

二、微信平台微紀錄片的話語表達

因數位技術和新媒體的催產和護佑，我們進入了以「微博」「微信」「微電影」「微紀錄片」「微商」等為表徵的「微時代」，「整個社會和文化發展的內在邏輯，那就是日益告別總體性而趨向於碎片化」，產生了總體性日漸衰微而令人們愈發迷戀的小微文化，這一文化新形態適應新的媒介平台和受眾的觀看需求，在話語表達方面呈現出獨特的表達方式和審美風格。

米歇爾指出：「視覺文化研究的是社會的視覺建構，不只是視覺的社會建構。因而視覺特性問題就成為核心的和不可避免的問題。」微信平台上傳播的紀錄片形式上以小而美為主要特徵，微小、精緻、製作精良、整體包裝比較簡約、風格清新、具有較強的可識別性。

為了迎合觀者手機小螢幕的觀看方式，在有限的視框內快速吸引觀者的注意力，使其獲得對被攝體更為精細的特徵認知，這類微紀錄片的影像表達總體上呈現出追求細膩、感性而誇張的後現代主義特徵。畫面以特寫、大特寫、微距拍攝等小景別為主，把被攝對象的局部放大和突出強化，能夠讓觀看者更加清晰地看到所拍人或物的細節，拉近了觀者與螢幕影像的心理距離。這類極近景別畫面的高頻度使用，正好彌補了電腦、IPAD、手機等新媒體設備小螢幕傳播的短板，也更具視覺衝擊力。

視覺人類學
下篇

但另一方面遠景、大遠景、航拍等極遠景別在這類微紀錄片中也偶有運用，以展現遼闊深遠的宏大場景和全貌。由於這種大景別畫面的表現力是建立在被攝體中各種線條和圖案的基礎上的，而不著重於關係要素的呈現上，因此並不會因為小螢幕傳播而使其傳播效果衰減。從影像表現力上來看，兩極鏡頭將視覺圖像以非肉眼之所能進行誇張呈現，最大限度地刺激觀者的感官，使畫面效果更具衝擊力，這兩類鏡頭對視屏大小的依賴性較弱，適於手機平台的影像表達，這使得兩極鏡頭理所當然地成為新媒體小螢幕影像話語的一種表達偏向。

注意力在人類傳播的任何階段都是訊息生產與消費的重要問題，新媒體時代的海量訊息供應更使注意力成為傳播者要奮力爭取的稀缺資源。這些基於微信平台的微紀錄片因其自身的互聯網基因，無疑要盡力爭取手機用戶在一波波撲面而來的龐雜訊息流中去點擊自己，爭奪觀者眼球、語不驚人死不休的「標題黨」做法就成為吸引觀者注意的最初的視覺誘導。

例如「二更」影片發布的一則題為《這個隱藏在地下的人，每天保證15萬人不出軌》的微紀錄片，記錄對象為北京地鐵部門的一位一線工作人員，無論白天與黑夜，他工作的場所全在地下一間20多平方米的綜控室內，因為綜控室是整個地鐵站區的核心部門，負責站內的系統設備的維護運營、列車的運行調度、突發情況的處理、客流量監控、緊急訊息的上傳下達等。作為綜控員，他的工作關乎每位乘客的安危。

其他如《這個19歲美少女用遍體鱗傷來說愛》，主角則為一個喜歡玩長板的女孩，因長板沒有剎車系統且高速運行，經常擦傷瘀青，但她因為喜歡這項運動帶給她的快樂和自由的感覺而堅持下來。

《這位中國大媽靠一屋子垃圾，40年完成了上千部影視大片》則是對擬音師魏俊華的記錄，她能用生活中隨處可見的物件，甚至是被我們隨意丟棄的廢品，模擬出影視劇中槍林彈雨的激烈戰況、千軍萬馬的驚人氣勢、鬼神出沒的詭譎氛圍等。

這些標題無一不運用了誇張和高度娛樂化的手段來擬題，以高黏度訊息在極短的時間內吸引觀者注意，勾起觀者進一步瞭解詳情的好奇心和興趣。

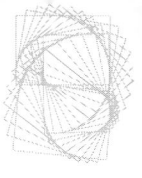

此外，圖文並茂也是這類紀錄片的傳播特徵，文字、圖片和影像相捆綁共同進行推送，以全方位的訊息矩陣來滿足不同類型觀者的需求。

而且新媒體語境下基於社交媒體的微紀錄片不追求複雜的人物關係和多變的空間環境，極力簡化故事發生的背景和過程，在 3 至 6 分鐘的時長裡，一般以主人翁的第一人稱口述來展開敘事，輔以其相關行為和所處環境的影像，一般不會旁逸斜出地引出其他配角上場參與，用生動活潑的小敘事來描述人們的生活狀態。

作為後現代話語最具代表性的人物，法國哲學家、後現代思潮理論家利奧塔質疑宏大敘事，主張轉向用大量而有限的局部敘事取代總體敘事、小敘事取代大敘事。不同於宏大敘事所定位的說明因果、發現規律、概括歷史或預言未來的「元敘事」或「元話語」，立足於為人們的行為描繪藍圖、設定目標，為人類更好地發展指出前進的方向。

局部敘事或小敘事則遠離國家、民族、歷史、權力等宏大主題，從具體個體入手，講述特定人物個人化、日常化的生存體驗與人生遭際，營造的是貼近生活本真、有血有肉的親和力和真實感。

從內容上看，基於微信平台的微紀錄片在選題上貼近現實生活，它們和普通民眾的生活聯繫更為緊密，也更易獲得共鳴。很多選題具有鮮明的時代特質和時尚色彩，符合當下人們在基本溫飽問題解決後，追求更加有品質、有個性的美好生活的需求。

如「二更」影片的宣傳語：「每晚二更，用鏡頭記錄身邊的故事，發現身邊不知道的美。」它下設的 10 個內容單元包括身邊人、手藝人、設計師、時尚咖、城市錄，還有追求樂活的好店、玩法、足跡，致力於傳播美的生活理念，鏡頭聚焦於那些有品位、有故事、有情懷的不一般的普通人，發現身邊不知道的美，號稱是中國「三觀」最正、原創內容最多的互聯網影片公司。

在運作方式上，這類基於 PGC（Profession-generated Content）即專業內容生產的微紀錄片，屬於專業屬性和品質的團隊化運作，導演、攝影、剪輯、藝術總監等工種各司其職，品質更為精良。

而像美拍等則屬於 UGC（User-generated Content）即個體用戶生產的內容，用戶自娛自樂、自行上傳的影片隨意性強，不會定期更新，專業性較差，大多有著民間影像普遍存在的影像技術質量不高、剪輯不流暢等弱點。

而像「一條」「二更」這樣的定位比較高端的微信影片公眾號與單打獨鬥的自媒體不同，如果要持續生產出高質量的影片內容，不僅需要一個專業性強的攝製團隊，包括導演、攝影師、後期剪輯、方案策劃等，還需要較大投入的技術和資本，硬件設備與電視台的配備相當，所以它們有著更強的媒體屬性和傳播能力。

三、微信平台微紀錄片對當代中國文化的建構

「一個社會及其文化並不是自然地形成的，實際上是透過複雜的視覺活動而建構起來的。」可以說包括社會經濟結構、文化形態、價值觀念、媒介變革在內的社會轉型催生了中國當代視覺文化，視覺文化又反過來作用於社會轉型和文化變遷。

基於互聯網路和數位技術的新媒體的崛起，使得包括紀錄片在內的視覺文化改變了中國當代文化的生產、流通與消費方式，從不同側面反映了當代中國人的生存狀態、文化行為與價值觀念，進而建構起了中國當代文化的圖景。

適應「網生代」觀眾的需求，微信平台的微紀錄片把時下都市的流行文化融入其中，它們用鏡頭聚焦當代中國的多元社會與多樣人生，記錄大時代下形形色色的個體，而他們就是我們的「身邊人」。如「二更」影片每期都透過一個人物的人生經歷與視角，來表現當代社會的變遷與時代的演進。

他們有《夜跑謙二爺》中聞名成都跑圈、參加過半程和全程馬拉松、50公里越野跑的年輕女孩張謙；有《舞出我人生》中告訴觀眾現在的鋼管舞，並不是大家印象中偏於性感甚至是色情的表演，而是一項極具技巧性與爆發力的運動，從海外留學歸來的建築設計師變身為鋼管舞健身教練的 30 歲女性閆紫微；有《雲上的日子》中作為熱愛攝影的城市建設者，在五六百米的高空上萬次地按動快門，用相機記錄下上海不斷生長的城市天際線的塔吊司

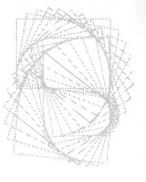

機魏根生；有現定居杭州組建黑膠社團，40 年如一日義務推廣黑膠唱片的台灣人郭燈松；有獲得 2016 金熊貓國際紀錄片最佳公益類節目《天梯上的孩子》中 4 年時間 8 進大涼山，用手中的相機為山民拍攝了上萬張全家福、記錄下「懸崖村」阿土勒爾村孩子們的「天梯求學路」的小夥子趙明；有《長板小七》中愛上帶給她自由如風感覺的長板運動，經歷無數次跌撞受傷已能在城市的大街小巷穿梭自如的大三女孩小七；有離開做了 10 年的平面媒體業，決定後半生一定要做自己喜歡做的事情而開起麵館，立志做成都最地道的炖雞麵的幺雞哥；有《豬欄三吧鄉村客棧》中十幾年前離開上海來到安徽黟縣，希望能過一種簡單生活，後開了一家由牛棚、豬圈、狗窩改建卻很有普羅旺斯風味的鄉村民宿的寒玉；有在遠離汙染的杭州最高的山上開發荒山，堅持種植不施化肥農藥的有機茶葉的福慶叔叔⋯⋯

　　這些微紀錄片和 20 世紀 90 年代央視《東方時空》的《百姓故事》的共同之處就是都非常接地氣（但那時《百姓故事》的主角更多是底層邊緣人群，屬於底層敘事），致力於「發現身邊不知道的美」，在敘事中融入了當代社會現實生活的元素，用影像、圖片和文字準確把握了社會轉型期人們的生活方式、行為準則以及心理、情感、願望和價值觀的微妙變化，折射了時代發展中人們新的審美觀和自我認知，傳播當代中國人的生活理念和價值觀，藉助於社交媒體來構建一個反映當下人們生活狀態的富有時代感的「文化中國」。

　　因為所謂「文化」，是人類在社會歷史發展過程中所創造的物質財富和精神財富的總和。人們的生活方式、行為舉止、處世態度、價值觀念、精神狀態等都是文化的外化，大膽追求自己的個人愛好、自由與夢想、熱衷於鋼管舞、跑步等健身項目、旅遊時更青睞有特色和個性化的民宿、生產和消費彰顯品質和品位的有機食品、在吃飽之後講究舌尖上的美食享受等，都是當代中國文化的組成部分。

　　雖然有些披著文化外衣的微紀錄片生產具有商品導向性，但不可否認的是，它們對於受眾有著文化濡化的作用。如「一條」把優質的生活方式和移動電商結合，定位於城市中產階級來實現商業變現。元工坊是一個面向零基

礎人群傳授木工知識和技藝的地方，這裡已經指導過 800 多名木作愛好者，透過木工八步培訓，學員們可以自己動手完成小到食器，大到家具的木器製作。

　　關於它的微紀錄片實際上在向觀眾傳播一種新的生活方式，因為近幾年熱愛木作的年輕人越來越多，自己動手做一件木作成為一種都市新時尚，而這個電影的傳播效應會使更多的潛在木工愛好者加入到這個行列中來，對木藝這一傳統文化也是一種習得和傳承。

　　總之，專為手機媒體量身打造、具有互聯網基因的微紀錄片近年吸引了很多微信用戶的關注，如「二更」推出的每部影片都能輕鬆獲得 10 萬以上的點擊量，它成為行動網路時代紀錄片的一種新的形態，也是一種新的審美體現、新的傳播方式，是對整個紀錄片生態體系的豐富，它們的生產與傳播亦成為建構當代中國文化中重要的有機組成部分。

　　　　　（牛光夏，山東藝術學院傳媒學院教授。先後獲第六屆「山東省劉思文藝評論獎」、國家廣電新聞出版總局第二屆「星光電視文藝論文」理論類一等獎等。）

▎數位時代博物館影音文件開發與應用

劉凡

　　摘要：在過去十幾年中，數位技術對社會生活產生了巨大的改變。網路不再侷限於單向的資訊傳播媒介，而成為促進使用者基於創作內容與分享的雙向交流與溝通的媒介。本文分析了 Web2.0 概念下國外博物館在影音文件開發應用方面所做的各種嘗試，包括展示前置評量、眾人策展和知識管理平台等應用；並試圖透過中國內外博物館的個案對比分析，考察影音文件在社交媒體上的開發與應用情況，對中國博物館相關領域發展提出一些建議。

　　關鍵詞：民族博物館；影音文件；社交媒體；知識共享

　　國際博物館協會（International Council of Museums）在描繪博物館的特點時指出，博物館具有開放民眾參觀、促進社會進步等作用，並有研究、

教育與娛樂之目的。但是，在公共博物館形成之初，博物館關注更多的是展覽、收藏以及文物保護。

其功能的轉變發生在 20 世紀末，隨著文物的價格越來越高，博物館的經濟壓力越來越大，而其獲得的公共資助與參觀人數緊密相連。在這種情況下，博物館變得更加社會化，為了吸引各種各樣的觀眾，博物館的花樣層出不窮，數位技術成為它們吸引觀眾的一個重要手段。各國博物館都爭相運用數位技術來策劃展覽、傳播文物資訊、發展公共教育。

一、數位時代的博物館

幾年前，《世界是平的》提到的 web2.0 似乎還有一點遙不可及，今天，訊息時代已經深刻影響並改變我們的社會和生活方式。博物館在一如既往地辦展、收藏以及舉辦各種教育活動時，數位技術為其超越物理的藩籬提供了更多的可能性。許多博物館針對其藏品、展覽和活動嘗試了各種數位化手段來更好地實現其教育的功能。比如提供免費的 WIFI 上網，舉辦各種講座促進對話，為會員創造各種線上和線下的互動機會，徵求觀眾的評價並與公眾分享。數位技術正悄悄地改變著博物館的日常工作。

（一）博物館訊息學的興起

博物館的科技運用可以追溯到 1986 年加拿大發行的一本《檔案與博物館訊息學》季刊，這本雜誌持續提出博物館與科技運用相關的課題，並積極促成理論與實務、博物館與資訊研究學者間的跨領域的合作研究。其 1986～1994 年的研究主題，大致著眼於博物館資訊標準化、資訊分享等議題。

20 世紀 90 年代中期，數位博物館的議題被正式提出。持續關注互動多媒體發展的歐洲社群，期待新科技在博物館藏品管理、多媒體展示、電子出版和線上查詢等方面的應用潛力；面對 www 的來臨，則理性地重申互動性的價值。博物館的網站作為數位化的一個重要窗口，受到各國博物館的重視。網站建設的研究成為一個重要的研究議題。

2000年以後，隨著博物館訊息學的發展，越來越多的研究人員和機構投入其中。每年美國的博物館電腦網路協會（Museum Computer Network）、博物館文獻協會（Museum Documentation Association）、美國博物館和圖書館服務研究所（Institute of Museum and Library Services）都會舉辦各種國際會議，促進這個領域的合作與交流。

　　《美國訊息學會雜誌》（Journal of American Society for Information Science）於2000年發行了一期名為「博物館訊息學與網路」的專刊，探討博物館與訊息化、網路等相關議題。《策展人》（Curator）雜誌於2002年、《數位圖書館》於2004年都曾出版過一期專門探討數位博物館的專刊。

　　另外，還有一些與博物館訊息學相關的書籍也陸續出版，如《虛擬與現實：博物館中的媒體》（The Virtual and the Real：Media in the Museum）、《數位藏品：博物館和訊息時代》（Digital Collection：Museums and the Information Age）、《數位時代的博物館》（Museums in a Digital Age）、《奇怪的博物館：新興技術和變化的範例》（The Wired Museum：Emerging Technology and Changing Paradigms）等，這些出版物為博物館訊息學的理論研究提供了諸多經驗。

（二）中國內外數位博物館的發展

　　數位時代的博物館「以技術為載體，便捷地與全球任何一個地方進行交流，啟發新的博物館體驗，包括用戶創造的文本，人群策劃的展覽，個人在線收藏，以及大眾媒體支持的聚合體和會員制度」。數位化類型包括藏品、年鑑、畫冊和報紙等。

　　美國國會圖書館2013年發表的《圖書館和博物館數位化調查》報告指出：博物館數位化的年預算平均為16000多美元，近兩年都在以20%的速度增加。對於公眾來說，瞭解數位博物館的主要途徑是網站，下文主要從中國內外博物館的網站來瞭解數位博物館建設中的相關內容。

1992 年聯合國教科文組織開始推廣「世界記憶」項目（Memory of the World Program），它是 1972 年由聯合國教科文組織發起的「世界遺產名錄」的延續。該項目建立了「失去的記憶」「瀕危的記憶」以及「當代活動」3 個數據庫，探索用訊息技術保存和保護手稿、文獻以及口述歷史等。

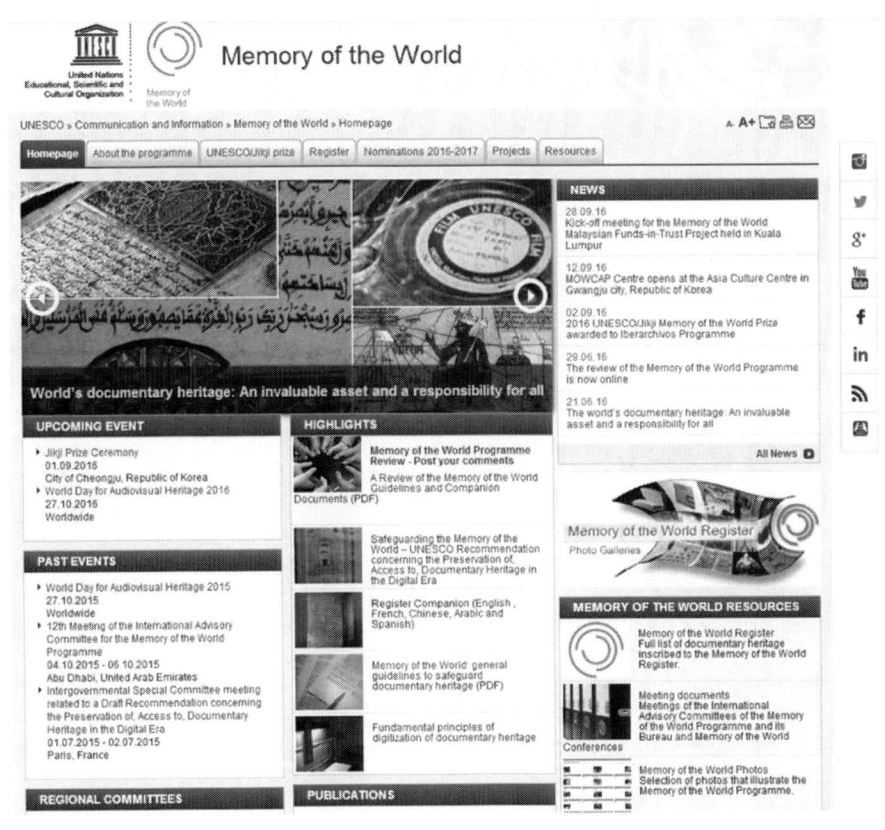

圖 1「世界記憶」網站

註：世界記憶網站，http://www.unesco.org/，2016 年 10 月 3 日訪問。

1995 年 2 月在布魯塞爾召開的歐盟「七國集團」訊息社會部長級會議提出了訊息化社會的「全球訊息目錄計劃」「電子圖書館計劃」「電子博物館和藝術畫廊計劃」「跨文化教育和培訓計劃」等 11 項示範計劃。

「該會議被視為西方主要發達國家在社會訊息化進程中的一個重要里程碑。會議將全球數位圖書館計劃與數位博物館計劃等確立為全球訊息化的重

要組成部分。其中的『電子博物館和藝術畫廊』指的就是數位博物館,它包含了自動化登記、數位化管理、訊息共享等內容,使得數位博物館的建設更加明確」。

美國於 1995 年「正式成立博物館互聯網系統,將諸多博物館的藏品訊息數據庫納入網路傳播系統,使得博物館藏品訊息突破了時空的限制」。美國的 ARTSTOR 項目由安德魯·W·梅隆基金會於 2001 年 4 月發起,最初和紐約現代美術館合作,將其 6200 件藏品數位化。從 2004 年開始提供線上服務。

今天這個非營利的數位圖書館提供 180 萬張數位化圖片,包括藝術、建築、音樂、宗教、人類學、文學、世界史、美國研究、亞洲研究、經典研究、中世紀研究、文藝復興研究等,全世界 48 個國家的 1500 多所大學、美術館、圖書館和中小學校曾使用過其高解析影像以及先進的網上工作區和工具進行教學、研究和學術探討。

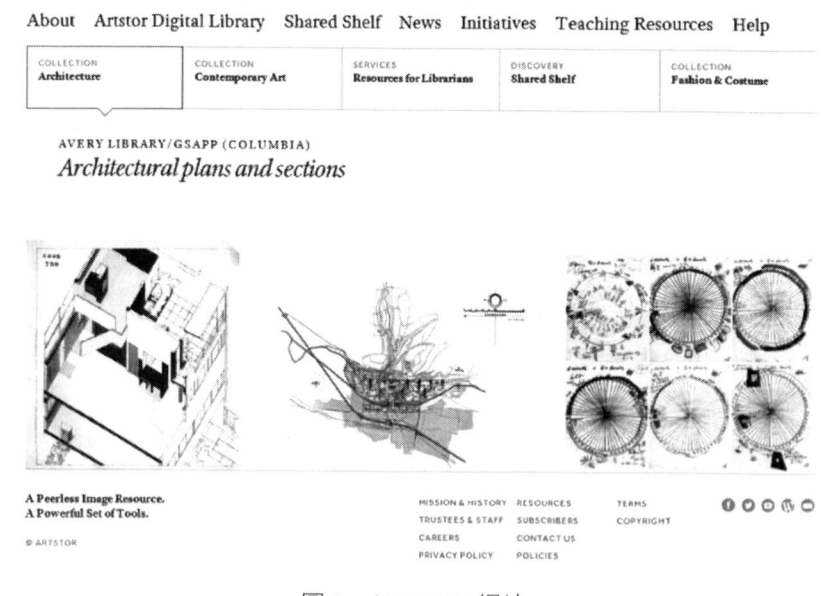

圖 2　ARTSTOR 網站

註:ARTSTOR 網站,http://www.artstor.org/,2016 年 10 月 3 日訪問。

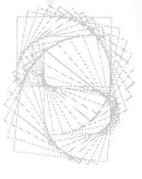

2001年，台灣「科學技術委員會」開展「台灣典藏數位化專案計劃」，台灣自然博物館、台北「故宮博物院」等相關典藏機構參與，隨後這個計劃又不斷擴大，於2008年形成了一個完整的「數位典藏與數位學習科技計劃」，該計劃已於2012年完成。

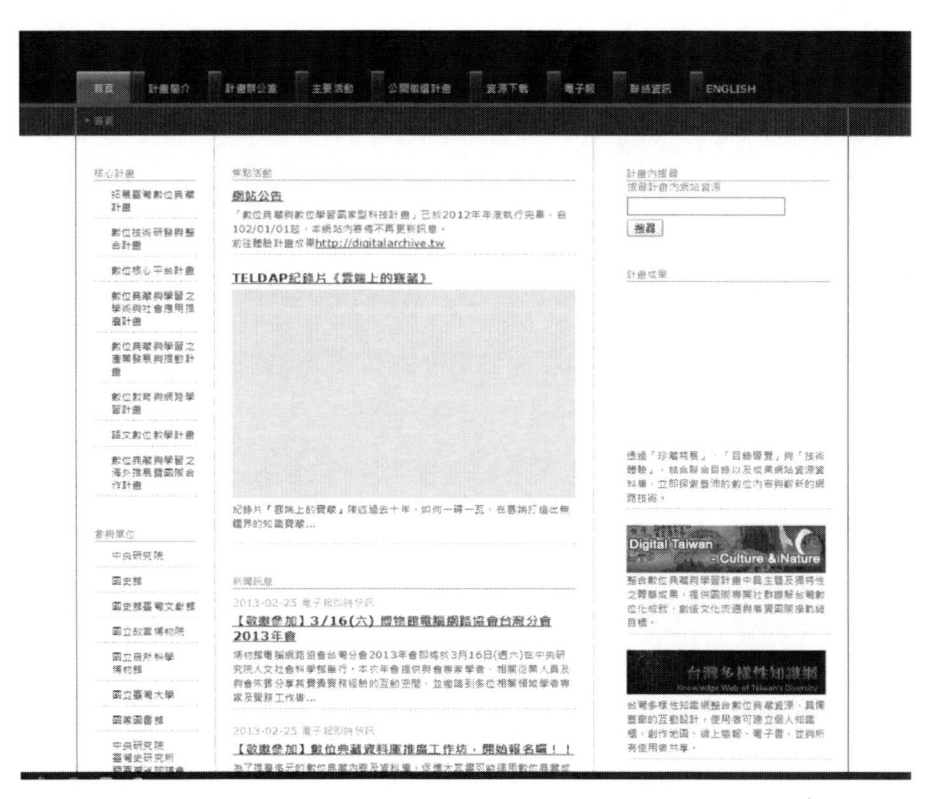

圖3 數位典藏與數位學習科技計劃

註：台灣「數位典藏與數位學習科技計劃」，http://digitalarchives.tw/

二、社交媒體與博物館影音文件的利用

在博物館的展覽中，對於影音文件的使用一般分為：

其一，作為展品說明的影音文件。

其二，獨立於展品而存在的影音文件。

其三，兼具上述兩種功能的影音文件。

第二種特性的影音文件更多見於圖書館或檔案館。所以，本文主要探討的是第一種和第三種特性的影音文件。這兩種影音文件的有效使用一般是配合展覽主題和展品，它是對靜態展品的多維度闡釋，是文字說明的延伸與拓展，它能夠更好地幫助觀眾完成對展覽的體驗和對展品的理解。

特別是對那些無法到達現場的遠程觀眾來說，影音文件能夠非常有效地幫助他們去觀看和理解展覽的內容。因此，展覽的策劃方式與展品的選擇對影音文件的有效利用尤為關鍵。

（一）Web2.0 與博物館

Web1.0 時代，網站的內容是靜態的，訪客無法將自己的想法公布，即便網站上有很多有用訊息，但如果更新的頻率不高的話，使用者的再訪問率也不會很高。Web2.0 並不僅僅指我們熟悉的社交媒體工具的使用，如微信、微博、QQ 等，還包括如何運用網路資源的問題。

這些工具的一個共同特點就是交互性，使用者可以自由創作並將之發表，並產生互動與合作，因此針對這類人也出現了一個新名詞 prosumer（Producer+consumer）。互動者既可以是內容的消費者，也可以是內容的創作者，大家隨時可以對內容進行編輯。最典型的例子就是維基百科，還包括許多各式社群網站、影音分享網站和微信、微博、部落格等。

傳統的博物館研究人員總是以專家和學術權威身份自居，美國史密森尼（Smithsonian）博物館群的美國歷史博物館負責資訊科技與通訊部門的主任大衛阿利森在 2009 年的一次館內策略規劃會議中提出：面對 Web2.0 時代，博物館應該改變並且放棄穩定、單調古板的形象。

「研究人員將不再扮演專家的角色，而是轉變為合作者和知識中介者；博物館的專業出版品也將由故事來取代；工作模式亦從控制轉變成合作；而 Web1.0 單向的資訊傳達改變為雙向溝通和鼓勵參與的共同創作。」

根據 ComScore 在 2011 年 10 月份的調查顯示，「世界上有 12 億的人口訪問過社群網站，而在每 5 分鐘的上網時間中，就有 1 分鐘的時間是花費在社群網站上」。根據 Google's Ad Planner 的調查，幾乎每個人都參與

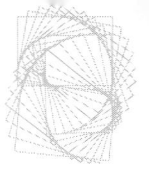

至少一個社群網站。Social Networking Statistics 在 2010 年的調查中發現，「幾乎半數的成年人在使用社交網站，而 73% 的青少年至少會加入一個社交網站」。Facebook 作為企業和機構營銷的一個重要手段，越來越受到人們的關注。戴茲在《廣告時代和創造性》一文中指出：「品牌成功利用 Facebook 行銷的關鍵有 3 點：說故事；與現實世界連接；人性化且具社交性。」韓志翔等整理了成功經營 Facebook 的關鍵要素：

表 1　成功經營 Facebook 的關鍵要素

內容面	● 以影片、相片等增加內容的生動性和吸引度 ● 與其他社群媒體連接，發揮綜效 ● 發文語氣貼近消費者的口吻 ● 掌握發影音文件的頻率 ● 訊息要與顧客相關，能吸引討論，讓訊息被轉發出去
互動面	● 熱切回應成員意見 ● 鼓勵消費者參與：以 APP、活動和一些優惠刺激顧客參與 ● 帶動討論，如詢問活動心得等等

從表 1 可以發現，影音文件是吸引顧客關注的一個最重要的手段，它的直觀性和現場感是文字訊息無法替代的。博物館的影音文件是其自身展覽宣傳的一個優勢，配合社交媒體的互動性，以及相關的營銷手段，勢必可以將 Web2.0 的時代特性發揮出來，達到雙向溝通和共同創作的結果。

（二）前置評量

澳洲博物館觀眾研究部門的負責人凱莉博士在《探索社交媒體的前置評量》一文中介紹了博物館如何透過社交媒體與觀眾形成更密切的關係。她以在澳洲博物館舉辦的國際巡迴展《惡魔》（Evil）為例，說明了透過 Web2.0 的工具如 Blog 和 Facebook 進行前置性展示評量，收集觀眾以及潛在觀眾對展覽主題的認知與想法，實現了跨地域限制的交流，對幫助策展人進行展覽規劃設計以及實現展覽都有著重要的意義。

並根據 Blog、微博、郵件、Facebook、Linked in、Flickr、Youtube 等的不同特點，總結了如何利用社交媒體來支持博物館的項目實施。特別有意思的是，凱莉透過對社交媒體的調查和分析發現，許多人把 2008 年美國

金融風暴的「雷曼兄弟」和 Exxon 郵輪在阿拉斯加海觸礁造成的漏油汙染事件都視為惡魔的行為，這改變了她最初對惡魔的理解和對展品的選擇。

凱莉博士的前置評量為影音文件的利用提供了有益的方向。博物館在使用影音文件時，一般要配合展品，圍繞展覽主題來選擇影音文件，而不斷與觀眾溝通的過程，其實也是不斷為影音文件做宣傳的過程，這樣勢必會增加觀眾對影音資料的興趣程度，增加資料的點擊率和使用頻率，社交媒體互動方式讓影音資料的分享、傳播與觀看更為便捷。

（三）眾人策展

凱莉博士在討論 Web2.0 如何改變博物館工作時，就博物館在利用數位技術發展博物館實踐方面，提出需要注意以下幾點：準備放下權威和迎接各種參與；願意冒險；允許員工和社群進行各種實驗性計劃，並從中學習；鼓勵館內外的聯結和人脈的建立；提供一個平台讓第三者可以使用適當的資源並檢視最後可能發展出來的成果；接受一個健全的社群作為自我監督和自我修正的工作模式；維持學術上的專家地位，但同時容納社群的集體智慧；切記在某方面仍要保有一定的紀律和博物館的觀點，但應該鼓勵更多地參與和共同解決問題。

以上幾點意見中，不斷地提到了觀眾參與的重要性。事實上，在許多博物館、美術館的實踐中已經用 Web2.0 的共創和共享的理念來推動策展的工作了。例如，英國泰特美術館在 2007 年曾經策劃過《我們怎麼了：拍攝英國吧》的展覽，展覽除了展示一些著名攝影師的作品之外，還透過照片分享網站的功能，邀請大眾貼上自己拍攝的照片，包括明信片、家庭影集、各種證件照等。

美國紐約的布魯克林博物館 2008 年推出了《咔嗒：一個由民眾共同策劃的展覽》，這個展覽受《紐約人》經濟學節目的作家詹姆斯·蘇威可出版的《大眾的智慧》這本暢銷書的影響，旨在探討大眾對藝術的評判是否比受過訓練的專家更「智慧」。館方史無前例地邀請了觀眾對投稿的攝影作品進行匿名評審。

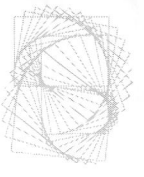

評比後的藝術作品按照評審時的投票結果在博物館進行展出，因此，觀眾可以看到同樣的作品評比產生的不同結果。這個結果也變成藝術領域、線上社群以及大眾理論領域的專家討論和分析的素材。

眾人策展與前置評量的方法類似，都是利用社交媒體吸引大眾的參與，從而達到宣傳的效果，提高了展覽的關注度和觀眾的參與性。無論是影像資料還是聲音文件的使用，關鍵都是如何提出當下公眾感興趣的議題，如何提高公眾的關注度，這些都是博物館值得思考和借鑑的。

（四）知識管理

博物館是一個知識匯聚的場所，博物館人員每年均透過對博物館各種物件的研究將學術成果發表於各種出版物上，但如何將這些資訊進行有效的管理以及對展示教育推廣做出直接貢獻，是每個博物館都需要認真研究的。

在過去近十多年間，博物館已經投入相當的資源引入各種訊息技術、實施數位典藏計劃以及開發知識管理平台，但究竟這些行為的後期效果如何？台灣學者劉德祥曾對台灣自然科學博物館在設計導覽解說以及導覽教案時對數位資源的使用情況做過調查，「除了少數檢視物種基本分類學資訊而使用館內的數位典藏資料庫外，大部分還是透過檢索引擎連結到外部資源去，其中又以維基百科（具有Web2.0概念的網路資源）為最多。

為什麼博物館建置的知識管理平台使用頻率會如此低呢？如果只是管理不易達成原來設定的目標的話，那麼問題又出現在哪裡呢」？

博金肖在《為何知識管理如此難》一文中指出：雖然過去因知識管理而衍生的工具與技術相當多樣，但知識管理卻不能盡如人意，原因包括：組織機構並未認識到他們已經在進行知識管理的工作；資訊技術常被認為可以取代社交互動；知識管理通常把焦點放在現有知識的循環，而不是創造新的知識；大部分知識管理技術看起來與傳統技術沒有太大的差別。

他特別指出，社交互動才是有效的學習之道。由此看出，前文提到的前置評量與眾人策展，恰好做到了博物館知識管理的核心要素——社交互動，才得以成功地做好展覽營銷並將相關的影音文件推而廣之。

三、社交媒體在中外博物館影音文件中的應用現狀

本部分以中外最具代表性的博物館——故宮博物院、中國國家博物館、紐約大都會藝術博物館、英國大英博物館為例，就中外博物館在社交媒體上影音文件的使用情況進行分析和比較。

（一）研究設計

本文採取多重個案研究的方法，由於博物館社交媒體的研究發展較晚，還沒有建構出一套基礎理論，因此本文將以故宮博物院新浪微博、中國國家博物館新浪微博、美國紐約大都會藝術博物館 Facebook、英國大英博物館 Facebook 為研究對象，採用次級資料文件分析以及線上觀察的方法蒐集資料。

次級資料包括過刊論文和期刊、雜誌報導、相關書籍、網頁資訊、線上雜誌等數位資料。「線上觀察法」則是對 Internet 或 www 上的內容做客觀、有系統的描述與分析的一種研究方法。本研究對四家博物館社交媒體上影音文件的發布訊息的頻率與類型、成員回應的訊息量、經營者回覆的訊息量、轉載連結的數量進行觀察和分析。

（二）四大博物館社交媒體粉絲專頁比較

紐約大都會藝術博物館、大英博物館的 Facebook 粉絲專頁成立早於中國兩家博物館，分別是 2007 年和 2009 年。故宮博物院和國家博物館的新浪微博都是在 2010 年成立，時間相差一個多月。在經營粉絲專頁上有下列共同之處：

其一，版面設計上，兩大博物館基本相同，多採用 Facebook 時間軸版面配置。故宮博物院和國家博物館也是選擇了新浪微博的時間軸版面配置。

其二，塗鴉牆發文內容部分，主要發布博物館展覽活動和藏品訊息，包含館藏文物的線上介紹和活動邀請。

其三，發文形式方面，各博物館都偏好以圖片配文字的方式呈現，透過圖像吸引粉絲點閱詳細內容。不同的是，大英博物館和大都會藝術博物館偶

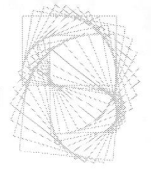

爾會搭配短片吸引觀眾的注意。但是，故宮博物院和國家博物館發布的影音文件數量只有 6 段。

表 2　中外博物館在社交媒體上粉絲及影音文件發布情況調查

博物館名稱	粉絲人數	影音文件數量	粉絲專頁成立時間
北京故宮博物院	2151790	6	2010/3/5
中國國家博物館	1779552	6	2010/4/26
美國紐約大都會藝術博物館	1776112	217	2007/11/7
英國大英博物館	1240223	126	2009/4/16

四大博物館在社交媒體上的經營也有不少自己的特點。

第一，語言方面，與官網多語言頁面不同的是，各博物館社交媒體皆使用母語作為主要語言。其原因可能是社交媒體主要目的是為了跟粉絲建立長久聯繫，而非只是給觀光客提供博物館的相關介紹。

第二，展覽訊息和館藏文物導覽是各博物館發文的主要內容，但是在發文比例和發文語氣等方面各有不同。紐約大都會博物館專頁上 90% 以上的發文都是展品和展覽介紹，每天都推送有特色的作品給粉絲欣賞，文字敘述較簡短，以導覽的口氣介紹文物的名稱及相關訊息，並輔以連結到官網，幫助感興趣的觀眾瞭解更多藏品訊息。

發布的影音文件是幾家博物館中數量最多的。影音文件都是 3 分鐘左右的長度，內容以介紹藏品居多。比較令人印象深刻的是一個藝術家項目，持續邀請多名當代藝術家對藏品進行解讀，點擊率比較高。大英博物館展品和展覽介紹塗鴉牆的發文比例也很高，專頁中有許多具有考古性質的內容、策展人對展覽的介紹和布展花絮。故宮較前兩家博物館，發文最高的是一些相關的藏品訊息，而影音文件只有一段介紹《韓熙載夜宴圖》APP、一段介紹故宮出版的台歷、一部故宮的紀錄片的影片，其他 3 段是關於人物、建築和活動的介紹，6 段影片均在 2 分鐘以內。國博的粉絲頁發文多以藏品介紹居多，影片更是短小，6 個影片中 5 個不超過 10 秒，基本都是館內花絮。

第三，建立與粉絲的聯繫，各大博物館也不太相同。紐約大都會藝術博物館透過「The Artists Project」讓藝術家談談對藏品感想的方式瞭解觀眾的想法，並透過分享與粉絲互動。大英博物館透過各種展覽花絮和討論性議題引發回應。中國兩家博物館則多以回應留言的方式與粉絲互動。

（三）談論率分析

觀眾在成為 Facebook 或微博的粉絲後持續回到專頁關注影音文件，並與管理員或其他粉絲互動，才是影音文件追求的使用效果。本文透過統計近 6 個月時間內四大博物館發布的影音文件的瀏覽人數、點贊人數，分析多少比例的粉絲是真正活躍在粉絲專頁中的。

表 3　近 6 個月內，中外博物館社交媒體影音文件的談論率情況

博物館名稱	影音文件數量	瀏覽量	按讚人數	平均談論率
北京故宮博物院	2	3379	2359	69.8%
中國國家博物館	1	89	49	55%
美國紐約大都會藝術博物館	59	9224322	222286	2.4%
英國大英博物館	54	3101425	149514	4.8%

從談論率來看，故宮博物院的數值要遠高於其他博物館，大都會藝術博物館和大英博物館的談論率比較接近，國博的談論率最低。故宮博物院和國家博物館的影片都是關於其展品和展覽的介紹，內容比較新穎，所以關注度比較高。

大都會藝術博物館和大英博物館經營時間比較長，有穩定的觀眾，所以，談論率比較穩定。形成鮮明對比的是，國外兩家博物館近 6 個月內發布的影音文件的數量是中國兩家博物館的 30 ～ 50 多倍。

下文將根據 Facebook 粉絲專頁成功經營要素來審視博物館的影音文件與粉絲專頁的經營情況。

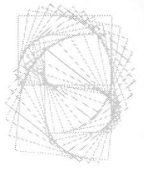

表 4　社交媒體專頁成功經營要素評估方式

成功經營要素	評量方式
以影音文件豐富內容	比較各博物館在粉絲專頁上傳影片的數量
與其他社群媒體連結	比較各博物館在粉絲專頁刊載其他社群媒體連結的個數
發文語氣貼近大眾	將發文語氣歸類為：朋友、說故事、公告。朋友和說故事的語氣較貼近大眾
掌握發文頻率	比較各博物館在粉絲專頁發布影音文件的間隔天數
熱切回應成員意見	比較各博物館回覆粉絲意見的回帖數量
舉行活動、鼓勵參與	比較各博物館發起活動的數量，以及是否將活動邀請發送給粉絲
帶動討論	比較各博物館發布的具有討論性議題或鼓勵大眾發言的影音文件的數量

根據表 4 所列要素，以下將針對各博物館分別進行比較。

1. 內容面

①以影音文件豐富內容：因為影像素材能夠吸引觀眾的注意，所以，四大博物館皆使用圖片資料等豐富粉絲專頁內容。但是，在使用影音資料時，中國的博物館顯得特別薄弱，近 6 個月內只發布了一兩段影片，並且都只在一分鐘以內。大英博物館經常上傳與博物館相關的影音資料，包括幕後影片、宣傳影片。大都會藝術博物館則是有一檔固定節目——邀請藝術家講解藏品，透過這種形式使得觀眾與藏品的距離拉近。

②與其他社群媒體連結：透過粉絲專頁與其他社群連結可以提升專頁的曝光度。故宮的粉絲專頁連結有它自己的官網、故宮淘寶、故宮商城、故宮出版社以及優酷視頻。國家博物館可連結到古代錢幣、古代玉器藝術、古代佛造像藝術、古代青銅藝術、古代瓷器藝術、古代經典繪畫以及優酷視頻；館內微博有國博衍藝、國家博物館公共教育、國博講堂。大英博物館則可連結到 TripAdvisor、Twitter、Instagram 和 Youtube。大都會藝術博物館與大英博物館類似，多了一個 Pinterest 的連結。

③發文口氣貼近民眾：社交媒體粉絲專頁設立的目的就是希望建立與粉絲的聯繫，因此令民眾感到親切的口吻非常重要。故宮和國博在這方面都做

得比較好，多採用朋友般的、時下流行的語氣，有助於加深博物館與粉絲間的聯繫。大英博物館多採用說故事的方式介紹博物館展品和訊息，紐約大都會藝術博物館發文口氣較生硬，比較偏向平淡和生硬，讓人有距離感。

④發布影音文件的頻率：故宮近 6 個月內發布 2 段，國博發布了 1 段。大英博物館和大都會藝術博物館每個月發布影音文件 9 段以上。

2. 互動面

①熱切回應成員意見：四家博物館回應粉絲的留言都比較少。

②帶動討論：大英博物館偶爾會發布一些具有討論性的議題或鼓勵民眾發表感想，引發其主動回應。大都會藝術博物館發文幾乎都是單方面地公布消息。

表 5　中外博物館影音文件經驗狀況比較

	成功要素	故宮博物院	國家博物館	紐約大都會藝術博物館	英國大英博物館
內容	以影音文件豐富內容	●	●	★	★
	與其他社群媒體連結	●	★	★	★
	發文語氣貼近大眾	★	★		★
	發布影音文件的頻率			★	★
互動	熱切回應成員意見				●
	帶動討論			★	

注：★ 表示不僅具有該要素，並且優於其他博物館。
　　● 表示具備此要素。

四、影音文件在博物館社交媒體應用中的建議

社交媒體的消息傳播能力已被各大美術館所認知，成為博物館喜愛的網路社交行銷工具之一。透過以上比較，我們可以發現如何用影音文件持續吸引粉絲，增加曝光率，如何增加與粉絲的互動，以及借由各種活動增加粉絲的黏黏度和回訪率，達到文化行銷的目的。下文針對中國博物館社交媒體粉絲專頁經營提出幾點建議。

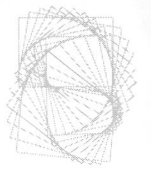

（一）善用影音文件做藏品介紹

無論是大英博物館還是大都會藝術博物館，使用影音文件的頻率都相當高，這符合當下文化傳播的趨勢，中國博物館在使用照片方面已與國外同步，但是在如何透過策劃主題使用影音文件方面還有距離。這個距離不是技術上的距離，而是意識和觀念方面的距離。

（二）社交網站連結

如今的社交媒體除了微博，還有微信、騰訊視頻、優酷視頻等社交網站，可以相互連結，以增加曝光度和知名度。隨著智慧手機等移動終端的普及，各種APP客戶端也應運而生。博物館需要緊跟技術發展的趨勢，推動影音文件的製作和傳播。

（三）與粉絲互動

博物館經常給人刻板的印象，一個重要原因就是與粉絲的互動太少。社交媒體上的互動不僅限於直接回答粉絲的問題，也可以發表對留言的感謝與感想，甚至可以採取與粉絲線上直播的方式進行溝通，建立良好的互動關係，增加粉絲回訪專頁的意願。

（四）引發粉絲的討論

影音文件的內容設計上可以多增加一些引發粉絲自主討論的思考性議題，活躍專頁人氣。粉絲也有可能因在這裡找到志趣相投的朋友而增加對專頁的黏黏度。

五、結語

博物館作為經營文化的專業機構，在數位化時代面臨著諸多挑戰。本文從博物館在社交媒體粉絲專頁上影音文件的使用情況入手進行分析，不過，社交媒體詳細的經營績效，如每日粉絲活躍數、媒體使用量、回應篇數等，這些數據只有管理者才能得知，因此，本文只能使用一些表面和次級資料去觀察和分析，無法做到更加精準地去研究粉絲特性，這也為今後進一步研究留下了空間，有待下一步做更深入的研究。

（劉凡，武漢紡織大學副教授、碩士生導師，中南民族大學博士後。英國威爾士大學駐地藝術家、德國薩克斯—安哈特文化。）

從申請世界遺產片到紀錄片——記憶的複數性與表象化

祝昇慧

摘要：本文圍繞導演劉湘晨拍攝的有關新疆維吾爾木卡姆的申請世界遺產片和紀錄片兩部影像文本進行比較，從邊緣族群的顯影與去蔽、影像敘事的淺描與深描、拍攝者與被拍攝對象之間意義之網的編織等方面考察記憶表象化的過程；繼而進入到文化記憶的深層，透過木卡姆藝術的地緣生長、歷史演變、文化形態的融合與分化，捕捉其生生不息的傳承機制，以對當下的非物質文化遺產保護提供啟示。

關鍵詞：影像民族志；非物質文化遺產；文化記憶；木卡姆

在非物質文化遺產的搶救和普查工作中，視覺人類學以其全息的、動態的影像記錄功能，越來越發揮著文字媒介不可替代的重要作用；更為關鍵的是，在「看」與「被看」之間，文化記憶的「可見」與「不可見」部分得以表象化，邊緣群體的認同也得以重新建構。

本文即透過對同一位導演的兩部影像文本（申請世界遺產片和紀錄片）的比較，釋放文化記憶中被遮蔽及被凝固的地方，尋找民間文化傳承的內在動力。

一、兩個影像文本的比較

2003 年，導演劉湘晨受新疆維吾爾自治區文化廳的邀請拍攝《中國新疆維吾爾木卡姆藝術》宣傳片，以作為向聯合國申報第三批「人類口頭和非物質遺產」的影像媒介。雖然，申報片拍攝順利並且申請世界遺產成功，然而，在拍攝過程中，導演卻苦於找不到感覺，各地組織的熱鬧的木卡姆展演與他多年來對新疆這片土地的理解相去甚遠。

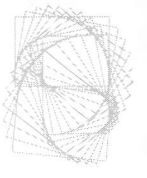

直到有一天他在拍攝途中無意中發現了維吾爾中的邊緣人群：民間流浪藝人阿希克，由此找到了木卡姆生生不息傳承至今的民間之源。正是這一最初的感動和機緣，促成他籌資拍攝了紀錄片《阿希克：最後的遊吟》，記錄下這一另類人群的生命樣態與木卡姆的靈魂吟唱。

圍繞著木卡姆的兩個影像作品——時長 10 分鐘的申請世界遺產片與時長 4 小時的紀錄片進行文本解讀，我們可以從邊緣族群的顯影與去蔽、文化影像的呈現方式、拍攝者與被拍攝對象之間的關係等方面進行比較，並考察記憶表象化的過程。

（一）文化影像：邊緣族群的顯影與去蔽

邊緣，簡單而言，指的是人們在主觀認知上遠離「核心」的地理空間、社會場域或人群。邊緣相對於核心主體而存在；相對於核心主體的單一、正統、典範、秩序與權力，邊緣是多元、混雜、異端、失序的，因而應受核心權力的控制。這是任何人類社會，人們在其各種中心主義下對「邊緣」的普遍看法。

新疆就是處於各種文明邊緣的地方。在中國，它是政治、經濟、地理的邊緣，同時也是伊斯蘭教、基督教、佛教、漢民族、儒家文化等各種文化的邊緣。由於獨特的地理位置，新疆把這些不同的文明和不同的文化銜接起來，同時它擁有世界上最獨特的一條最長的海拔垂直線，不同的植被、動物、人類依據不同的海拔分布，呈現不同的色彩。

全世界很多互相矛盾、尖銳對峙的因素都凝結在這個點上，對整體世界而言，新疆就是一個標尺，每一種不同的文明、每一種生活樣式都能在這裡找到相對應的參照。

因此，新疆維吾爾木卡姆藝術成功申報人類遺產這一事件本身，既是族群由邊緣向中心的突圍之舉，也是國家層面文化政治的運作結果。有學者根據中國進入 UNESCO 非物質文化遺產名錄項目具有廣泛覆蓋邊疆行政區域，以及少數民族項目所占比重較大等分布特點，指出其中具有維護邊疆安定、國家主權統一，以及體現多元一體中華民族格局的深層考慮。

視覺人類學
下篇

　　這也是新疆維吾爾木卡姆何以能夠在國際上已有伊拉克木卡姆、阿塞拜疆木卡姆和烏茲別克史坦、塔吉克史坦聯合申報的莎什木卡姆位列人類非物質文化遺產後還能成功入選，以及在中國上報文化部的少林寺武功、福建南音、侗族大歌、白族繞山林、藏族史詩《格薩爾》、剪紙、廣東粵劇等14個項目中脫穎而出的原因。

　　「中國新疆維吾爾木卡姆」，是流傳於中國新疆各維吾爾族聚居區的各種木卡姆的總稱，是集歌、舞、樂於一體的大型綜合藝術形式。然而，在維吾爾人的特定文化語境中，「木卡姆」一詞的文化蘊含，已經遠遠超出了藝術體裁的狹義範圍，成為包容文學、音樂、舞蹈、說唱、戲劇乃至民族認同、宗教信仰等各種藝術成分和文化意義的詞語。在中國新疆，哪裡有維吾爾人，哪裡就有木卡姆。它滲透於維吾爾人社會生活的各個方面，成為維吾爾人不可缺少的精神食糧。

　　在申請世界遺產片和紀錄片中，新疆的地緣特點首先得到了鮮明的顯影。在兩部影像文本中，均出現了對維吾爾木卡姆分布狀態的「地圖」繪製。流傳於新疆各地的維吾爾木卡姆多元一體，既有共性，又有不同地方的差異性，形成了不同的樣式。《十二木卡姆》是維吾爾木卡姆的主要代表，流傳於南部新疆的喀什、和田、阿克蘇地區和北部新疆的伊犁地區。

　　《刀郎木卡姆》主要流傳在「刀郎地區」，即塔里木盆地西、北緣的葉爾羌河至塔里木河兩岸，以喀什地區的麥蓋提縣、巴楚縣和阿克蘇地區的阿瓦提縣為中心。《吐魯番木卡姆》主要流傳在東部新疆吐魯番地區的吐魯番市、鄯善縣和托克遜縣。《哈密木卡姆》主要流傳在地處新疆東大門的哈密地區的哈密市和伊吾縣。因此，地緣性是構成族群認同的第一位要素。

　　然而，我們在申請世界遺產片中只看到像風光片一樣美麗的沙漠、駱駝、綠洲的鏡頭掠過，卻沒有看到「與新疆這片土地殘酷本質相契合的那種終極表達方式」；相反看到的更多是停留在淺表的載歌載舞的場面，是符合聯合國教科文組織所標定的文化表現形式。而事實上，維吾爾民族對歌唱、對舞蹈的選擇、熱愛和擅長相較於基於地理環境的需求則是「第二位的文化意識」。他們將現實環境與生活在心靈的投射，選擇以歌與舞的形式表達。

從申請世界遺產片到紀錄片——記憶的複數性與表象化

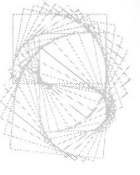

歌舞是他們最重要、也是最習以為常的表達方式，如同微笑、語言、行為與表情的功能一樣，有著最天然的動機與需求。節假日、所有歡聚場所或劈柴揚麥的時候，歌舞無處不在。因此，歌舞可以最便捷地用來在申請世界遺產片中營造和諧的文化景觀，音樂歡快，舞步曼妙，每個人臉上都洋溢著笑容，傳遞著幸福祥和的信號，適宜上升為國家在國際上文化形象的代表和多民族團結繁榮的象徵。

但這種影像的生產卻成為導演劉湘晨心中的「缺憾」，他想要挖掘木卡姆最深層的傳承動因，尋找一種更契合這片土地和生命的表達方式，去除認知上的盲點，釋放被遮蔽的存在，更正長期以來人們對於新疆的隔膜、想像和誤讀。

機緣湊巧，在拍攝申請世界遺產片的途中，某日在疏勒縣的罕南力克鄉，一幫被組織的人在演唱木卡姆，其中一位藝人引起了導演的注意。藝人穿得很破，走路像是褲裡夾著個苞米棒子怕掉的樣子看上去很不抻脫，一唱起來臉上的神情一下全變了，沒有日常的萎縮，只有陶醉，只有心境的任意揮發，能看到義大利盲人歌唱家安德烈·波切利演唱《托斯卡》「今夜星光燦爛」的神情在他的臉上流溢，原來演唱一片混亂的藝人們一刻間也有了準頭兒，一曲終了，人人大汗淋漓。

導演形容自己那天拍攝的感覺像一回重生。由此，他第一次知道了維吾爾中的一個另類人群：阿希克，並萌生了拍攝的衝動，其後就有了《阿希克：最後的遊吟》這部紀錄片的誕生。

阿希克的本義為「痴迷者」，他們堅守信仰，追求世俗的放棄以全身心地侍奉真主。日常的苦修生活主要是打薩巴依吟唱、舉鉢乞討並朝拜麻扎（伊斯蘭教的聖地、聖徒墓）。這種宗教上的追求使得他們的演唱極為赤誠與純粹，為維吾爾木卡姆提供了最鮮活的呈現。

《十二木卡姆》中每一部完整的「木卡姆」都包括「瓊乃額曼」「達史坦」「麥西熱甫」三大部分。「麥西熱甫」相當於《詩經》「風、雅、頌」中的「風」，是最能表現民間的生活樣態和風貌、最具生氣的部分。如果沒有「麥西熱甫」這一部分，木卡姆就缺少了最有生氣、最具感染力、最能打動人、最能承載

民間情慾的部分。而這一部分主要是由阿希克來唱，這就是阿希克存在的意義。

由於特立獨行的生活方式，阿希克始終處於社會和心理的雙重邊緣，是「邊緣人中的邊緣人」。然而，《阿希克：最後的遊吟》使得數個世紀在新疆大地行吟的阿希克們第一次被記錄在鏡頭中，其中有持之以恆的隱修者，也有小商販、剃頭匠、種花匠、鐵匠、巫醫、掘墓人等各種不同職業的阿希克。

阿希克們正是透過吟唱的古老方式向真主表達摯情並實現內心的懺悔，他們身體力行，不斷地棄絕自身物質性的維度以達至心靈的淨化與靈魂的飛昇。

雖然，申請世界遺產片和紀錄片同為一位導演所作，題材同是圍繞木卡姆展開，然而不同的表達訴求使得它們的面貌迥然相異。當然，申請世界遺產片受制於時長及國際規範的要求，不帶有創作的自主性，但它也反映了以遺產宣傳為導向的申請世界遺產片對於文化的理解和表達所顯影和遮蔽的內容。

恰恰是在紀錄片中，對於傳達新疆這片土地精神本質的木卡姆靈魂的追問實現了一種認知上的「去蔽」，也將真正邊緣的族群帶回了人們的視野中，使得拍攝者和觀者都得到了生命的洗禮。

可以說，《阿希克：最後的遊吟》承續了20世紀90年代以來紀錄片文化中的「民間」話語，它是隨著社會文化轉型而從主流文化中分離並迅速成長的新話語。它的動機在於從民間、邊緣等處展開召喚新的文化元素，並以此逐步實現對原主導文化的解構和更新。

所以，遠離文化中心的「民間」是一種批判性的文化資源。這也可以解釋為什麼那個時期的紀錄片總是不自覺地從民族地區尋求素材，那種影像的新鮮感和獨特性是有內在文化驅動的。

（二）影像敘事：鏡頭的淺描與深描

正如格爾茨所言，「如果你想理解一門學科是什麼，你首先應該觀察這門學科的實踐者們在做些什麼」。在視覺人類學領域，從申請世界遺產片到

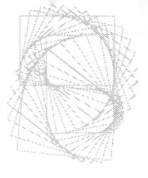

紀錄片的影像實踐，恰是由「淺描」到「深描」的轉變，這為非物質文化遺產的文化闡釋與認知突破提供了一個反思的契機。

文化這部行為化的文獻，好似一個模仿的擠眼，或一次模仿的搶羊襲擊，就是這樣為公眾所有的。儘管是觀念化的產物，但它卻不存在於某個人的頭腦中；儘管是非物質的，但它卻不是一個超自然的實體。因此，所應發問的，不是它們的本體論地位如何，而是它們的含義是什麼；在它們發生之時，透過它們的媒介作用，所要說的是什麼。

作為由可以解釋的記號構成的交叉作用的系統制度，文化不是一種引致社會事件、行為、制度或過程的力量；它是一種風俗的情景，在其中社會事件、行為、制度或過程得到可被人理解的——也就是說，深的——描述。簡單來說，以眨眼為例，「淺描」只是如其本然地表示眨眼的動作，而「深描」則會對眨眼進行文化意義上的闡釋，解讀出其中不同的暗示和含義。

作為非物質文化遺產名錄項目申報材料的主要組成部分，用於評委審議項目時為之放映的影片在實際申報過程中具有重要的作用。《公約》和《操作指南》對影片從技術上和內容上進行了規定。技術上要求專業製作，不超過 10min，配製英法同期旁白和字幕等；內容上要求闡明申報書的主題，主要包括展示其社會或自然環境中的各種文化表現形式、解釋價值所在和人類創造力的表現、說明傳承現狀、陳述保護計劃等方面的內容。

影片的製作包括兩個主要關鍵環節：腳本的寫作和鏡頭語言的轉換。即首先透過專家學者的多次研究論證，形成專業技術語言的初稿，然後再轉化成文化性的語言，表達出申報項目符合列入代表作名錄的所有標準，撰寫拍攝腳本。其次根據拍攝腳本，收集和選取相關圖像資料，透過真實與形象的結合，用形象的鏡頭事實來傳播訊息、表達思想，突出宣傳片直觀形象的表現力，實現申報材料文字向圖像、語言向通俗的轉化。

新疆維吾爾木卡姆藝術當時拍攝申請世界遺產片時，由於對聯合國教科文組織的要求領會偏差，還走過一段彎路。導演劉湘晨和攝製組的其他同志按照申報文本，拍攝了長達 36 個小時的影像資料，18 個小時的同期聲錄音資料，希望做成一部全面反映維吾爾木卡姆的「紀錄片」。結果文化部外聯

視覺人類學
下篇

局國際處給出的意見，使他們明白，這不是一部一般意義上的「紀錄片」，而是一部「說明片」，而且申請世界遺產片的每一部分內容，時間長度都有嚴格規定，是「規定動作」。申報單位只能在這個框架內去做文章，不僅要把文章做活、做好看，更重要的是要能回答國際評委想要瞭解的問題。同時，音樂類項目還要保證所採用音樂的完整性。

因此，按照這樣的「規定動作」出品的申請世界遺產片自然是將鮮活的非物質文化遺產條分縷析、分門別類地納入相應的國際標準之下。在《中國新疆維吾爾木卡姆藝術》申請世界遺產片中，我們看到字幕按照：文化表現形式；地方多樣性；社群參與；自發創造力；歷史發展與文化價值；消失的危險；木卡姆的現狀保護與未來計劃 7 個方面的內容分別以影像的方式予以呈現，每個方面下面還列出若干條具體的文字說明。

以文化表現形式為例，原本歌、舞、樂三位一體的木卡姆表演被肢解成歌、舞蹈、音樂 3 個細類分別予以展示，在音樂這一類下面又列出都它爾、熱瓦甫、彈布爾、薩它爾、達普、納格拉、哈密艾捷克、刀郎熱瓦甫、刀郎艾捷克、卡龍等各種伴奏樂器。

於是，雖然申請世界遺產片是以影像的方式表達木卡姆藝術，而實際上卻是按照文字敘事的邏輯來組合全部的內容，影像不過是作為輔助的工具，用來配合文字，並不具有獨立的表達，真正決定其表達的是與國際接軌的聯合國標準、國家的意識形態整合以及地方民族主義話語的建構這些權威的力量，這也注定了影像只能是對文化的一種「淺描」和概念化圖解。

相比之下，紀錄片的影像敘事充分地發揮出鏡頭語言的優勢，更好地表達出民間文化的流動性與木卡姆藝術的身體性特點。導演改變以往定點拍攝的慣習，採取全開闊的方式，放眼以喀什、和田兩地為視角，將近 500～1000 公里區間的阿希克「一網打盡」。

在眾多的人物和頭緒中，布置了一條與特邀顧問薩帕爾·玉素因先生一路找尋的線索，使得故事的推進和人物的邏輯線索相對清晰。在人物的選擇上，體現了由每位阿希克單獨的「點」兼顧新疆阿希克整體生存狀態「全貌」的思考，不同職業、不同年齡、不同類型的區分均有所照應。

從申請世界遺產片到紀錄片——記憶的複數性與表象化

鏡頭跟隨著阿希克們流浪的足跡，以最近的距離捕捉他們近於隱形的日常生活。英吉沙的吐爾遜阿希克常年遊走於麻扎之間不問世事；疏勒的剃頭匠巴拉提阿希克經常穿行於鄉間集市上給人理髮；乞丐阿希克阿不力米提落腳於茶館間終日乞討；3位年輕的阿希克闖蕩烏魯木齊迫於生計到娛樂場所表演木卡姆；每一個麻扎的黃金堆火旁齊聚著阿希克們；莎車鐵力克巴格罕尼卡（胡楊花園寺）的主麻日（週五）禮拜。

不同於申請世界遺產片中的歡快氣氛和華麗光鮮，紀錄片更多呈現的是苦難的基調和粗糲的質感。特寫鏡頭常常停留在阿希克們吟唱時潸然淚下的雙眼，極盡掙扎的臉部表情，喉嚨低低的沉吼，迷狂不能自已的抽搐，隨著節奏晃動的頭部，揮動薩巴依的擊打動作，越益增強的身體旋轉。

貫穿始終的是阿希克們不絕於耳的發自內心的吟唱，時而急促，時而蒼茫，歌詞中的呼告直擊聽者的靈魂，追問關於生命終極意義的思考。「真主，我的朋友／給我一杯酒抛棄塵世／讓我成為殉道者」；「我的情人／我是為您歌唱的乞丐／我抛棄了塵世／是否有人記得」；「您是世間唯一至尊／一滴水透過您的神力成為人」；「如果人生是件衣服／你會用一生縫製／如果你想穿上衣服／最後不過是無袖外衣（裹屍布）」；「我來到這個世界／發現生命如此短暫／閉上眼睛沒有打開／我是流浪漢到處流浪／我會為情人犯下大罪／不祈求能否被赦免」；「如果摯情在燃燒請您再賜予光芒／再次來到您身邊您會垂恩於我嗎／垂恩於我您會寬恕我的罪過嗎／清晨起來為真主含淚泣血／真主願你實現願望」。

吟唱或演唱，是阿希克存在最重要的方式，導演用了大量的磁帶完整記錄了他們各種場合的吟唱或演唱。對於他們，睜開眼睛隨著身體被放置在任何地方這是流浪，身心遠遊。唯有在吟唱或演唱的時候，才能看到阿希克所有的神采，那是他們正在回家的路上。

依託資源豐富的「新疆素材」，導演劉湘晨在經歷了早期的歷史人文紀錄片的創作後，隨著20世紀90年代部分紀錄片導演進駐中國影視人類學學科殿堂的潮流，其新疆影像也發生著轉型。《阿希克：最後的遊吟》正是其完成人類學轉向後的代表性作品，既延續了《最後的山神》《最後的馬幫》

等「最後」序列，關注文化劇烈轉型中的「最後者」；更突破了跨文化、跨語言的障礙，強化自身對不同文化認同的自覺性，並清醒認知到作為一個外來者的記錄和敘事的有限性。

當劉湘晨自覺地以人類學的思維視角、觀察方法和呈現方法去駕馭影像時，他已經在創作不同於一般紀錄片的影像民族志了。區別於一般紀錄片側重於情節、矛盾衝突等趣味性和觀賞性，影像民族志更注重於「把一個民族的文化形態、民族心理、生存現狀以及正在經歷的變化記錄下來，它會更多地反映被拍攝民族方方面面的價值」。

另外，與文字型民族志剖絲析縷的「深描」方式不同，影像民族志的「深描」主要透過影像工具對現實情境進行精密記錄與細節性呈現，以「語境強化」（Context-Ement）的方式，對文化事項中所蘊含的多元訊息進行描寫。一方面，攝影機所拍攝的鏡頭當中含有許多有可能在文字書寫過程中被忽略或難以言說的訊息——這些視覺-聽覺訊息未必需要轉化為文字的形式，反而透過影像的呈現更能為觀看者所理解或體驗——如儀式上的迷狂氣氛、談話者的交流語境等，而這些微妙的訊息正是「深描」所尋求的語境關聯。另一方面，民族志電影製作者能夠透過影片拍攝期間對機位和景別的安排與調度，剪輯期間的蒙太奇設計（單線、平行或是交叉剪輯等），呈現環境、人物、事件進展以及拍攝者主體意識等不同層次的內容，對文化事象進行細密、深入的視覺表現。

（三）意義之網：他觀與自觀

所謂文化就是這樣一些由人自己編織的意義之網，因此，對文化的分析不是一種尋求規律的實驗科學，而是一種探求意義的解釋科學。在影像文本的實踐活動中，意義之網是由拍攝者與被拍攝對象共同合作完成的，這裡包含了兩個方面的意思：

一是被拍攝對象是為誰而演唱或者說演唱給誰看的；

二是拍攝者是為誰而拍攝或者說拍給誰看的。只有弄清楚「看」與「被看」的關係，我們才能對影像文本的知識生產與文化闡釋有所洞察。

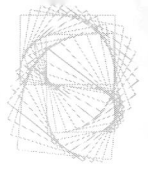

就影像文本而言，看或被看，是一種不可避免的狀態。問題是，我們是在什麼情況下在場觀看？觀看者和被觀看者處於什麼關係？透過我們的觀看，呈現的是自己文化的影像記憶，還是現實人文的多重鏡像？

我們的圖像如何具有我們的文化特質？費孝通先生關於「我看人，人看我」的人類學觀察，從視覺人類學角度可以在不同的斷句情況下理解：我看人，人看我；我看人，也看我；我看人怎麼看我；等等。這些都是我們在影像文本的調查拍攝中需要考慮的問題。

在田野考察中，如何建立拍攝者與被拍攝者的關係是首要的事情。導演劉湘晨認為，拍攝者和被拍攝對象之間不應該有距離，要儘量地貼近最自然的狀態，不是把文化從生活中剝離出來，而是去真實地再現滲透了文化的生活。

一是要掌握被觀察族群的文化，文化形態是一個不斷發展變化的變量，抓住一個民族文化形態的基本特徵，既需要深刻的學理背景，也需要具備多年的現場經驗，成為一種原本並不熟悉的文化形態的「知情者」是很難得的。

二是要獲得被調查族群的信任，進入田野後，與田野對象的交流是一個漫長的互動過程，重要的一點是：對被調查族群文化所有者保持尊重，以慈善的或高高居上的一個「外來者」的角度來觀察是行不通的。

在這個過程中，拍攝者與被拍攝對象還要面對由於宗教差異和城鄉差別帶來的文化上的隔膜、誤解和衝突。只有當拍攝者能夠在族群中擁有一定的話語權，話語的可信度能夠獲得更多的認知、認同時，才算是和被拍攝對象建立起一種彼此不是表面的情感屬性的聯繫，而是基於完全平等基礎上的相互信任。

劉湘晨談到，他與每一位阿希克結識的過程都不是一件容易事，這些每天耽於內心、長期獨自冥想的阿希克個個敏感異常，一句話、一個眼神的交流不對勁，整個拍攝計劃就會毀於一旦。他雖然長年生活在新疆，但實際上是個漢族人，維語單詞掌握得很有限，無法有更多的語言交流，只能用行動，用沉靜的傾聽和真誠的注視等待機會。

視覺人類學
下篇

　　在後來拍攝的階段，那些荒僻的麻扎已經習慣了他每次的出現和離去。那時候，他飄然垂胸的鬍鬚足有 20 公分長，一次，英吉沙的吐爾遜阿希克對他說：「散，瓊瓊阿希克。」（意思是：你，大大的阿希克。）將異文化者當作自己人，這才是來自文化持有者的最大認同和褒獎。

　　解決了拍攝者與被拍攝對象關係的問題後，需要進一步考察被拍攝對象在鏡頭面前是如何透過身體進行表達的，他們是如何看待本族群文化，他們意識中針對的表達對象是誰。這些問題都會決定被拍攝對象在「被看」時對於表達內容和方式的選擇，也決定影像文本傳達文化訊息的深度和廣度。

　　對此，我們可以比較申請世界遺產片和紀錄片中被拍攝對象與鏡頭的關係。導演劉湘晨談到他在拍申請世界遺產片時，到處看到的是組織好的木卡姆演出，雖然很熱鬧，卻讓他極乏興致，有一種「找不到觸覺的隔膜」。

　　當木卡姆被作為非物質文化遺產，由地方性文化向國家象徵及人類遺產晉升時，它所針對的對象早已不是本民族本地域中大多數的普通民眾，而是由專家學者、文化官員、評審機構等組成的外在權威，它的最終的也是對其命運最有話語權的對象是聯合國教科文組織少數的國際評委。

　　因此，這是一個多方勢力共謀的表演，甚至拍攝者也只是整個計劃中的一個因子，他和他的錄影機成為一雙用來篩選遺產和表徵遺產的眼睛，為其後許多雙眼睛的「看」生產出合乎遺產話語與規範的被拍攝對象。

　　於是，我們在申請世界遺產片中看到的是表演性、觀賞性很強的歌舞場面，包括一些舞蹈中搖肩動頸、閃轉騰挪、叼花、頂碗、模擬動物的絕活兒。我們的觀看體驗是愉悅的，可以說透過觀看，我們對於新疆這片土地的認知較之先前在電視風光片或媒體報導中得到的印象並未有所突破，還是停留在淺表的層次。

　　因此，在後來紀錄片的拍攝中，導演放棄了原來拍攝申請世界遺產片時組織演唱的一貫做法，堅持「直接介入」阿希克們所在的現場。例如，他對乞丐阿希克阿不力米提的拍攝，就是在完全沒有任何預設的情況下直接進入一家茶館與他「撞」在了一起。

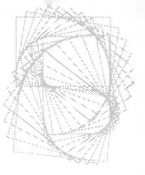

如果說申請世界遺產片中的木卡姆表演者意識中有外在權威等潛在觀眾的存在，民眾日常生活中傳承的木卡姆，藝人也會有一個與現場觀眾交流互動的過程；那麼，阿希克的演唱則完全不同，他們與表演關聯不大，發生的場景，不是乞討，就是禱告或懺悔的時候，他們的心目中也有一個對象，那就是真主，是信仰。

因此，阿希克更注重內心完成的過程，而不是面對公眾的歡愉，這個動機的力量是支撐他們從800年前走到今天的根本原因。正是因為吟唱方式與生命方式的極大契合，使得阿希克成為維吾爾木卡姆中最能體現民間意志和情緒的「麥西熱甫」部分的民間承載者和傳承人，經久流傳的民歌、祺誦、懺悔和大量的勸誡，都是阿希克的貢獻。阿希克的唱作和他們的心理體驗是木卡姆最重要的情感蘊含和基質。

繼而，我們要追問的是影像對於拍攝者的意義何在，他的動機是什麼、他的受眾又是哪些人。從申請世界遺產片拍攝的緣起，我們知道這是受人之託，為了申報聯合國人類遺產的目的，而紀錄片則是導演在接觸到阿希克這一另類人群後的拍攝衝動。前者有充足的經費，有文化官員的陪同，用了一年的時間；後者費盡周折，到處籌錢，甚至搭上自己幹別的活賺的錢，歷時5年才完成。我們可以理解為是導演劉湘晨作為一個在新疆生活工作多年，並且拍攝了多部新疆影像作品的漢族人對於這片土地的熱愛，但這還遠遠不足以抵達問題的核心，這裡有一個從申請世界遺產片的「他觀」到紀錄片的「自觀」的心路歷程。

導演劉湘晨之所以接受申請世界遺產片的任務，一方面是基於一個人類學家在文化上的判斷，他認為，新疆這片土地占全國的1/6，除少量宜居的綠洲，大部分是高山和荒漠，決定了這片土地乾涸、荒涼的地理本質，而能傳達這片土地精神之蘊的唯有維吾爾的木卡姆。

另一個原因，是他基於個體生命終極價值的訴求，完成這樣一部影視作品無疑是完成他作為新疆人最終極的一種表達和理解，也是他在現代都市異化空間之外尋找對於生命存在有所領悟的地方。

然而，他自比為一個門外窺探者，認為自己對於木卡姆的瞭解如同對新疆自然地理的感受一樣，知其存在並自然接受其所有最溫情與最嚴苛的給予，並不真正瞭解它的實際蘊涵、構成與綿延繁複的歷史。而一般人對木卡姆所隔膜、所欠缺、所無法認知的那些內容，實際上，正是木卡姆構成最重要的原因。因此，影像的拍攝首先是一次深入異文化腹地的認知之旅。

隨著申請世界遺產片的拍攝進展，從新疆木卡姆團調看的演出錄影和沿哈密、吐魯番、庫車、阿克蘇、喀什、莎車一路被安排觀看的演出現場，在劉湘晨看來，場面不可謂不宏大、不華麗，但卻很難被激動，因此，他困惑於木卡姆震人攝魄的力量究竟在哪裡？直到他遇到剃頭匠巴拉提阿希克，為他那演唱時的迷醉和癲狂，敞開內心向蒼天告白的虔誠與純粹所深深觸動，並帶著這份最初的感動獨自上路繼續去尋找木卡姆真正的靈魂。

劉湘晨在自己的創作手記中寫道：沙漠絕境的曠達遼遠是宿命，是輪迴，是無可抗拒的人生際遇，不存在逃避的可能和哪怕最低限度的雕飾，同樣人類的七情六慾被整合為一種苛儉的面對，孤獨、渴望與宣泄的變奏交織，尋找心靈的依託與皈依，釋放巨大的幸福感與存在，這就是木卡姆最初的動機、訴求與完成……而阿希克們，本質上說，更多的是出於一種選擇，讓自己沒有現實生活中任何可以炫耀、可以憑藉的東西，以世人最不齒的乞討為唯一的生活方式，以最大可能的捨棄來保持心靈最大可能的單一、純淨，朝拜麻扎和日夜不停地吟唱是他們尋求真知、尋求接近真主的心靈過程，這就是支撐阿希克人生的所有理念與價值。

於是，在這場文化苦旅中，劉湘晨承認最深刻的反思是對於他個人人生、生活觀念的改變。價值觀不斷被校正，在接近一種更樸實、更具質感、更直接的生活方式，另外在觀察其他民族的同時反觀自己，也多了一個參照。由此，對於木卡姆文化的認知發現與個體生命的終極追問兩條線索就這樣緊密地融合在一起，拍攝者在「他觀」的同時獲得了「自觀」的收穫。不同於申請世界遺產片中「對象」的「被看」，紀錄片是透過對「他者」的「看」達至對自身存在的重新認知，即透過「理解被表述對象繞道理解自己」。

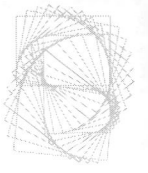

拍攝主體對於終極價值的追問與被拍攝對象生命存在的極致表達在精神上的契合，以及拍攝主體對於被拍攝對象文化的認同使其自身也成為如阿希克一樣的「痴迷者」，這使得這部影像作品從日常生活的敘事中昇華出史詩的品質與力量。當史詩（或道路）再次將過去與將來聯繫起來之際，現在的存在就將在歷史塵土的遮蔽之下重新出現，我們將走出邊緣，進入一個新世界。

二、記憶的複數性與表象化

如果說兩部影像文本只是呈現了新疆維吾爾木卡姆藝術的「文化切片」的話，那麼我們有必要深入到「層累式」的文化記憶中去考察其傳承機制。木卡姆在新疆特殊地緣中的出現和生長，在歷史上形成演變的發展脈絡，融合與分化中的文化形態，都提供了文化記憶生成機制的歷時性參照，也為當下非物質文化遺產的傳承提供啟發。

（一）融合與分化中的文化形態

大多數的語言、文化和民族形態是呈「自然發展」狀態的。所有超越了這一狀態的，都可以被歸作升級後的結果。這些升級後的狀態，從根本上說是不穩定的，因此就產生了對其進行特別加固的需要。當文化的內部生產出認同時，必然在外部生產出異己性，相應地也就有了融合與分化兩種向度。

新疆獨特的地理位置使其自古以來就是多民族聚居、多種宗教傳播並存、東西方經濟、文化交流薈萃的活躍地區。因此，文化的融合與分化也較之大陸更為頻繁劇烈。

首先，從文化地理學的角度來看，人類生活的多樣性和差異性，人們如何闡釋和利用地理空間，人文活動與地理環境的相關性，這些空間和地點是怎樣保留了產生於斯的文化等都是其研究的範疇。

木卡姆廣義的地緣特點是指綠洲形態與環圍綠洲的大片荒漠對木卡姆氣質性的影響，那種悲涼、博大而極致的敘述方式及背後強烈的情緒狀態不站在莽山與沙海之間是無法想像的。狹義的地域影響，是指特殊的地理 - 文化

承載對木卡姆類型和樣貌的塑造。總之，地緣因素始終是木卡姆諸多音樂因素、構成及色彩而外的一個不直接顯現的敘述主體。

從早在木卡姆成型之前的帶有民歌色彩的「曠野之歌」（音為baiyawan）開始，地緣因素就已經扎根在人們的心裡。被戈壁和荒漠包圍的一個個隔絕的綠洲構成了生存的絕境，內心對孤獨、困頓、思念、愛情的依傍等各種感情，如果沒有這種生命的表達，精神將會一片空白，沒有支撐。可以說，新疆特殊的地緣特點決定了人們對於文化樣式的選擇。

木卡姆的地緣性特點從小處看，可以體現於像《哈密木卡姆》更多帶有中原漢文化的特點，而《刀郎木卡姆》更多帶有葉爾羌流域牧獵文化的粗獷特點這些差別上；也可以體現於新疆同屬穆斯林族群的塔吉克族、柯爾克孜族、哈薩克族各具神妙的表達方式卻沒有木卡姆的不同選擇上；從大處看，木卡姆也不是新疆維吾爾民族所獨有的文化現象，而是世界上幾乎所有沙漠地帶的共有現象，從也門、阿拉伯半島、兩河流域，一直到中亞，統被稱作木卡姆的黃金沙漠帶，構成了同屬沙漠絕境的同一種音樂形態的描述方式。

其次，維吾爾木卡姆在長期歷史演化過程中，經歷了早期形態、確立期、成熟發展期，最終形成了密切關聯、內涵深厚、形式多樣、內容豐富、風格獨特的多元一體樣式並傳承至今。

新疆維吾爾木卡姆的早期形態是西域大曲。它是在新疆本土樂舞文化的基礎上，經由絲綢之路傳入的外來文明在此地撞擊交融，得到互動生長，並形成歌舞樂一體的「大曲」形式。此後又循絲綢之路東漸中原，並輻射影響至日本、朝鮮、越南、緬甸等東亞、東南亞地區的音樂和舞蹈。

這種東西方文化交融的痕跡也細微地體現在木卡姆沿用的樂器、穿戴的服飾的多元色彩上。值得稱奇的是，中原地區的大曲形式在流變過程中僅存歌樂，而丟失了舞；反而在西域大曲的原發地，「三位一體」的演出形式完整地保留在新疆維吾爾木卡姆藝術中，成為「禮失求諸野」的最好見證。

在新疆維吾爾木卡姆發展史上，一個重要的事件就是伊斯蘭教的進入帶來的對木卡姆的第一次整合。伊斯蘭教從公元10世紀開始在新疆傳播，至

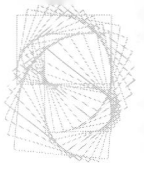

16世紀成為新疆維吾爾等民族的主要信仰。古代西域文化和波斯—阿拉伯文化的碰撞，促進了這一地區音樂文化的變異。「西域大曲」的稱謂和內涵至遲在公元14世紀逐漸被「木卡姆」所涵蓋，由此標誌著新疆維吾爾木卡姆藝術的確立。

這第一次的整合至關重要，木卡姆的古老動機由此全面切換，原本濃郁的世俗表達第一次融入宗教信仰的抒發。如果沒有伊斯蘭教的訴求與表達，木卡姆的流傳與延續就會失去最重要的支撐和動力。有趣的是，與阿拉伯半島的伊斯蘭規制和拒絕歌舞的宗教原旨相去甚遠，在新疆，宗教情懷的觀照與木卡姆之中原本的世俗動機——對人生喜怒哀樂情懷的寄託和表達並不衝突，來自民間的活力與能量依然充盈其中。可見，維吾爾人的宗教選擇很大程度決定了木卡姆完整形態的保留。

維吾爾木卡姆的第二次整合發生在葉爾羌國時期。歷經多次在太平盛世由民間上升到宮廷、富宅、名剎，戰亂時又由宮廷、富宅、名剎下沉至民間的錘煉之後，在公元16世紀由阿曼尼莎罕王妃與宮廷樂師聯手收集整理木卡姆，增補維吾爾古典文學著名詩人的經典作品，變動演唱規制、演唱要求、樂隊配置，最主要的是從內容和形式上對木卡姆進行全面雅化，使得木卡姆由此定型為與皇家宮廷演出相一致的鴻篇巨製，供上層社會和知識階層享用。

《十二木卡姆》作為其中的精華，集維吾爾木卡姆之大成，並對其他維吾爾聚居區的木卡姆產生深遠的影響。然而，隨著社會變遷和生活節奏的加快，《十二木卡姆》與宮廷密切關聯的第一部分「瓊乃額曼」瀕臨消失，反而是和民間關係較為親密的第二部分「達史坦」和第三部分「麥熱西甫」得以保留並傳承下來。

透過木卡姆基於地緣及文化上的生成與流動過程，尤其是歷史上兩次重大的文化整合所帶來的凝聚力與定型化，我們認識到，文化在融合的過程中，必須從已然陷入灰色地帶的理所當然性中解脫，透過定型、展顯、將其歸入某種風格等形式，使文化變得具有特殊的可見性。在這種造成核心作用的、已被定型的可見性中，文化就變成一個客體，供人們有意識地對其進行認同，

並變為一個集體的同時也是「文化的」認同的象徵。文化在融合的同時也在進行著分化，既有縱向的官方、精英與民間的區分，也有橫向的族群之間、宗教派別之間的區分。融合與分化是一體兩面的過程，由此形成了錯綜複雜的文化形態。

然而，在導演劉湘晨看來，木卡姆之所以生生不息的原因絕不是因為歷史上的整合，而是因為民間的這種自然存在，自然環境對人類的心理投射依然頑強存在，這種古老的表達動機和表達慾望依舊存在。每個人都有用木卡姆表達的動機、需求和能力，他們唱出來的東西只不過沒被整理，其實這些就是木卡姆的原生樣態，是維吾爾族人的水、陽光和生命。

因此，如果僅有經過官方和文人「經典化」處理過的《十二木卡姆》，那麼不足以支撐木卡姆走到今天，如同崑曲和京劇一樣，需要依靠外力傳承。正是因為民間還存在著大量像《刀郎木卡姆》這樣未經整合、更多地保留著「曠野之歌」時代特色的文化形態，以及「麥熱西甫」這樣最能表達民間情緒、生活百態的民歌形態，所以它們才是木卡姆傳承的強大生命根基。更為重要的是，新疆的絕地環境、伊斯蘭教信仰與木卡姆藝術的融合一體，離不開一代代木卡姆民間藝人作為傳承主體的存在，尤其濃烈地體現於阿希克這一邊緣群體極致的生命樣態中。

當下，非物質文化遺產運動帶來新一輪的文化整合，民間文化的價值相應地得到提升，繼 2005 年新疆維吾爾木卡姆藝術入選「人類口頭和非物質遺產代表作」後，2010 年「麥西熱甫」又入選「急需保護的非物質文化遺產名錄」。然而，民間文化在受到重視的同時，也難脫被遺產化、等級化、定型化規訓，能夠上升為國家認同的代表性文化被吸納融合，不能夠進入遺產名錄的文化則被分化排除，如同歷史上民間文化有過的載浮載沉的命運一般。

縱觀民間文化歷史和現實的處境，我們需要重新認識，民間文化並不是普遍意義上的文化形態，它是一種身處邊緣但和主流文化體系既保持關聯又形成反差的文化形態。民間文化是一種屬於亞文化的、具有地區性的文化形態，它與主流文化的關係正如口語化的日常語言和標準語言之間的關係。在遭到主流文化壓迫、過多地受到外來文化影響、被邊緣化的情況下，民族風

俗和文化傳統等便會沉澱定型為對一個「對立認同」的象徵表達方式，這個對立認同「能夠適應（和抵制）與自我形成反差的環境」。

（二）文化記憶的生成機制

為了弄清楚文化究竟以什麼樣的形式經年累月之後仍舊保持它的本色，我們把目光轉向文化的記憶層面，具體地說就是把文化視為記憶，這個記憶是由一個社會建構起來的歷時的身份。毋庸置疑，如果從共時性的角度來看，文化也服務於協調和組織不同的群體，但是它的歷時性方面，即在時間長河中定位和促成身份的功能不容忽視。我們把文化的這些方面和這個功能稱為文化記憶。

首先，我們需要引入交往記憶和文化記憶這一組概念來考察文化記憶的時間結構。交往記憶所包含的，是對剛剛逝去的過去的回憶。這是人們與同時代的人共同擁有的回憶，其典型範例是代際記憶。這種記憶隨著它的承載者而產生並消失。文化記憶關注的是過去中的某些焦點。過去在這裡通常是被凝結成了一些可供回憶附著的象徵物。在文化記憶中，基於事實的歷史被轉化為回憶中的歷史，從而變成了神話。神話是具有奠基意義的歷史，這段歷史被講述，是因為可以以起源時期為依據對當下進行闡釋。

交往記憶和文化記憶之間的差異表現為：共時性與非共時性、日常與節日、世俗的與神聖的、飄忽易逝的和長久穩固的、個別的和普遍的之間的差異。文化記憶展示了日常世界中被忽略的和其他潛在的可能性，從而對日常世界進行了拓展或者補充，由此補救了存在在日常生活中所遭到的刪減。透過文化記憶，人類的生命獲得了在文化進化的任何階段中都可保有的雙重維度性或曰雙重時間性。

其次，我們需要引入功能記憶和儲存記憶這一組概念來考察文化記憶的空間結構。「功能記憶」和「儲存記憶」分別對應著記憶的前景與後景，即被居住的更新了的領域和未被居住的潛藏領域。功能記憶最重要的特點是群體關聯性、有選擇性、價值聯繫和面向未來。儲存記憶相比之下是第二等的記憶，也是所有記憶的記憶，它收錄的是與現實失去有生命力的聯繫的東西。功能記憶與政治訴求相聯繫，或者用來釐清一個不同的身份認同。

儲存記憶可以看作未來的功能記憶的保留地，它不僅僅是我們稱之為「復興」的文化現象的前提條件，而且是文化知識更新的基本資源，並為文化轉變的可能性提供條件。儲存記憶作為當前功能記憶的校正參照，對一個社會的當下也是具有重要意義的。功能記憶和儲存記憶之間的邊界只有保持很高的滲透性，才會使不斷的更新成為可能。在相反的情況下就會出現記憶僵化、絕對化和原教旨主義化的情況。

　　透過上述兩組概念的比照，一方面，我們可以在短時段的交往記憶中引入文化記憶延伸的時間視域，在實用性的功能記憶側旁引入儲存記憶廣闊的空間視域，由此將記憶的領域向被遮蔽、被邊緣化的事物敞開。另一方面，文化記憶如同一張可以重覆書寫的羊皮紙，正是在記憶不斷的疊加、建構和流動中生成了文化傳承不竭的動力。

　　在時間視域中，鮮活的交往記憶被篩選凝固成文化記憶，而被喚醒和釋放的文化記憶，又將複雜的、多元的、並不存在於當下的東西引入現實的交往記憶中；在空間視域中，功能記憶與儲存記憶之間互動共存，使得中心與邊緣、經典與偽經、同一與異質之間產生張力，共同構成經久不息的文化活力。

　　以文化記憶為基點，我們需要進一步解析新疆維吾爾木卡姆千百年來嬗變的面貌以及傳承的動因。無論是荒漠綠洲的地緣孕育，還是宗教族群的多元共生；無論是東西方文化的交流薈萃，還是雅俗文化之間的升降起伏，所有的力量最終都凝聚成維吾爾木卡姆代代傳承的文化記憶。

　　在此，我們截取木卡姆在距今較近的時間內作為遺產表徵的橫剖面，更直觀地說明文化記憶的生成過程。Nathan Light 在《私密的遺產──打造新疆維吾爾木卡姆》一文中，將他 20 世紀 90 年代到新疆做田野調查和參與當地文化人士編輯整理《十二木卡姆》的工作一同納入研究視野。

　　作者發現，歷史上曾將 16 世紀葉爾羌汗國時期宮廷版的《十二木卡姆》視為理想化的版本，建國後，精通《十二木卡姆》的老藝人吐爾迪阿洪的演唱錄音被記譜整理出版，20 世紀 80 年代又在此基礎上調整、補充和規

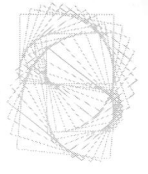

範，透過官方不斷地闡釋與整合，逐漸經典化為我們今天所見的維吾爾族的非物質文化遺產。

然而，對於每一個個體來說，木卡姆卻是帶有他們個人印記的文化記憶，口口相傳於日常生活中，或是節慶場合交流互動的表演，或是面向內心的宗教傾訴，因此，又帶有「文化性的私密」（cultural intimacy）。20世紀90年代的這次編輯整理工作中，來自各個職業和階層的人參與其中，有編輯、聽眾、藝術家、電影製片人、演員、舞蹈者、詩人、作曲家、樂器製造者、錄音師、教師和記者。

這些文化當事人常常為了小到表演者是否應該按照樂譜演奏，大到「達史坦」「麥西熱甫」是否屬於木卡姆的一部分，而爭論不休。其中無不關係著如何銜接傳統與現代的問題，並且體現於具體的細節異議當中，例如，語言是用古代的還是現代的詞彙，古老的宗教性內容是否適宜當下的意識形態語境，詩歌中性別情慾的流露是否道德，地方色彩和民族傳統的表達是否欠缺，表演者的個人色彩與集體和傳統的關係等。恰恰是親歷經驗的豐富性和個人看法的不一致性，構成了文化認同感形成過程中非常重要的有機組成部分。

文化當事人儘管有不同的態度和看法，但基於木卡姆應符合「傳承性、本土原創性、歷史性並能使民族認同感趨於一致」的共識，形成了最終的定本，可見「傳統的打造是一個不間斷的磋商和調適的過程」。

從這個近距離考察木卡姆增刪、修改、成型過程的案例中，我們認識到，記憶的形成是一個表象化的行為，它是記憶主體針對自身所處境況喚起特定的過去並賦予意義的主體行為。

相較於中心地帶的身份認同，文化記憶的邊緣區域更加需要我們的關註：那些古老的、偏遠的、被轉移的部分；那些不可工具化的、異教的、具有破壞性的和分裂的部分。正是在這些地方，需要研究者「在更大程度上再造原有的各種立場」，「對曾被忽視的實質性群體加以重新認識」。

也就是說，我們能否在經典的《十二木卡姆》之外，對具有地方差異性的《刀郎木卡姆》《吐魯番木卡姆》《哈密木卡姆》等也同樣關注和保護？我們能否在光鮮亮麗的維吾爾木卡姆藝術傳承人的表演之外，也將在街頭巷尾吟唱行乞的阿希克也納入關懷的視野？

文化記憶邊緣區域的存在表明了記憶是一個複數的概念，它較統一性更趨向差異性。每個記憶由於立場不同，都是個體的、部分的，並由此決定了什麼被遺忘、什麼被記起。從記憶的這個特點我們也可以瞭解到記憶之所以作用於個體或集體身份同一性的原因了。

另一方面，現代可以說進入了一個「記憶、紀念、保存的時代」。「人們對文化遺產、歷史的意識的提高，是記憶能力弱化的反動，起因於記憶方式的根本性改變」。文化記憶邊緣區域的存在恰恰可以造成對抗記憶被固化和物化的作用。

（祝昇慧，天津大學馮驥才文學藝術研究院講師、博士。主要從事轉型期文化、非物質文化遺產研究。）

■傳統村落的現代表達——以紀錄片《記住鄉愁》的人文關懷為中心的討論

宋穎

摘要：紀錄片《記住鄉愁》關照農村現實和當下生活，展現普羅大眾的生存境遇和命運選擇，表達並探討了中國人的精神與心靈歸屬，擁有了直指人心並打動人心的力量，而呈現出強烈的人文關懷色彩。

紀錄片圍繞情感內核的人物塑造和故事推進，以民俗為載體的傳統美德與社會主義核心價值觀的連接技巧，以及注重當下時代背景的群像勾勒，既有利於實現價值觀主導的當下文化傳播價值，還能夠避免對傳統文化的濫用和誤用，表現出現代性的反思和探索，為新型城鎮化發展過程中傳統村落的影像表達提供參考。

傳統村落的現代表達——以紀錄片《記住鄉愁》的人文關懷為中心的討論

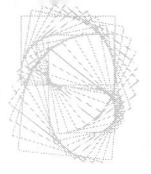

關鍵詞：傳統村落；鄉愁；現代性；民俗主義；核心價值觀

近年來，不少文章將「記得住鄉愁」作為中國新型城鎮化進程的一個衡量標準、目標或者社會背景來探索農村的發展和未來走向。從「新農村」建設轉向「美麗鄉村」再到「新型城鎮化」的過程中，各級政府和商業資本都逐漸意識到「鄉愁」的文化內涵，逐漸重視「鄉愁」寄託的文化情感和文化想像，是全球化過程中「現代性」的副產品，是中國人文化記憶的構成部分，反映出民族性格和歷史心態，對於弘揚中華傳統文化以及開發旅遊文化資源具有重要價值。

關注社會熱點的媒體反應總是先於審慎的學術思考。先於鄉愁理論上的探討以及今後更為深入的學術探索，影像表達在當今時代又走在了前面。對於中國傳統文化的全面展示，在中宣部等四部委指導下，中央電視台組織拍攝了大型紀錄片《記住鄉愁》，在 2015～2016 年間聚焦古老的傳統村落，共播出了 120 集，收視率一度突破 0.7～0.8，並先後獲得國家新聞出版廣電總局的「優秀系列片獎」和四川國際紀錄片節「金熊貓」人文類的「最具人文關懷獎」，所拍攝的村落大多是住建部提供的傳統村落名錄上的村莊，紀錄片已經拍攝到而尚未在列的一些村落，在紀錄片播映結束後也候選列入住建部關於傳統村落的第四批名錄的討論範圍。

在觀眾口碑中，這部拍攝出「美麗鄉村美好鄉愁」的紀錄片，並沒有讓他們感覺到位於窮鄉僻壤、車遠難行的小山村距離他們有多麼遙遠，相反，紀錄片《記住鄉愁》中的風光、生活、人物故事以及蘊含的傳統道德與價值觀念，喚起了廣泛的共鳴。如何用影像表達古老的鄉村生活，卻能獲得生活在「別處」的大多數民眾的普遍認可，同時將這種個別區域的地方生活與中華傳統文化的整體性歷史傳承相連接，這既是視覺表達在當前時代背景中將傳統文化元素與蘊含現代性的「編碼—解碼」過程相連接時所面臨的挑戰，也是人類學長期以來所關注的個體性與整體性之間相關聯的問題，可以說，在這兩個取向上，這部紀錄片提供了可資借鑑的經驗，值得進一步探討。

一、以情感為重來塑造人物和推進故事

紀錄片固然可以思考，但是任何思想都要藉助畫面和鏡頭來形象地再現。這種再現所使用的語言，一方面要推動故事的進展，另一方面要傳遞人物的性格，而牽動和推進影片的力量，不是情節，而是情感。《記住鄉愁》從主題上要傳遞社會主義核心價值觀，不能枯燥而直接地說理，而必須藉助視聽語言來以情說理，以情動人，才能實現拍攝的目的。

因此，不少村落在策劃和拍攝時，注意挖掘人物故事，限於篇幅不能過於展開矛盾和情節，其中特別突出的是情感流動的重要性。可以說，充沛而豐富的情感是伴隨著波瀾起伏的人物命運和選擇而呈現出來的。

例如《芒景村——心平氣和》在表達平和的主題時，選擇了一個特別不容易平靜的故事。布朗族婦女女江經歷了兩次婚姻，其中還夾雜著處理前夫車禍的事情。婚後的女江相繼生下兩個女兒，一家四口日子過得還不錯，但是在女江43歲那年，丈夫有了外遇，他留下所有家當與女江離了婚，這場破碎的婚姻讓不惑之年的女江一時難以接受。

直到有一天，腮坎出現了，他默默地用心幫助她，用細緻的行動讓女江混亂的心緒重新恢復平靜，女江的生活重新駛向新的航線，可是壞消息傳來了：前夫出車禍當場死亡，而同行的女人就此消失了蹤跡。已經再嫁的女江在現任丈夫腮坎的支持下為前夫辦了一場葬禮，盡自己的所能給死者一份最後的尊重。布朗族人信奉佛教，他們相信天地輪迴，好人總會有好報。

離異又再婚的她卻能夠坦然選擇並接受了命運的安排，影片此時拋開了個人生活的具體小空間，而將人物命運與村落的自然環境結合起來，提到：「就像景邁山上那些從根部分開的茶樹，儘管分離產生了傷痕，但是它造就的不全是傷口，也有新生的希望。」這就不全是傷悲、困苦和不平，而融入了某種更為久長的情境，連綿的大山，古老的茶樹，人與自然的相互映照下，歲月在她的個人生活中延展開來。在這種情境當中，因不狹促而使得影片的情感基調深沉平緩起來。

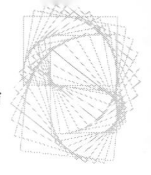

茶文化滋養著當地居民，溫和處理身邊發生的大大小小的事情，茶浸潤著他們的處世態度，給電視觀眾以啟迪和思索。這種說理，並不需要說破。在這部影片的開頭和結尾都因選用了泡茶的場景，而多了柔潤的滋味。

在影片開頭，每天清晨在景邁茶山依靠茶葉貿易為生的尼羅，都從泡一杯茶開始。喝慣了普洱生茶的尼羅發現，原來做生意也像品茶，第一口下去，蔓延著揮之不去的苦澀，而溫潤的甘甜要等一陣子，才肯追上茶香。

茶水潤過喉嚨的溫和順滑，滋養著一顆沉穩平和的心，不焦躁、不憤懣，尼羅學會了把這茶葉生意看成一趟不緊不急的人生旅程，心平氣和的路上，他看到的是明亮的景色。

火塘裡的炭火已經溫暖了這個冬日的布朗族村落，這溫潤平和的茶湯在每個人手中的泥碗裡輕輕搖晃，一縷茶香、一聲聲動人的歌謠吟誦著布朗族人與自然的一唱一和，這是布朗族人以沉澱的生活閱歷與自然達成的相互默契。

再如，《洪坑村——興學報國》中一個外婆橋的故事。本來生活富裕的一個小女子，面對親人相繼逝世獨自撫養了8個孩子勤力讀書，長大成人。女性頑強而艱辛的生活喚起深深的共鳴和共情，中國女性吃苦耐勞、柔軟而堅韌的特徵呼之欲出。

江月娥憑藉一己之力撫育8個孩子成才的故事是洪坑村人共同的記憶。在體面的婚禮和幸福的新婚生活之後，江月娥就隨丈夫去闖南洋。太平洋戰爭爆發後江月娥跟丈夫帶著5個孩子回到了家鄉洪坑村。然而不幸的是，回到家鄉短短3年，一場瘟疫襲來，她的公婆、丈夫去世，留下5個年幼的孩子，沒想到，弟弟和弟媳也相繼離世，他們留下了3個孩子，這些孩子們都只能依靠江月娥一人撫養。

殘酷的現實時刻考驗著這個善良的母親，她拿出百般的勇氣和毅力來面對艱辛的生活。貧困是她最大的敵人。在林尚祥的記憶裡，母親會用皂角製作肥皂，用松樹根燒火照明，她想盡辦法節約每一分錢，但在給8個孩子的讀書費用上，她卻從不吝嗇。

就這樣8個孩子在江月娥異於常人的堅持下無一輟學，日後都受到了高等教育。今天這位勤勞的外婆家中已經有老少128人，其中有28人念了大學，還有3人出國留學。

又如，《塘東村——忠義傳家》中離開家園的華僑常常捐資修路、修橋，不少華僑選擇了葉落歸根，表達出對於家園深厚的感情。

紅牆古厝上，那高高翹起的燕尾脊，是閩南鄉村一道靚麗的風景。燕尾脊的尾部微微叉開，就像燕子歸巢，飛落的姿勢，輕巧俊逸。對於塘東村的海外遊子來說，它是來自家鄉的期盼。

住在老屋裡的蔡連發，在2009年的一天，不顧女兒的勸阻，隻身一人回到了塘東村。再次見到兒時的玩伴、聽到熟悉的鄉音，蔡連發決定不再離開這裡。「樹高千尺，葉落歸根」。

同期：塘東村村民蔡連發：我是在故鄉成長的，所以對故鄉的生活比較瞭解，在台灣身體不好的時候，在醫院裡面想到只要在家鄉就很好了，要吃什麼東西，想家鄉菜，經常都這樣想。人就是這樣，人必有一死，我想死在家鄉。

當同期聲響起，儘管不少人聽不懂濃重的方言口音，但是「我想死在家鄉」發自肺腑的真摯情意，在畫面傳遞的瞬間，喚起觀眾長久的共情。

《記住鄉愁》的人文關懷是憑藉著寫人生、寫波瀾壯闊、起伏不平的人生故事來襯托一個個平常人物面對大起大落時的堅韌、忍耐和平靜。從小人物的瑣碎生活中挖掘故事，但不糾纏於情節，不以矛盾衝突來吸引觀眾和推動故事，而是將人與當地風物緊密連接起來，用情感的真實、真摯的表達來溫和處理。

紀錄片透過人物回憶自身的成長或經歷等故事，刻畫了他們所處的情境，尤其是將個人的小生活與村落的建築、自然風貌等結合起來，拓展了生活的空間，蘊含著強大的情感力量，以此來喚起觀看者對自己人生經歷的回憶，這種回憶，使得人們之間產生了某種聯結，同時也與各自的家鄉和所處的情

境相互聯結起來，獲得情感交流的共情體驗。在建立情感聯結的過程中，枯燥的說理無聲地喚起了深層的認同。

二、以民俗為載體的傳統美德與社會主義核心價值觀的連接技巧

中國傳統文化與社會主義核心價值觀從歷史維度上看，是源與流的關係，是一脈相承的；從現實維度看，兩者都是中國現代性的共同構成成分；從發展維度看，兩者存在深入融合的趨勢與可能。可以說，傳統文化是充滿活力的思想源泉，正是「中國傳統文化為社會主義核心價值觀的詮釋和踐行，提供了話語資源和實踐範本」，在影像表達中，紀錄片也注重藉助民俗活動來表現政治、經濟、文化、社會、家庭、個人、組織、制度以及生產方式等各個方面的鄉村生活，來尋找傳統美德與現代社會價值觀念之間的複雜聯繫。

「民俗學視角能夠讓我們注意到鄉愁的能動性層面，以此為切入口」，促使我們思考「村落終結」帶來的空間變遷和關係變動，思考現代語境下的鄉愁。而鄉愁的能動性，表現為某種「行動力」。在筆者看來，這種行動力，體現在民眾對於日常生活中的儀式、習慣等諸多風俗的創新和再造。在民俗學視角來看，這種行動可以概括稱為「民俗主義」。

對故鄉的再發現、再表現，文化在表徵中出現新的闡釋，被人們賦予了新的意義。保護、傳承和發展鄉土文化，本身就是現代意義上的行為和活動，是賦予舊的民俗生活和文化符號以新的意義的表述過程。在筆者看來，民俗和民俗學，能夠重視在這種多維度和多指向的新型城鎮化建設過程當中，在這種日常生活變遷的過程當中，在普遍意義上的民眾所具有的心理感受和情感表達。這些細節的沉澱和細膩的變化，藉助鏡頭和畫面表現了出來。

在紀錄片中大量運用了民俗文類來描述村落生活，增強生活情趣和娛樂性，同時將生活文化和價值觀念的說理通俗化了。民間文學（神話、傳說、故事等）在建國初期曾發揮過重要作用，為國家的復興發展傳遞正能量，民歌和新民歌運動，促進了思想宣傳，也統一過民眾的認識。這些民間文類具有強大的生命力，是眾所周知的，是不言自明的、是口耳相傳的，因此在紀錄片中大量地運用這些文類，可以輕易地喚起共鳴。

視覺人類學
下篇

例如客家人的遷徙歌，各少數民族的勞動歌、婚嫁歌等，作為國家級非物質文化遺產的史詩如赫哲族「伊瑪堪」、侗族大歌等，以及基本上在每一集影片中都會引用至少一句當地的俗語等來增強對於生活的表現力。

在紀錄片中，由當地人來闡釋當地生活及其意義，當地人具有本地知識的解釋權力，將這種權力歸於當地人的日常生活中的行為實踐及其話語實踐。例如貴州、廣西一代的盟誓的儀式和組織制度等，民間蓋房、染布等互幫規矩、講究及其過程，海南草塘村的南海「更路簿」的記錄和傳承，對地點的命名反映出當地人的空間意識和時間觀念等，是時間與空間的「地方性」文化知識，表現了人類行為和組織活動的實踐能力。

像占裡村生兒育女的草藥「秘密」等，都必須由當地人來陳述，以增強真實性，當然同時要對這些知識進行限定表述。尊重當地人知識的同時還要兼顧一般大眾認可的科學性，使得這些當地知識的傳遞也在某種「現代性」的結構中進行表達。

即便是使用專家或知識分子來陳述，也儘量選擇本地出身的，並在村落的真實空間中來進行解釋，這同樣也建立在「現代性」的結構當中，並與影片的其他陳述者的講述內容相互平衡、相互制約、甚至相互闡釋。

有些主題則比較難找到可供依託的民俗活動或文化。例如「愛國」主題、「慎獨」和「義」等與個人修身有關的主題。愛國主題是社會主義核心價值觀的重要內容。而傳統美德中的忠貞、正義等精神追求均與之相關，但又有所區別。對民族、國家、天下等概念的探究著作等身，難以概括。不過，影片還是試圖用民俗生活來承載「忠」的不同內涵，這裡以 5 個傳統村落為例來稍加說明。

如《哈南村——盡忠報國》裡藉助當地流傳的民俗活動「夜春觀」的社火，來襯托當地人的忠貞報國的志向，將古老的精忠報國的英雄故事與當地為國當兵的傳統聯繫起來。如《下才村——盡心盡忠》，將比干的忠心傳說、林氏族譜的記載、莊背廟祭祀要備齊「忠肝義膽」的民間講究，和在抗日戰爭和解放戰爭中湧現出像劉忠、王奇才、王直等 9 位軍長、18 位師長等紅色歷史相互貫穿、連接一起使用，表現出當地忠貞的傳統。

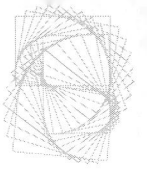

傳統村落的現代表達——以紀錄片《記住鄉愁》的人文關懷為中心的討論

　　紅色革命也就有了民眾基礎和歷史根源。如《塘石村——忠義興國》採用了民間流傳的「頭頂方山笠，眼望鳳凰村，若能石生水，賢才代代興」的說法，與神舟五號的當今重大事件相互關聯，表現了不同時代為國奮鬥的將軍們的風采和精神面貌，當地賢良輩出，更顯得歷史悠久，傳承不斷。如《新村——忠貞報國》主要講述蘇武牧羊不辱使命的忠貞堅守，當前生活在陝西的蘇武後人族譜中有「忠孝仁儉，以忠為先」的祖訓，年輕人不貪戀國外富貴而能夠回國創業，一首婦孺皆知的《蘇武牧羊歌》曲調一響起來的時候，就省略了眾多言語，而用秦腔演出的片段來傳遞主旨，成為情感和理念、歷史和文化同時呈現的最強符號。

　　蘇家父子二人一起為祖先掃墓，是對祖先遺志的最好的傳承。同樣為先祖掃墓的場景還用在了《富田村——天地有正氣》中，航拍鏡頭顯得宏大深遠。影片標題取自文天祥流傳後世的名作《正氣歌》，也是口耳傳唱的佳作。

　　《上莊村——慎獨》是120集中唯一表述慎獨主題的村落影片，片中使用了非物質文化遺產——書法藝術來試圖貼近人物的精神世界。「慎獨」是君子修身的標準和內省要求，是向聖賢看齊的精神追求和心性修養，是對己向內的個人修為。紀錄片嘗試使用視聽語言來解釋人類文化現象，值得拍攝的都要記錄下來，並以此來理解當地人民的生活和文化。

　　例如，影片使用了做不同的菜都要反覆洗手這一外人看不到的細節，來表現一個廚師的自我要求。然而，以視覺為表達媒介的紀錄片很難刻畫內心世界，而只能藉助具體而瑣碎的外在行為細節來試圖傳達主題，這就使得對這一主題的探索，無法觸及慧根禪意或者仁心德性的高階修行，而難免會流於表面，喪失了原有的精神意蘊和心靈境界。

　　但是儘管如此，這卻是120集傳統村落當中唯一一個觸及中華傳統文化最高境界的精神標準，這種面向人類精神追求的探索，是在全球化過程中，從中華民族獨有的文化傳統中來進行反思和追索，來探問整體精神危機當中可能的一種歸宿或應對智慧，只要竭力而為了，亦不必過於計較得失。

三、注重當下時代背景的群像勾勒

　　肩負文化使命的紀錄片，既要透過民俗來建構歷史、強調傳承，還要藉助具備現代性的新事物來表現新的時代、新的技術，並以年輕人為敘事主題來展現新的社群建設、新的觀念、新的生活風尚。一方面，影片著力表現古老（舊的）的習俗和傳統，另一方面，通常按照時間為序，在影片的結尾總有一個小故事來聚焦當下年輕人的生活方式。這樣一來，不僅順承了敘事結構上的邏輯關係，而且反映出一體兩面的村落生活，即保護與發展，傳承與創新，交織在一起，古老的村落也能煥發出生機與活力。

　　二十世紀二三十年代，晏陽初、梁漱溟、盧作孚等認為農村對國家的政治、經濟、文化具有決定性的重要意義，「農村破產即國家破產，農村復興即民族復興」。安徽碧山村曾經實施過的碧山共同體，可以視為一種摸索式的實踐案例。關注村落，其實與我們大多數人生活在城市或即將生活在城市的未來緊密相關。

　　城鎮化過程是勢不可擋的。沒有人會願意生活在倒退的歷史當中。因此，「在城市中心懷念家園，在繼承傳統文化的基礎上，更好地謀劃現代城市發展的未來」，在這種理解中，鄉愁符合民意，「尊重歷史，但不是凡是舊的就是好的」；「反映時代，但不是一成不變的」。這樣的表達，是具有現代性的，是著眼於歷史和整體之後的面向當下的記錄。

　　民眾對過去的情感，大多表現在對於歷史遺址的情感上。紀錄片選擇了一個村落來表達這種情感和面向未來的現實生活。當地擁有世界遺產，但不是大規模的重建或盲目仿古，而是尊重歷史，保持原貌。如《唐崖司村——一諾千金》，這種申報世界遺產的事件，絕非個體化的生活，而是與整體緊緊關聯著，並且這種關聯已經突破了當地一個小村落，而成為與國家事務和國家遺產保護等文化政策緊密聯繫的重大事件。

　　以小村落來寫大事件，勢必是一種群像的展現。這部影片中的這一重大事件，是發生在最近的「當下」事件。在拍攝之後的製作過程中，當地傳來了申請世界遺產成功的消息，攝製組前去補拍鏡頭，並且是不惜成本地展現

世界文化遺產的遺址風貌、遺產地的民眾生活、當下最新的狀況等，用鏡頭和拍攝實踐來對接到最為真實、最為接近的「當下」。從製作到播出只有三四個月。對於這一集來說，民眾實踐、拍攝實踐、播出檔期在最短的時間週期內結合起來。

在余連祥等「美麗鄉村與美好鄉愁」的筆談中，強調加快發展、合理保護、協調和諧對於鄉村建設的重要性，其中提到經濟建設與遺產保護的關係。具體到紀錄片中，如何表現這種關係以及展示衝突與調和的解決途徑，既是挑戰也是具有引導意義的方向。例如在《桃坪羌寨——守根固本》中，桃坪羌寨早在明清時期便形成了現在的規模，因其悠久的歷史和獨特而又神奇的建築藝術廣受遊客喜愛。

1999 年，桃坪旅遊剛起步，當地人陳碩便在寨子旁建了一座新房用於接待遊客。但新房不僅無法融入古寨的風格，甚至影響到了正在申報的桃坪羌寨古民居保護項目。面對家庭利益和羌寨古民居的整體性，陳碩忍痛親手拆掉了新房。個體的艱難選擇反而襯托出群像的價值取向。如《南岩村——知難而進》中，用「90 後」的王思儀從網癮少年變成知名網商，在阿里巴巴上利用互聯網賣茶葉，銷售額達到 0.9 億的故事，來反襯當地人「知難而進、求變敢拚」的傳統價值觀，並使用當地「少來不打拚，晚年無名聲」的俗語，教導年輕人要勤奮拚搏，只爭朝夕。

鄉村要留住自己的年輕人才有未來，紀錄片關注年輕人回到家鄉生活的經歷和故事，「吸引普通的鄉村年輕人回歸鄉村，重賦鄉村產業活力，重振鄉村文化魅力及重組鄉村治理結構，這才是鄉村復興的本質內容」。

如《青礁村——自強不息開拓進取》講述了年輕人透過自己的努力留住了村子，改變了生活的自強故事。生活在青礁村的年輕人找到當地政府，經過協商約定，如果村莊改造成功了，政府規劃就重新選地。因此不少村民讓出了自家的土地。

這群年輕人創造了一個奇蹟，僅僅兩個月的時間，村口一片數百平方米的荒地，變成了漂亮的「城市菜地」，他們把菜地劃分成小塊，租給城裡人，原本每年收益只有 2 萬元的田地，如今收益達到 8 萬元。

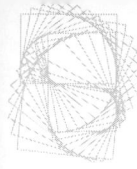

如前述《塘東村》中熱衷於影視創作的年輕人蔡競翔，透過鏡頭和互聯網，把美麗的沙灘、古厝、祖先的故事，展現在世人面前。他帶領學生到塘東村拍攝微電影，還建立了創作基地。如《吾木村——天地和諧心性真》講述了當地人娶了洋媳婦回到大山裡開民宿，不僅生意興旺，而且家庭和美的新式鄉村生活。《郭亮村——自強不息》也講述了當地人在20世紀70年代奮力打造了一條出山的公路，紛紛開辦起「農家樂」，終於以愚公移山的精神改變了與世隔絕的生活。

如《崇文重教》講述了在鄉民的公田資助下完成學業、出國深造並回到祖國，參與了天宮一號的開發和研究的年輕人，回到家鄉講述個人學習經驗和奮鬥歷史，成為激勵當地學子奮發成才的榜樣。無獨有偶，《張店村——重教啟智》也講述了傳承張良輔國智慧的當地年輕人中，一直有一個傳統，學成之後都要回到當地的學校，向中小學生傳遞知識、講述學習方法，這種青年回鄉、知識回鄉的行動帶動了當地的教育發展。

當然，拍攝傳統村落時使用的素材，以故事為重，以情感為重，有時會對地方知識中的文化結構和生活功能以及其他價值進行遮蔽，達到突出主題的目的。因此，有時也會存在不恰當的利用、誤讀、再解釋，但是只要並不影響紀錄片主體的真實性，不傷害到故事邏輯和情節鋪陳，一般也是可以接受的。

四、拍攝悖論與審美體驗對學術提出新的要求

生活是向前流淌從不回頭的時間之流。村落像一個個的孤島，漂浮在不可阻擋的城鎮化進程的大潮中。為了面對在現代化、全球化中的人類整體性的精神危機，我們只能到過去的傳統中去尋找根源和依託。

在傳統村落的現代表達過程中，同時不可避免地存在著一個悖論，即，一方面藉助影像手段，將懷舊情感中的浪漫化和理想化寄託在難免粉飾和精挑細選過的古村風光和人物故事上；而另一方面，這種表現拍攝的是當下的現實空間，是真實的現實人物生活，使用活在當下的人們所能夠接受、理解的生活細節來進行表達，傳遞的觀念也必須得到現代人的認同。

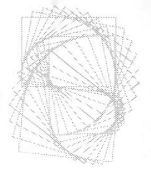

正是在這種悖論當中，紀錄片《記住鄉愁》（第一季、第二季）以對農村現實和當下生活的關照，對普羅大眾的生存境遇和命運選擇的關注，探討中國人的精神與心靈歸屬，擁有了直指人心並打動人心的力量，而呈現出強烈的人文關懷色彩。

國家主席習近平指出：「博大精深的中華優秀傳統文化是我們在世界文化激盪中站穩腳跟的根基。」因此，與此目標相適應，表現人文歷史類的紀錄片，鏡頭和畫面需要不斷追求精益求精，必須具有並展示一種恢宏博大的氣勢，這種美感是現代性的技術手段和影像表達的基礎。沒有觀眾在螢幕前良好的審美體驗，任何價值觀念的傳達和表現都是空中樓閣。

但是僅有審美體驗而缺乏國家形象的建構和文化傳統的討論，也是膚淺而無味的。在拍攝和製作技術日益提升的今天，在技術技巧的背後，如何理解和詮釋中華傳統文化，以影像的方式來參與到當下中國文化軟實力的話語體系的建設中來顯得尤為重要。

即便意識到上述拍攝的悖論和審美的困境，面對技術快於學術的危機，紀錄片的影像表達中也存在著侷限之處。主要表現為以下幾點：

過於注重用技術和畫面來講故事，使得文化理念與價值觀念的深入挖掘不得不在某些時候要為畫面美感和流暢感而做出讓步，從而大打折扣，對於某些主題的闡釋會流於泛泛之談，容易顯得缺乏學理支撐，經不住拷問和探究。

在這種大型紀錄片創作過程中，大投入、大製作背後常常意味著龐大的團隊合作與紛雜的協調，諸如此類的問題有時會成為影片敘事結構和個人創作發揮的掣肘，個體式的抒情和文學式的描述必須懂得適可而止。

在製作過程中，團隊不得不耗費相當多時間和精力用在相互的溝通和反覆的交流上，以求尋得某種程度的共識。不僅如此，整個團隊都需要意識到，講好農村故事並沒有「放之四海而皆準」的模板，針對每一集所聚焦的具體村落，需要花費相當長的時間去瞭解和進行較為細緻的調研，不能夠妄想用一套程式化的結構、邏輯，甚至語言來套用在每個村落的人物故事講述上，

視覺人類學
下篇

　　一旦村落失去了個性，其對於整體呈現的農村生活而言也就同時失去了活力和生命力，失去了新鮮感，也往往容易令觀眾失去興致。因此，如何講述農村故事卻使得每一個都具有吸引力，著實是一項艱難的挑戰。

　　智利紀錄片導演帕里奇奧·古斯曼（Patricio Guzman）說，「一個國家沒有紀錄片，就像一個家庭沒有相冊」。人類學紀錄片與電影美學的追求相比較而言，無法做到像鄉土電影，如《鄉村裡的中國》那樣，花費長達幾十個月的時間來表述鄉村一整年的生活，全面塑造人物的性格，展現感人的矛盾衝突，用情節來引導情緒醞釀和爆發，以引發觀眾共鳴的情感釋放點為目標來完成敘事，或者如《小森林》那樣全力刻畫寄託鄉愁的舊時光和某個人的單一生活，而必須強調對於整體性的追求。

　　相對個體而言，更為重視整體，藉助當下其實追問歷史，這種以人文關懷為價值體現的紀錄片表達，儘量不用情境再現的手法，在重新審視和探問歷史的時候，也儘量不單一呈現檔案資料等文本，又無法藉助主持人講述等方式，故而只能從現實當下的本地人生活中去再詮釋、再呈現，因此揭示什麼而遮蔽什麼，關注什麼而忽略什麼，需要較高的表達技巧，需要對於當地文化的較深理解才能完成。

　　面向公眾的影像表達，在大多數情況下，是普及式的呈現，不需要進行學理性的追索和嚴謹求證，似乎顯得輕易簡單，但是另一方面，這種表達往往需要將艱深周詳的學術或思想轉化為深入淺出的形象化語言，以使得不具備同等知識背景和語料資源的觀眾（大眾）也能夠在符號表義的瞬間瞭解影像再現的意圖，而不用費勁思考。

　　然而實際上，對於某地文化的具體研究，相對而言往往是滯後的，這就在學術上限制了紀錄片的影像表達的深度，這既是不容忽視的中國社會與文化研究的現實，也是學者必須要面對並為之付出不懈努力的現實。

　　（宋穎，中國社會科學院民族文學研究所助理研究員。主要從事民俗學研究。）

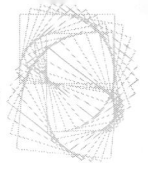

口述影音的採錄與使用——「阿詩瑪」傳承人與「初民」展覽館的實踐

巴勝超　馬媛媛

　　摘要：本文以民間文學類非物質文化遺產項目《阿詩瑪》傳承人口述影音的採錄和墨爾本博物館 Bunjilaka 土著文化中心的「初民」（First Peoples）展覽館為例，說明視聽影音在民間文學類非物質文化遺產傳承展示方面可供借鑑的方式。並提出，影音文獻在中國民間文學類非物質文化遺產傳播中的使用，在理念上，需要從「訊息傳遞」跨越到「文化共享」。

　　關鍵詞：口述影音；博物館；文化共享

題記

　　雖是親眼所見，但我還是不太願意相信，在《阿詩瑪》列入國家級非物質文化遺產名錄 10 年後的 2016 年 4 月暮春時節，在「中國非物質文化遺產網·中國非物質文化遺產數位博物館」中，《阿詩瑪》國家級傳承人的基本訊息還是這樣的：

　　國家級傳承人：畢華玉

傳承人 TRANSMITTERS

畢華玉
第一批國家級非物質文化遺產項目代表性傳承人

性　　別：	男
出生日期：	1953.03
申報地區或單位：	雲南省石林彝族自治縣
項目名稱：	阿詩瑪
項目類別：	民間文學

231

國家級傳承人：王玉芳

傳承人 TRANSMITTERS

王玉芳
第一批國家級非物質文化遺產項目代表性傳承人

性　　別：　　　　　　　女
出生日期：　　　　　　　1941.10
申報地區或單位：　　　　雲南省石林彝族自治縣
項目名稱：　　　　　　　阿詩瑪
項目類別：　　　　　　　民間文學

於是，我開始在傳媒時代的訊息雲霧中，搜索他／她們，我依然不太願意相信，一篇題為「沉痛悼念畢華玉大師」的文章，已成歷史：

雲南石林著名畢摩，國家級非物質文化遺產、彝族撒尼語口傳敘事長詩《阿詩瑪》國家級傳承人畢華玉大師於2013年3月26日不幸去世，享年60歲。

……

（劉世生）他的溘然離世，是石林阿詩瑪文化的重大損失。先生已在辦理退休手續，準備在老家繼續傳承畢摩文化，他的過早離世，讓人扼腕悲嘆。

……

（陳學禮）我記得您說過葬禮的指路經中，您會告訴逝者什麼果子不能吃，什麼地方的水不能喝，才能回到祖先所在的地方。我相信您一定記得您曾經告訴別人的這些話，相信您一定能夠順利回到祖先所在的世界。在那裡，您可以繼續您的彝文整理工作，會創造一個美好的世界……

一個非常緊迫的問題擺在面前：如果不對《阿詩瑪》傳承人進行口述影音記錄，我們就只能對著墓碑訪談了。

口述影音的採錄與使用——「阿詩瑪」傳承人與「初民」展覽館的實踐

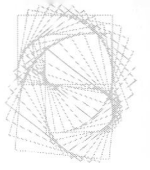

一、《阿詩瑪》傳承人口述影音的採錄

　　從 2014 年開始，我們陸續到石林彝族自治縣的村寨進行「阿詩瑪文化傳承」的主題調研，在調研過程中，我們發現：《阿詩瑪》非物質文化遺產傳承人缺乏基本的口述史記錄，普遍存在「有傳承人，無傳承人口述史」的情況。而梳理已有的口述史材料，均是以電影《阿詩瑪》的主創為口述對象，如北京電視台紀實頻道 2015 年 9 月 21 日播出的胡松華（電影《阿詩瑪》中男主角全部唱段的演唱者）的口述史影像《口述：從東方紅到阿詩瑪》；2015 年 11 月 2 日播出的杜麗華（電影《阿詩瑪》中女主角全部唱段的演唱者）的口述史影像《口述：我和阿詩瑪》。除此之外，與「阿詩瑪文化」有關的口述材料，僅零星存在於少量對非物質文化遺產項目《阿詩瑪》國家級傳承人（畢華玉和王玉芳）的新聞報導中。

　　我們根據《阿詩瑪》非物質文化遺產傳承人的身份、口承文化的特點，採取傳承人「傳記式和生命史口述史研究」的方式。我們認為：在生命史的口述歷史中，受訪者生命的情感和認同意義的賦予，實為呈現當代社會史實的一個最重要的基礎。而每個人自身所具有的獨特的生命敘事邏輯，以至於訪談者應扮演傾聽和促使回憶的角色。訪談者的角色僅在於借由個別口述，去聯結生命記憶、群體認同和社群記憶。

　　但是我們也承認：個人記憶的不可靠性。首先，受訪者失去對過去的記憶；其次，由於懷舊主義和個人感情色彩故意扭曲記憶；再次，口述者的回憶受到現實生活經歷的影響，在回憶時可能明顯地反映出口述者個人心理的變化。

　　為了使口述史料的可靠性經得住驗證，我們對口述者至少進行了回訪和再次驗證，多次對傳承人進行採訪。我們遠離了一對一的提問式訪談方法，在操作中將口述訪談視為參與式訪談，在受訪者與研究者的良好互動、共同參與中，共同實現口述影音的採錄。

　　循著非物質文化遺產項目《阿詩瑪》的傳承人名單，我們在尋訪中發現，《阿詩瑪》的民間傳承，主要以敘事長詩《阿詩瑪》和撒尼劇《阿詩瑪》的吟、唱、講、演為核心內容，「阿詩瑪歌」，是《阿詩瑪》在民間傳承的他者表述。

視覺人類學
下篇

　　從整體性保護與傳承的角度看，除了「阿詩瑪歌」，與「歌」相關的撒尼服飾、撒尼樂器、撒尼舞蹈、撒尼村寨、撒尼習俗等內容，都是《阿詩瑪》保護與傳承的文化生態，而石林各村寨每村少則三五支、多則十幾支的民間文藝隊，在持續交流中逐漸習得「阿詩瑪歌」，使《阿詩瑪》的民間傳承，可以持續開列一份沒有終點的傳承人名單。

　　經過2014、2015、2016年持續不間斷的田野，在尋訪了國家級、省級、市級、縣級和一些未進入傳承人名錄但會吟／唱／講《阿詩瑪》的傳承人後，我們獲得了多次訪談《阿詩瑪》非物質文化遺產傳承人的口述影音。我們參照現在出版的各類「口述史文本」的工作方式，將影音素材整理成文字，並在文本中加上了採錄時的「口述情景」，採錄當天的「田野日誌」，形成了11份口述文本，希望能比較完整地還原田野現場。

　　但是當我們再次審視這份「口述史文本」時，依然有很多被「文字」「遺漏」的訊息，它們還在影音資料中。我們如何使用這些材料？除了作為文字書寫的「口述史文本」，鮮活、立體、完整的影音資料還可以在哪些文化空間繼續使用？我們如何運用這些材料，以視聽方式進行民間文學類非物質文化遺產的傳承、傳播？

　　作為研究人員，可以花時間到傳承人所在的村寨尋訪、聆聽傳承人的聲音，而作為偶然到石林旅遊的大眾遊客（每年近400萬人次），大多數均僅在核心景區（大小石林景區、乃古石林景區）進行短暫停留，旅遊過程中所接觸的「阿詩瑪文化」，僅有「阿詩瑪導遊」「阿詩瑪的故事」「阿詩瑪石峰」「撒尼歌舞」等零星的、碎片化的「次生文化形態」。而原生形態的《阿詩瑪》，在距離核心景區30～50公里外的撒尼村寨中，存留於生活在撒尼村寨中傳承人的口頭傳統裡。

　　在文化旅遊情境中，有何種方式，既可以讓非物質文化遺產項目融入文化旅遊中，又可以相對完整地將非物質文化遺產的原本樣子傳播給公眾？讓非物質文化遺產項目的傳承人直接進入旅遊目的地的現場，以「人」為傳播媒介，進行活態的遺產傳播，是最完整、最直接、最真實的一種方式。

口述影音的採錄與使用——「阿詩瑪」傳承人與「初民」展覽館的實踐

但是這種方式操作起來基本不切實際,很多新的問題需要解決:如縣級非物質文化遺產文化工作專職人員緊缺(石林縣的非物質文化遺產辦公室僅有1名專職人員),非物質文化遺產傳承人的務工補貼由誰來發放(非物質文化遺產傳承人大多還有文化傳承之外的主業需要承擔)。即使在文化遺產日把民間文學類非物質文化遺產傳承人請到公眾場合或旅遊目的地,其文化傳承的功能也不能完整發揮。

以2016年石林火把節期間的非物質文化遺產項目展示為例,當地非物質文化遺產辦公室為了向公眾宣介非物質文化遺產知識,將石林縣包括民間文學、刺繡、樂器等在內的非物質文化遺產項目傳承人都請到了長湖風景區,讓傳承人在民間文藝會演舞台旁的空地上進行活態演示。刺繡、樂器的非物質文化遺產項目,因有可見的「物質文化」(刺繡工具、演奏樂器)作支撐,遊客和當地村民會圍在傳承人面前觀摩、拍照、詢問。

而民間文學類的非物質文化遺產傳承人身著盛裝,三五人坐在草地上,來者並不知道他們的身份,不知情的還以為是一群來看熱鬧的老人。遇到研究者、媒體人士來詢問,他們才對著鏡頭哼唱《阿詩瑪》的一些段落,旁邊巨大音響發出的歌舞音樂聲,將非物質文化遺產傳承人口腔發音的唱詞淹沒。終於有一點安靜的空隙,和傳承人聊了還不到10分鐘,傳承人就抱歉地說要走了,等下沒有回家的車了,於是傳承人們紛紛歉意離場。

在文化旅遊情境中,為了讓公眾能聽到傳承人唱《阿詩瑪》的聲音,看到傳承人的模樣,有何種可持續的、較穩定的呈現方式?「傳承人博物館」是可供選擇的一種方式。

試想,無論你在何時來到石林景區,都能便捷地走進「『阿詩瑪』文化遺產傳承人博物館」,就像走進傳承人的村落和家屋,傳承人居住空間裡的物件(服飾、農具、樂器、食物等),在博物館空間陳列展示的位置,均是物件在實體家屋中的位置,你可以隨時坐下來,在撒尼人家的木凳或草墩上,透過影音設備,聽物件的故事,看物件從取材、製造到成品的過程。

視覺人類學
下篇

當你整體性地對《阿詩瑪》所屬文化有了視聽媒介輔助下的直觀認知後，再圍坐在撒尼人家的火塘邊，聽事先採錄的傳承人吟、唱、講、演《阿詩瑪》的影音，聽傳承人的人生歷程，感受他們習得《阿詩瑪》的過程。

而傳承人在《阿詩瑪》中所提及的民俗、禮儀、物件等物質或非物質文化形態，均能在這個博物館中以「實物＋圖片＋影音」的綜合方式進行呈現。簡言之，在一個隨時可以坐下來聆聽和觀看的傳承人博物館中，傳承人的生命史、傳承項目的完整而多元的內容和與之相關的文化物件，均以「實物＋圖片＋影音」的綜合方式進行呈現，營造出一種類似「到傳承人的家裡尋訪傳承人」的博物館體驗模式，這就是「『阿詩瑪』文化遺產傳承人博物館」的建構「臆想」。

二、「初民」展覽館對影音文獻的使用

對於「『阿詩瑪』文化遺產傳承人博物館」來說，以上的體驗描述目前還是「臆想」，但是對於全國3800多個實體博物館來說，在原有的展示基礎上，加入視聽影音的內容，讓原本「死氣沉沉」的博物館空間「鮮活」起來，卻是可能完成的任務。

在傳統的博物館空間，大多數的物件如同百貨商店的貨品，被有序或雜亂地陳設在厚厚的玻璃框裡，除了中文或多種語言的卡片式「圖說」外，我們最多能夠藉助一些完整或不完整的聲音文件，去猜測這個展示物的故事。除鎮館之寶外，其他物件幾乎沒有影片文件輔助說明。

通常的體驗是，看到了很多稀奇古怪的文物，透過簡單的文字「圖說」，僅僅是看見了物件的表象，對於這個物件的來龍去脈，這個物件的製造過程、使用過程、發掘過程等表象之外的「背後的故事」，所知甚少。而影音文獻的加入，則可以大幅度地改善觀展者的「呆板印象」。

突破傳統博物館觀眾只能站著看展覽的觀賞侷限，在博物館空間布置大量舒適的座椅，以影音文獻閱聽為主，大範圍地使用「實物＋圖片＋影音」進行文化遺產博物館空間展示的理念，在國外一些博物館空間中已經成為現實。我們以墨爾本博物館 Bunjilaka 土著文化中心的「初民」（First

236

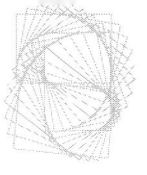

Peoples）展覽館為例，說明視聽影音在非物質文化遺產（特別是與口述傳統相關的文化遺產）傳承展示方面可供借鑑的方式。

「初民」展覽是維多利亞博物館和維多利亞的土著社群共同完成的一個文化展覽，在圖片、實物、聲音、影像的綜合使用下，Yulendj 族群長老和社群代表，帶來了他們的知識、故事和文化。

圖 1 在「初民」（First Peoples）展區，可以隨時坐下來閱聽影音

在名為 Wominjeka 的展覽區域，以圖片和微縮模型介紹了不同維多利亞時代的原住民語言，在展示設計上，你不僅能聽到這些語言，還能看到發出這些語言的人的影像。

圖 2 土著語言的視聽展示

視覺人類學
下篇

在 Generations（代）展區，你能坐在設計時尚的座椅上，用安插好的耳機，聽土著居民講述那些與他們的家庭、交往、文化和適應相關的故事，探索土著居民一個充滿活力的「歷史和當代交融的」照片大集合。Generations 展區透過聲音和影像，與觀看者進行動態的、交互式的互動體驗，將 Koorie 族群身份認同的世代傳遞，進行影音文獻式的直觀呈現。

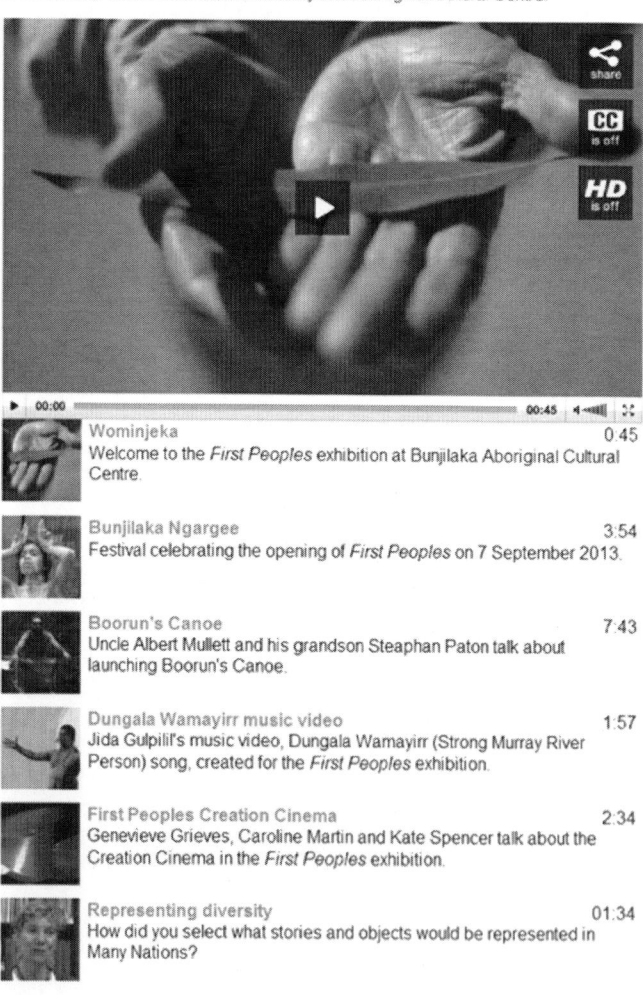

圖 3 在博物館中播放的影音文獻也可以在網路展示中找到

238

口述影音的採錄與使用──「阿詩瑪」傳承人與「初民」展覽館的實踐

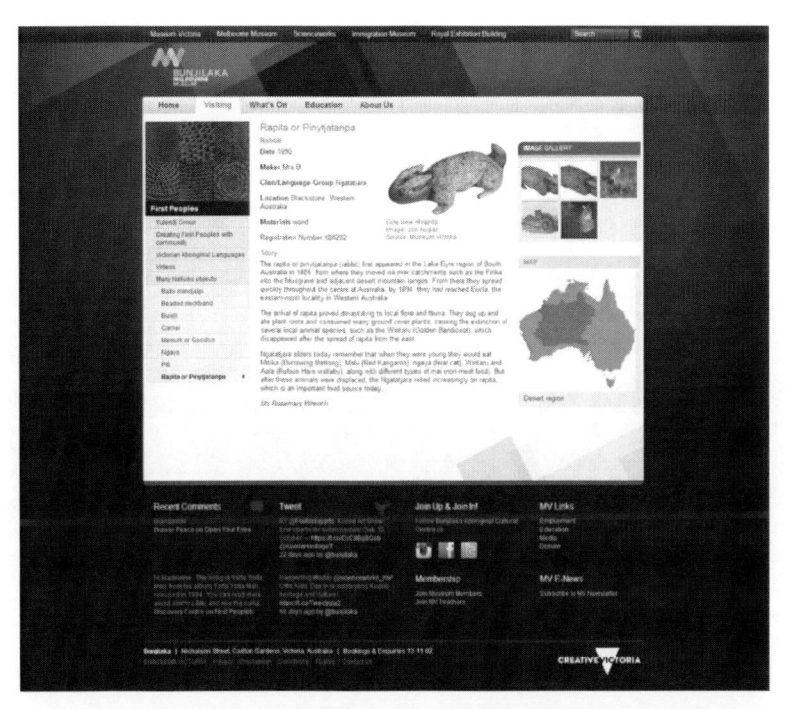

圖 5 在網路展示中的每件文物也有對應的圖文影音文獻

圖 6　Deep Listening（聆聽）展覽空間的參與者

而 Many Nations 展區，呈現的是澳洲土著居民和托雷斯海峽島民的多元文化，其中近 500 件文物均進行了數位化的處理，除了在展區陳設代表性文物實物外，其他相關文物以「圖片＋文字＋影音」的數位化方式，呈現在博物館空間，遊覽者可以隨時坐下來，從視聽影音中觀看這些文物是如何被製造的，當地人是如何使用的。為了讓孩子們對這些文物有更深入的認知，博物館中還設置了一個手工體驗區，孩子們能夠參照動畫圖示進行文物製造的模仿體驗。

圖 4 對文物進行「實物＋圖片＋影音」的立體展示

在 Our Story（我們的故事）展區，主要以豐富的習俗、儀式、習慣法和文化適應的案例，展示了維多利亞土著居民的歷史和文化，特別強調了在歐洲人到來之前和之後的對比變化，並對原住民文化的當代繁榮進行致敬，向觀者宣導向土著居民的學習和對文化多樣性的尊重。

最有特色的是，在名為 Deep Listening（聆聽）的展覽空間，很多個從 8 至 72 歲之間的 Koorie 人，面對鏡頭，談論他們的文化，他們的國家，他

們的家庭，他們的身份和他們如何交流。透過對影音的聆聽，我們可以在多媒體影音的體驗中，分享關於他們族群、個人、成長的動人故事。

三、影音文獻的使用：從「訊息傳遞」到「文化共享」

以上所述的「初民」展覽中對影音文獻的使用，將原本散亂的影音素材，按照展覽邏輯連結在一起，在博物館空間，與實物一起，完成了博物館展覽的文化敘事，在博物館空間進行著一種文化共享的傳播。影音文獻在中國民間文學類非物質文化遺產傳播中的使用，在理念上，需要從「訊息傳遞」跨越到「文化共享」。

2011年2月25日通過的《中華人民共和國非物質文化遺產法》第三條規定：對體現中華民族優秀傳統文化，具有歷史、文學、藝術、科學價值的非物質文化遺產採取傳承、傳播等措施予以保護。可見「傳承」與「傳播」是非物質文化遺產保護的兩種重要方式，「傳承體系」和「傳播體系」的建構自然成為「非物質文化遺產保護體系」的重要兩翼。

目前非物質文化遺產傳承方式主要有：家族傳承、師徒傳承、學校傳承和社群傳承四種，初步完成了「家族-師徒-學校-社群」共同體傳承體系的建構；而非物質文化遺產的傳播則主要以新聞媒體報導、數位化存錄和非物質文化遺產展示（博物館、會展、會演）等形式存在，其建設主體亦侷限於政府、研究院和高校，相關的非物質文化遺產資源和訊息亦未能及時共享，社會大眾亦無法確知其工作進展，公眾參與非物質文化遺產保護的文化通道不暢，非物質文化遺產的文化魅力亦未激起公眾參與非物質文化遺產保護的熱情。在此前提下，如何透過傳播媒介的介入，日常性地讓民間文學類非物質文化遺產項目走進大眾的生活，成為以「傳播和互動」為圭臬的民間文學類非物質文化遺產項目傳播體系建構的應有之義。

從19世紀「傳播」進入公共話語時，就誕生了兩種傳播觀：傳播的傳遞觀（a transmission view of communication）和傳播的儀式觀（a ritual view of communication）。傳遞觀源自地理和運輸方面的隱喻，為了控制的目的，把訊息從一端傳遞到另一端，傳遞觀中的「傳播」是一

視覺人類學
下篇

種訊息得以在空間發布和傳播的過程，以達到對距離和人的控制。儀式觀則將傳播一詞與「分享」（sharing）、「參與」（participation）、「聯合」（association）、「團體」（fellowship）及「擁有共同信仰」（the possession of common faith）相關，儀式觀中的「傳播」並非只指訊息在空間的擴散，還指時間上對一個社會的維繫，不只是分享訊息的行為，還指共享信仰的表徵。

將「傳播」的兩種觀念與聯合國教科文組織（以下簡稱 UNESCO）通過的《保護非物質文化遺產公約》《保護世界文化和自然遺產公約》《保護文化表現形式多樣化公約》三大國際公約，及《中華人民共和國非物質文化遺產法》制定的宗旨對照，文化多樣性、文化交流、文化共享是文化遺產存續的主要目的。而非物質文化遺產的傳播，不僅是非物質文化遺產訊息的空間傳遞，更是非物質文化遺產訊息透過傳媒渠道，在空間傳遞基礎上，讓擁有共同信仰的人類共同體，分享文化遺產，參與非物質文化遺產保護，共同形塑文化多樣性，積極交流，達成文化多樣性基礎上的「全球倫理」的過程。

以「儀式視野」的傳播觀審視中國民間文學類非物質文化遺產的傳播現狀，民間文學訊息的採錄工作取得了豐富的成果，而訊息的傳播和共享還需進一步加強。在中國，對民間文學的保護，始於「五四」時期，新中國成立至今，社會各界對民間文學的蒐集、整理和研究取得了豐富的成就，截至 2009 年 10 月，民間文學 3 套集成（《中國民間故事集成》《中國歌謠集成》《中國諺語集成》）工程告竣，省卷本全部出齊，共 298 卷，440 冊，4.5 億餘字，加上縣級卷、地區級卷本，總字數達 40 億字。

截至 2010 年 5 月，經過 3 批國家級非物質文化遺產名錄的認定，共有 125 項民間文學項目進入國家非物質文化遺產名錄，各地對非物質文化遺產項目採取了錄音、錄影、文字記錄等方式，對民間文學訊息進行了採錄。而公眾獲悉民間文學類非物質文化遺產訊息的渠道單一，除了透過各類紙質出版物瞭解民間文學的相關出版成果，作為活態的民間文學類非物質文化遺產訊息，在傳播鏈條上處於缺失狀態。在非物質文化遺產數位化的實踐中，民間文學類非物質文化遺產的數位化代表工程「中國口頭文學遺產數據庫」，

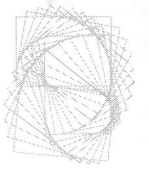

作為至今為止中國口頭文學資料最為系統的民間文學數據庫，其傳播方式仍是將「口頭文學遺產圖書」在「數據庫」中進行書寫／印刷文本的位移，口頭文學的「口頭活態」吟誦並未真正體現。

經過十多年的非物質文化遺產搶救與保護實踐，中國已初步建立了「國際-國家-省、自治區、直轄市-市-縣」五級民間文學類非物質文化遺產名錄，並初步認定了五級非物質文化遺產名錄的代表性傳承人。但在民間文學類非物質文化遺產傳承、保護的「五級」框架內，民間文學類非物質文化遺產的傳承與傳播卻存在重申報、輕傳承，重宣傳、輕傳播，重傳遞、輕共享的問題。

各級申請世界遺產部門對非物質文化遺產項目的申報、申報成功後的宣傳和非物質文化遺產名錄訊息的簡略傳遞很重視，但對於申報成功後非物質文化遺產名錄的傳承、大眾傳播和非物質文化遺產名錄與社會大眾的文化共享考慮較少，導致了非物質文化遺產名錄「有名錄」卻「無實效」的局面。在民間文學類非物質文化遺產的國際名錄中，2011年11月29日UNESCO公布的11項《急需保護的非物質文化遺產名錄》中，中國民間文學的卓越之作「赫哲族伊瑪堪說唱」（Hezhen Yimakan storytelling）正瀕臨失傳。

而在20世紀80年代，伊瑪堪藝人中還有20多位大師級人物，目前卻只剩下5名伊瑪堪藝人能表演某些特定篇目。在中國民間文學類非物質文化遺產的「國家-省、自治區、直轄市-市-縣」四級名錄框架中，代表性傳承人老齡化問題突出。

2009年國家級非物質文化遺產「走馬鎮民間故事」項目代表性傳承人魏顯德辭世，2010年國家級非物質文化遺產「苗族古歌」項目代表性傳承人王安江辭世，2011年西藏著名格薩爾說唱藝人桑珠辭世，同年，以唯一一個個體項目入選全國第一批國家非物質文化遺產項目的故事大王譚振山辭世，而國家級非物質文化遺產「維吾爾族達史坦」項目傳承人夏赫·買買提已經103歲高齡。

民間文學類非物質文化遺產要對抗此種「人亡藝絕」的保護困境，除了加強對傳承名錄的政策保護，對傳承人的大力支持外，根據民間文學類非物

質文化遺產的傳承特徵，建立其傳播體系，在大眾傳播體系中與公眾共享其文化訊息，贏得公眾參與保護傳承的力量，成為當務之急。

以「文化共享」的理念，建構民間文學類非物質文化遺產傳播體系，是民間文學類非物質文化遺產傳播的基礎，而當下將民間故事透過文字、圖片、音像等形式記錄、保存，僅僅將民間文學類非物質文化遺產從「口頭」文本，經由文字、圖片、音像的中介，轉錄為另一種文本，其傳播、展示仍處於靜態保護成果，完整的、動態的呈現口頭文化活態性的民間文學類綜合數據庫（如格薩爾國家數據庫·果洛分庫）也多處於在建階段，其口頭文化的「活態性」並沒有得到完整呈現。

在民間文學類非物質文化遺產項目基礎之上，目前對民間文學進行大眾傳播的形式主要有影視改編、舞台展演和節慶活動，以上三類對民間文學類非物質文化遺產的大眾傳播，一定程度上對大眾進行了非物質文化遺產知識的普及教育，對非物質文化遺產傳承人進行了社會輿論的正面宣揚，但由此引發的民間文學類非物質文化遺產項目在影視（戲劇）改編中，為追求收視率、娛樂性、可看性導致的「過度改編」問題，在舞台展演中對民間文學類非物質文化遺產進行的「藝術創造」問題，在節慶活動中對民間文學類非物質文化遺產進行的「商業包裝」問題，對非物質文化遺產項目傳承的「真實性」構成了巨大的挑戰，屢受非物質文化遺產學術界詬病，而學界以非物質文化遺產為主題的學術研討、觀點、成果，又主要侷限在學術領域進行小眾傳播，無法及時、有效地運用到民間文學類非物質文化遺產的傳承與傳播中。

訊息不等於傳播，傳播活動比訊息傳遞複雜得多。在民間文學類國家級非物質文化遺產的傳播中，國家名錄、傳承人、保護方式等訊息，散落在傳統媒體和數位媒體的各個角落，以碎片化的存在形式，等待大眾在海量的資訊中來打撈，這導致了非物質文化遺產傳播的碎片化現實，而「訊息傳遞已不足以達到傳通的目的，因為無處不在的訊息使得傳通變得更加困難」。民間文學類國家級非物質文化遺產訊息也陷入了這個問題：非物質文化遺產訊息在海量訊息中的傳通障礙。

傳播活動所涉及的由非物質文化遺產訊息串起的人與人之間的關係，在碎片化的訊息中並未聯通，於是，在文化共享理念支撐下，如何把不同的非物質文化遺產文化訊息進行綜合管理，達到訊息共處的狀態，成為民間文學類國家級非物質文化遺產傳播的重要論題。

（巴勝超，昆明理工大學藝術與傳媒學院副教授。主要從事文化遺產、傳媒人類學、民族文化傳播研究。馬媛媛，昆明理工大學藝術與傳媒學院碩士研究生。）

對近年藏地電影發展的幾點思考

朱晶進　趙忠波

摘要：本文以藏地電影的概念與內涵、藏地電影「民族主位」屬性及其可超越性、藏地電影的內容特點及其社會價值幾個方面的論述為基礎，對藏地電影的發展現狀進行了分析，對其發展道路進行了思考。本文認為，政策、市場和資本對於包括藏地電影在內的少數民族電影、人類學影像而言，是三把「雙刃劍」。

只有努力培養藏地電影人才保證不斷代，堅持拍攝精品藏地電影保證紀錄片院線、民族院線或藝術片院線的片源，並將少數人的觀影小圈子培育成獨特的市場，才是藏地電影可持續發展、健康向上發展的可行之路。

關鍵詞：藏地電影；發展道路；思考

「藏地電影」，是一種小圈子文化。那些把藏地作為旅遊目標的人，對「藏地電影」卻知之甚少。微信、微博上的影評幾乎從未將「藏地電影」納入視線。即便在普通藏人中，能很快舉出幾部這個小圈子推崇之至的電影作品者，亦寥寥無幾。

某文化書店在成都專門為「藏地電影」辟出一週的免費放映時間，但多數場次中，在場觀眾人數不超過 20 人。「藏地電影」的著名製作人萬瑪才旦導演，如果不是在西寧機場與當地執法人員發生衝突，或許也無法在境內

外的社交網站上露面。從這個意義上講，「藏地電影」的製作者和愛好者也許應該思考其定位和未來。

一、藏族題材電影、藏族電影與藏地電影

在官方層面，藏地電影有一個更為人熟知的名字——「藏族題材電影」。這個名字是由更具意識形態色彩的「少數民族題材電影」推衍而來，它根據的是電影的題材內容。僅僅十幾年前，當所有電影的製作方都只能是官方機構時，由誰來拍攝電影、拍攝什麼內容的電影選擇餘地不大，因為那時電影製作所需的資金、設備已經形成了一種民間不容覬覦的權力。「藏族題材電影」中「題材」二字因而就代表著這種權力，它表明：題材是一種預先設定好的計劃，拍攝這一預定的題材是一種政治組織活動。

而今天，如果某人宣布要拍攝一部電影，沒有任何人會質疑他成功的可能性。從攜帶式錄影機到智慧手機，從小型錄影帶到大容量儲存卡，從影院銀幕到社交媒體中的短片，當官方機構無法以硬件為由獨占拍攝權時，它們順應潮流，任由權力流散到普通民眾的手中。

同時，非政府組織和人類學者將這些代表話語權的拍攝設備再次分發到全球化尚未滲透地區的農人、牧人手中。可見，電影的拍攝權力的碎片化、草根化來自自然分權和主動賦權兩種並行的進程。於是，就有學者提出，需要刪去「題材」二字，僅說「藏族電影」或「西藏電影」即可。

筆者認為，「藏族電影」牽涉到的是主創人員的族群屬性。問題在於，儘管現在的獨立電影「編導一體」的情況不少，然而你無法在短時間內確定出品方、製片方在這部電影中造成了多少作用。《貢嘎日噢》製作團隊中排在最前面的是來自四川省和甘孜州黨委政府的兩位領導級顧問；《德蘭》《皮繩上的魂》兩片大熱，對我們而言難以抉擇的是扎西達娃的劇本發揮了主要作用，還是導演劉杰和張揚的功勞更大；至於《小喇嘛的春節》，張國棟與旦真旺加兩位主創缺一不可。即便是萬瑪才旦的系列影片，我們也不能無視松太加、德格才讓等人在團隊中的地位。

「西藏電影」中的「西藏」二字，與西方世界所指稱的「Tibet」一詞一樣，更易發生歧義，因為「西藏」概念可大可小。一些台灣人士將歷史名詞「吐蕃」借來，改為「圖博」指代所有藏族居住地區，還將「西藏電影」稱為「圖博電影」；殊不知「蕃」字讀音、「吐」的指代尚處學術爭論之中，且藏文的「bod」☒☒☒ 是否能涵蓋所有藏族聚居地區，亦無定論。

為了讓我們的討論減少非學術的干擾，避免落入語彙的意識形態陷阱，並將電影的題材和創作團隊均納入討論範疇，我們選擇了有著更多文化意義的「藏地」二字。

二、藏地電影的「藏族主位」與「非藏族主位」

《西藏人文地理》曾嘗試提出，藏地電影迎來一股「新浪潮」。究竟用「浪潮」「潮流」還是「思潮」，問題並不大，關鍵在於怎麼看待這個「新」字。

如果單純從電影主創人員的民族屬性來看，正如前文所述，未免武斷，這會使藏、漢等多個民族合作的電影作品處於尷尬境地。在這裡，我們不如借用中央民族大學影視人類學學者朱靖江最近提出的概念，亦即將涉及少數民族的電影大體上分為「少數民族主位」和「非少數民族主位」兩種類型。

推而論之，藏地電影也有「藏族主位」電影和「非藏族主位」電影的大致分野。這種分類方法，首先限定電影從內容上反映的是藏族及其所生活的環境（可以是藏區，也可以是大陸）；其次，從電影的創作宗旨和達到的傳播效果出發，意圖確定某部電影是從藏族的眼睛來觀察品評，還是從漢族的視角，或從國家的高度來窺視和審視藏族、藏地。真正的「藏族主位」電影，更側重於展現藏族的核心文化內容與價值觀念，並自內而外地思考藏族的生存發展之道、傳統的現代化變遷以及個體與族群之間的交互關係。

這一研究路徑，能夠有效規避「藏族創作」和「非藏族創作」給我們帶來的假象，最終十分有利於我們看清藏地電影之「新浪潮」「新」在何處。

「非藏族主位」電影是無法納入藏地電影「新浪潮」的。到目前為止，已有若干學者對「非藏族主位」電影的弊端進行了多方面的論述。如蘭州大學傳播學者李曉靈深刻地指出，全球化背景下，「非藏族主位」電影非常矛

視覺人類學
下篇

盾地成為強化中國電影「『少數』民族性特徵」以增強國際競爭力的期望中的利器，以一種「他者身份」雖然保持了以漢文化為中心的中華民族文化在全球化中的延續，可是卻以「民族奇觀」不僅滿足了西方白人的「窺視欲」，而且滿足了來自漢民族觀眾的「窺視欲」。

遠離「窺視者」的藏地的現實生活場景和真實文化形象，在西方和漢族文化的「擠壓」和誤讀下遭到了進一步遮蔽和歪曲。

電影作為文化的一種外延，如果說文化繞不開政治，那麼「某某主位」電影也繞不開意識形態的光暈。後殖民理論大師霍米巴巴認為，訊息的不對稱以及主流社群對異質文化的濃烈興趣，會導致文化作品創作中「刻板印象」的形成。

換言之，「刻板印象」是一種主流社群受眾加速認識異質文化的心理預期，但正如這一概念的字面意義所示，它含有很大比例的批評意義。「非藏族主位」電影正是很容易將藏族文化加以簡單化的同時進行固化，而固化下來的文化要素可能並非藏族自己所認為的本質成分。

被固化的文化要素，由於能夠迅速在主流受眾中形成一定的傳播效果（不一定是好的效果），因此即便是藏族創作者也可能傾向於展現它們，於是那些被邊緣化的本民族文化就逐漸湮沒無聞。

紀錄片《第三極》就是一部典型的「非藏族主位」電影。此片是迄今為止表現青藏高原優美自然環境的最為精美的紀錄片之一，豆瓣網（www.douban.com）評分高達 9.1（評分人數 3994）。但有藏族知識分子不客氣地指出，「作者有意將人性精神層面刻意拔高，但支撐其高度的文化緯度、文化厚度卻略顯單薄，似乎更注重影像感觀皮層的內容，而少了些深入文化骨髓的內在邏輯」。

更危險的是，對藏地信仰的誇大式美化，使那些剛剛踏入社會的青年藏族學生盲目地陷進了「信仰優越論」和「信仰中心主義」的漩渦之中，「活在別人建構的世界中無法自拔」。這裡所謂「別人建構的世界」其實說的就

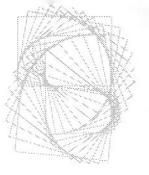

是非藏族導演曾海若為藏族建構的世界。純粹的信仰是自我內心的東西，而非貼給別人看的標籤。

而像《喜馬拉雅王子》《西藏秘密》之類的故事片，無論演員的陣容有多麼強大，也逃不開來自藏族知識分子對其「非藏族主位」導致的各類錯漏的批評；如尕藏加洋認為《喜馬拉雅王子》儘管使用了像蒲巴甲這樣的藏族主演，但全片卻是對藏文化的「任意擺布」。

值得注意的是，《西藏秘密》漢語版由於毛病太多而被迫在中央電視台電視劇頻道下線數月後，該片藏語版卻在西藏衛視藏漢語頻道播出並獲得高收視率。由主流族群的創作者誤讀同時並固化的文化要素，在本族群的普通受眾那裡是那麼容易被接受，正如同《農奴》等影片所固化的「舊西藏」面貌那樣，令人唏噓不已。

一位漢族研究生的碩士論文就指出，「非藏族主位」藏地故事片電影的創作者更多地將自己的藝術訴求寄託在漢族等非藏族角色的塑造上。這些非藏族人物往往擔任這類電影的主角，成為構建影片的中心。

他們或是「拯救者」，有的幫助藏族人民推翻階級壓迫，有的給藏族人民帶來更美好生活；或是「尋找者」，希望在「神秘而誘人」的藏地尋求愛情等理想——這也是絕大多數「非藏族主位」的藏地故事片微電影、短片的膚淺而雷同的立意。

另一方面，「藏族主位」並非從一開始就可以拋棄主創人員的民族屬性，而像《皮繩上的魂》那樣直接自內而外地進行創作的。之所以不少學者都會把藏地電影主創者的民族屬性視為檢驗標準，是因為在很大程度上，藏族作家兼導演萬瑪才旦的電影作品在「新浪潮」中的地位不可動搖的緣故。

這批成熟的電影創作人，除了萬瑪才旦以外，還包括扎西達娃、才旺瑙乳、鬥拉加、西德尼瑪等，雖然有著同屬安多地區這樣地域上的共同特點，但只有萬瑪才旦的知名度客觀上打了出來，是 21 世紀藏地電影傳播史上繞不開的人物。萬瑪才旦可以作為一個代表，可以是青年藏族電影人的一位楷

模,但我們只有將上面提到的所有人物視為一個「成熟的藏族專業電影創作群體」,才能明白藏地電影「新浪潮」的開端意味著什麼。

然而,萬瑪才旦之所以能夠成為代表,與他的創作膽識和創作風格不無關係。這是因為藏族知識分子對於本民族文化和全球化之間的緊張關係,早在 20 世紀末就開始有所探討;這種愈來愈傾向於「二元化」的討論,在今天更是近乎一種「套路」——大多數藏人,無論他或她的受教育程度如何,都能在「保護傳統」的話題下高談闊論。

例如雲南省社科院的人類學者郭淨在青海省久治縣白玉鄉遇到的那些手持錄影機(「鄉村之眼」項目提供)的普通藏人,又如「若爾蓋攝影小組」的那些藏族「90 後」紀錄片導演,因為感受到了文化和生活的變化,或者因為焦慮於自己完全不懂老一輩的言行,所以想要用影像進行書寫和記載。但是,萬瑪才旦是第一位能夠把上述老生常談的話題,以故事片的形式精緻地展現給傳統—現代二元話語下所有受眾的創作者。有了開路先鋒,後來者自然就水到渠成。

可見,所謂的「新浪潮」之「新」,首先需要敢於表現藏族的現實主義主題,敢於把口頭上的「敏感」話題用藝術符號來「脫敏」。其次需要將錄影機下沉,關注藏族日常生活中的小人物在現實主義話題下的境遇。

藏族的文學傳統中,不管是口頭傳統還是書面傳統,世俗或宗教的英雄敘事占了很大比例,這一傳統至今仍然延綿不絕。例如松太加最近提到,他的新片《河》在西藏放映時,「很多當地的官員也認為《河》拍得特別好,這讓我很意外。他們認同的是故事中的『人』。他們認為,電影應該踏踏實實講老百姓的故事,才能讓每個人都有親近感」。

可見,像《可可西里》《西藏天空》《貢嘎日噢》《撼天者:金珠瑪米》這樣的影片,儘管拍攝時間十分晚近,但由於影片是為了塑造不同歷史時期、不同領域的藏族英雄,因此仍應歸屬於傳統藏地電影行列,甚至遊走在「藏族主位」和「非藏族主位」之間的邊緣地帶。

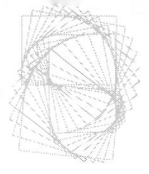

三、藏地電影對「民族主位」可超越性

前文已經提及，要成為一部「藏族主位」的藏地電影，不一定非要主創人員的身份證上標明「藏族」，只有超越這一不管是自己想像還是他人建構的屬性，才能儘可能多地拋開那些可能早已固化在主創人員頭腦中的「藏文化」，用更接地氣的真實去打動觀眾。

第一，電影創作者不能永遠依賴自己的「藏族」身份來獲得關注和同情。北京電影學院學者杜慶春在與萬瑪才旦談話時曾說道：「有可能到有一天，大家會說，萬瑪才旦是國際著名導演，不需要再在你前面加上某種限定語，大家覺得你就是這個領域裡面最好的藝術家。」萬瑪自己也意識到了這一點，他接受「共識網」（www.21ccom.net）採訪時即坦誠表示：

你可以去世界上各大電影節走一走，各國各民族拍出來的電影那麼多，每年幾千部，五彩繽紛，憑什麼人家就會照顧到你？甚至一些藏族人本身也有這種誤解或者錯覺，覺得只要拍個藏族題材的電影你就能得到關注，你就很容易成功，其實完全不是這樣的。

一個A類電影節選你的作品，首先看重的是你的電影的藝術氣質和所傳達的東西，不會因為題材去關照你。

今年第十九屆上海國際電影節上，萬瑪作為中國唯一的導演擔任金爵獎評委一事，表明他的民族屬性已經逐步淡出。又如，拍攝《孜廓路上》的年輕導演旦增色珍不願意因為自己是一個藏族人而刻意去做「傳播西藏」的電影，而是更希望以「人」的角度去觀察和解讀世界上正在發生的故事。她也不願意讓自己的電影成為對西藏標籤化的表述，並在另一場合說道：

現在大家通常在拍攝西藏時會將她最美好的一面拍出來，並將她浪漫化，這是我不太喜歡的記錄方式。我更希望從另一個角度去呈現她最真實的一面，讓人們能夠透過這面「鏡子」看到裡面的自己，從而表達出最具價值的內涵。

當拍攝《給我一天來做夢》的青年導演阿崗·雅爾基被問起「最想拍一部什麼樣的電影」時，他也認為藏族文化並不是用來被販賣的：

說理想化的，我就想拍一部《賽德克巴萊》那樣的電影。但前提是不要以任何形式諂媚和販賣民族文化。

可見，藏地電影的良性發展涉及如何有效地進行跨文化傳播。青海民族大學藏族學者才貝即認為，包括藏地電影在內的少數民族電影，如何以民族的、「深描」的視聽語言在做好「文化翻譯」的同時，講好故事，應該是在電影藝術越來越多元化的潮流中能夠脫穎而出的關鍵所在。

第二，即便是非藏族人士擔任藏地電影的導演或製片，這部電影同樣也有可能達到「藏族主位」的標準。例如較早期的《八廓南街16號》，儘管導演是段錦川，但該片的前期拍攝是由藏族攝影師多吉和丹增赤列完成的。

扎西達娃擔任編劇的《皮繩上的魂》《德蘭》《益西卓瑪》等片，儘管導演分別是張揚、劉杰和謝飛，但這些導演都十分尊重藏族編劇的劇本，最終呈現的作品亦未偏離「藏族主位」。張國棟擔任製片和導演的《小喇嘛的春節》，係與旦真旺加合作完成，此片表明作為漢族投資者和創作者的張國棟能夠完全放下身段，把鏡頭交給藏族團隊成員沉到阿壩州松潘縣卡亞鄉；該片並未因為張國棟的非藏族身份而充滿獵奇式的敘事，即便是寺院大法會這一事件中，展現的大多數也是小人物的所作所為；片中人物對自己行動的解釋都源自本民族的視角，剪輯後保留在成片中的一些台詞細節有著極為強烈的真實感，而這種剪輯選擇也是「藏族主位」的。

第三，即便是非藏族人士主創的藏地電影，也可能因其「藏族主位」而遇到麻煩。如朱靖江在分析改革開放後藏地電影的不足時，就沒有從主創人員的民族屬性出發進行闡述。他認為，藏地「影像」中的絕大多數實際上是中央與各地方電影製片廠和電視台的「專題片」和紀錄片，這部分影片確實在某種程度上展現了藏地社會的多元樣貌，但創作者卻「受制於體制束縛」而面臨著最終能夠公開播映的作品難以深入藏區社會肌體、無力詮釋藏文化核心價值的尷尬境地。

筆者在上文提到的鬥拉加、西德尼瑪、多智合等都是極為優秀的藏族導演，他們為自己所在的官方機構拍攝了數量眾多的影視作品，其中不乏符合「藏族主位」標準的「新浪潮」影像，他們之所以無法形成更大影響力的原

因或許就可以用上述論點來解釋。再來看《西藏一年》這部「藏族主位」紀錄片，儘管功勞記在漢族導演書雲的身上，但我們也不能忘記中國藏學研究中心藏族學者格勒在其中的巨大貢獻，而且從製片上看，英國七方石公司也是重要的聯合製作方。書雲導演也曾指出「體制」對該片創作的束縛之處：

「我想《西藏一年》這樣的紀錄片不會在體制內產生，因為我們在西藏問題的宣傳上這麼多年已經形成一種模式，很難突破」，「專家和學者在對《西藏一年》的審查中，提出了如『傳統的東西、宗教的內容偏多，應該多反映一些現代化的生活』，『電影反映的是江孜的情況，不能代表西藏，片名應該改一下』」。

如「一妻多夫」或「姐妹同夫」被質疑「是否反映了西藏的『落後』」？又如婚喪嫁娶、蓋房修路、做生意時，當地（江孜）人都要找次旦法師算卦的現象被質疑「是否反映了藏族人的『愚昧』」？

但是專家認為，上述內容「恰恰是藏族人生活的一部分，也是傳統文化的一部分」，必須保留下來。

四、藏地電影的內容及其社會價值

中國人類學紀錄片秉承的是西方紀實主義傳統。1922年，俄國人維爾托夫提出「電影眼睛」的主張。維爾托夫把人的眼睛比作攝影機的眼睛，認為攝影機的眼睛更善於發現和辨認生活的真理，將觀察攝影獲取的「現實的片段」組合成一個「有意義的震撼」，強調「出其不意地抓取生活」，然後在意識形態的高度上表現「客觀世界的實質」。

電影眼睛的思想又影響到以格里爾遜為代表的英國「紀錄電影學派」，該學派強調：記錄者應該具有強烈的社會責任感，並應時刻保持對當下社會現象的深刻批判態度；只有關注當下社會現實和歷史進程的紀錄片，才具有那種能夠影響社會的影像媒介力量。

受上述西方紀實主義傳統影響，20世紀90年代，中國紀錄片製作人找回了中國紀錄片在20世紀初期就已成型的紀實主義傳統，並與國際主流的紀錄語言「合流」。隨著影像技術的進步，曾經失落的紀實主義傳統在這一

時期逐漸復興，出現了一批優秀的紀錄文本，表現了一些未曾探索過的、與現實的、活生生的人緊密相連的題材和主題，如康健寧的《沙與海》《陰陽》，王海兵的《藏北人家》《深山船家》，孫增田拍攝的《最後的山神》《神鹿呀，我們的神鹿》等片都從人類學的視角關注了不同地域環境裡的族群文化以及傳統與現代的文化衝突。

至於近年成為熱門的「村民—社群影像」也有其西方先驅，並可以追溯至 20 世紀 60 年代。索爾·沃思和約翰·阿德爾目前被公認為最早的、真正意義上實施「村民—社群影像」計劃的先驅者，他們於 1966 年發起了「納瓦霍人電影計劃」，邀請美國印第安納瓦霍人用錄影機記錄並剪輯完成了一批關乎手工技藝、信仰的影片。

中國大陸地區，以「村民—社群影像」理念和模式為指導的實踐，最早並不是發生在民族文化的記錄和再現方面，而是出現在有關婦女生殖健康和發展的項目中。1991 至 1998 年，美國「福特基金會」以中國雲南省陸良縣和澄江縣的 4 個鄉鎮作為試點，開展了名為「婦女生育衛生與發展」的項目。大約從 2000 年開始，以影片記錄為主的村民—社群影像實踐才在全國範圍內逐漸鋪開。

反映少數民族地區的民族志影像，其功用不僅是為反映而反映，也不僅是為關注而關注，否則易於落入獵奇的陷阱，使主流族群中的「異域」「他者」和「異質文化」成為被消費的民族符號。但現實的問題也擺在面前：即便是同樣的題材和內容，如果主創人員的動機不同，那麼最終呈現給受眾的影片的傳播效果也有較大差異。有的主創人員為市場考慮，有的為藝術考慮，有的為所拍攝的社群考慮，有的為學術研究考慮。

關於市場和藝術的矛盾，筆者還將在下文中闡述。而從學者的角度看，似乎我們更應該推崇對社群發展及科學研究有價值的民族志影像。民族志影像學者郭淨、朱靖江近日憂心地指出：

「大學對民族影像志人才的培養與繁榮的影像時代卻形成了較大的反差」，「攝像專業大多集中在電影學院和傳媒學院，主要是培養影視人才，而非學術型的攝像人才」；「在（民族志影像）繁華表象的背後，是這門人

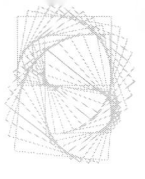

類學邊緣學科人才流失、學術荒漠化的瀕危現狀,以及尋求突圍與發展的迫切情勢」。

學者眼中的包括藏地電影在內的民族志影像,有以下有益於社群及科學研究的價值:一是反映文化傳統的尊嚴和價值,以及表現轉型期民族文化和社會生活面臨的複雜處境和置身其中的個體的心靈世界,一旦此類影片再次在影片拍攝的社群、地理上或文化上同質的社群播放,那麼影片就能透過文化闡釋和傳播使族群記憶和文化資產得以另一種方式形象化地留存,並在傳播過程中進一步完成文本和表述對象內涵意義的昇華,從而幫助不同地域和社群在明確族群認同的過程中發揮自己的作用,增強弱勢族群的自尊心。

就「村民—社群影像」而言,由於其拍攝者是社群成員之一,因此它能夠使拍攝者及被拍攝者在影像創作的過程中逐漸建立起表達的自信,社群成員所表述的地方性知識透過「社群影像民族志」的多層次傳播,成為全球知識體系當中的一個組成部分。二是使記錄下來的非物質文化成為幫助社群文化在全球化中繼續傳承的重要工具。如加拿大英屬哥倫比亞大學教授馬克·圖靈在印度大吉嶺進行視覺人類學工作時,他所記錄的社群傳統知識和文化的傳承人拉蒂·阿帕(Latte Apa),出於自己年事已高的考慮,主動要求圖靈利用數位技術完整保存他的各類儀式主持過程。

拉蒂·阿帕的學徒在拉蒂因一次滑坡意外離世後,聯繫圖靈寄回上述數位影像,以便學習並延續拉蒂的儀式。圖靈因而認為,人類學者在田野中進行記錄後,他就有了一種責任,這種責任不僅是記錄,而且是當人們需要幫助時提供這種記錄,田野的數位記錄的意義就這樣得到大幅昇華。

按照具體的藏地電影作品來分析,我們會發現,關注轉型期或全球化時代藏族社會中傳統與現代的衝突,並希望以這種衝突來引發受眾思考,乃是大多數藏地電影(特別是包括藏族主創人員)的主要預設傳播效果。

這一特點與作品是故事片還是紀錄片沒有太多相關性。具體到表現手法看,一些在藏族受眾中較為知名的作品中,相當一部分角色身上都承載著傳統文明與現代文明的矛盾與衝突,但在如何化解這一矛盾的問題上,作品主創者和角色並不提供方法論上的意義和思路,而是冷靜地展現出來,任由觀

眾自己去評價，「面對民族和社會的矛盾衝突，他們喜憂參半，既是抗拒現代文明腐蝕的衛道士，又是尊重現代文明對傳統社會入侵的自省者」。例如萬瑪才旦就自稱：

很難去判斷現代文明對傳統的衝擊究竟是好事還是壞事，尤其在當下這樣一個處境下，所以在我的電影裡更多的只是一種客觀呈現。

《靜靜的嘛呢石》和《尋找智美更登》這兩部電影都是雙重或多重的敘事結構，一方面是對當下藏區現實的表述，一方面又是對藏族傳統文化在當下現實中的處境的描述，它們在整部電影中相輔相成，而作為傳統文化的形象的表述，我覺得《智美更登》是最具代表性的。

藏族學者尕藏加洋對萬瑪才旦的理解則是，藏族在接受現代文明衝擊的同時必須要保留傳統文化，不能「撕裂」一個文化而接替另一個文化。又如拍攝《給我一天來做夢》並獲得金雞百花電影節最受觀眾歡迎短片獎的導演阿崗‧雅爾基，也將傳統與現代的選擇權留給了觀眾。該片的片尾有一個三岔路，但影片並未告知主角小喇嘛走上了哪條道路，對此阿崗‧雅爾基稱：

其實現在藏區的很多東西，不僅僅是每一個作為個體的人，包括整個民族就好像到了這樣一個三岔路口、選擇或者被選擇的一個狀態下。所以很多人看完電影以後都會問那個問題，小喇嘛最終是不是回到了寺院，所以這個，我說我沒法回答。

幾年的時光裡，西藏突飛猛進式的變化和外來文明對於本土文化的滲透無處不在，彷彿在這塊土地上的人都站在了前所未有的分岔口，面對著選擇，或許這是必然的，小活佛最後選擇了一條自己的路，我們都不知道他選擇的路盡頭是寺院還是別的什麼，只知道他還在路上。

藏地電影中的紀錄片，由於其強烈的紀實主義傳統，對傳統與現代之間的衝突更為凸顯，也更易打動受眾，並反向影響影片拍攝地所在的社群。

一類是由非社群成員拍攝的紀錄片，也就是「傳統」意義上的民族志影像。除了上文提到的改革開放後湧現的一批電影之外，近年來由藏族導演主

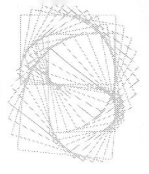

創的藏地紀錄片電影，如同故事片那樣，也正在納入藏人自己對現狀的反思。如手法熟練、已頗有成績的青海省果洛州電視台譯製中心主任鬥拉加，近年拍攝的《孤兒院的春天》《冬蟲夏草》在各類影展上獲得大量關注。

還有一批「80後」「90後」青年藏族導演，如拉毛扎西、旦增色珍和前文提及的阿崗·雅爾基等，他們的紀錄片作品《拉薩青年》《孜廓路上》《回家》從各自不同的角度或展現或思考或表達了新一代藏人對現狀的思考。《拉薩青年》講述了5位普通的藏族青年在拉薩生活、追夢的故事，有的人希望透過設計來創新傳統藝術，有的人希望透過文學來發展藏語言文字，有的人希望透過教育殘疾人來做公益（學的是漢語和主流文化知識），有的人用漢語唱帶有藏族文化符號的歌來經營朗瑪廳，還有的人靠人力三輪車載客來維持生計。

5位角色的經歷不分高下，影片不作價值評判，客觀地展現了在拉薩這座半個身體已經邁入現代社會的城市，普通人自然而然的選擇。《孜廓路上》圍繞著拉薩市「孜廓路」上3個普通百姓的真實生活狀態和情感變化，講述在拉薩城不斷現代化的背景下，每個個體所面臨的不同機遇和困境；在信仰、傳統教義的約束下，他們所做出的選擇和努力。

其中一位是賣豌豆的藏族小攤販，依託信仰而生活；一位是在甜茶館打工的農區藏族姑娘，嚮往著拉薩的繁華；還有一位是開雜貨店的穆斯林少年，試圖融入這個城市。《回家》則取材自2015年8月4日至8月5日的一場民間團體的活動。該活動由四川省阿壩州民間草場保護者扎瓊巴讓和該州民間防艾活動人士邱華絨吾發起，活動對象是阿壩州若爾蓋縣麥溪鄉嘎沙村的年輕藏人，這些年輕藏人因求學的緣故，從小離開家鄉，「已經忘記了遊牧傳統」。

巴讓把這些年輕藏人聚集在一起，騎馬在家鄉的草原上走兩天，讓他們瞭解故鄉的過去和現在。阿崗·雅爾基自稱，《回家》屬於臨時起意拍攝。巴讓向他介紹了這個活動，希望阿崗能夠拍攝活動過程。但當時阿崗除了一台單反相機外，沒有帶其他任何專業攝影設備，剪輯和字幕全靠他自己單人完成。可見，《回家》已經包含了「村民—社群影像」的一些特點。

視覺人類學

下篇

　　另一類是前文已經提及淵源，但從 21 世紀初葉開始發軔於雲南、青海、四川、廣西等少數民族聚居區的「村民—社群影像」，它更具民間色彩，並更直接地展現出「少數民族主位」影像表達的多樣性及其在少數民族文化建設中的觸媒價值。到 2012 年秋季，年保玉則山下的藏族牧民已經能夠進行影像創作的自我教育，形成了一整套以藏邊社會自然的文化保護為核心的社群影像工作系統。

　　這些由在地居民主持、運作的組織，開始嘗試透過自主培訓在地居民拍攝影片的方式，達到諸如民族文化保護傳承意識喚醒、生態環境保護意識喚醒等目的。換言之，「村民—社群影像」如果化為非政府組織、民間團體的一種行動，那麼這種行動就將用一種現代工具打開社群民眾的認知視野，以「建立適應社會與發展自身的機制」。如果用人類學理論來闡釋，在這一過程中傳統的社會記憶被新的環境進一步屏蔽，或出現「結構性失憶」。

　　而新的社會記憶也開始形成，實際上就是傳統與現代權力意識的碰撞。在這一碰撞中，相機資源成為內部村民「分配」或「交換」權力的一種重要工具。如果從教育宗旨上講，郭淨於 2010 年 8 月在青海省久治縣白玉鄉山水自然保護中心的「村民—社群影像」培訓上的一段總結陳詞非常明了：

　　拍藏族的東西很多，可大多是給外人看的，不是真實的藏族，是虛假的藏族。自己手上有了錄影機，你就是阿壩人，（青海久治）白玉人，你怎麼來說藏族的文化，和外人有什麼不同，要想想。這裡的藏族和其他藏族都面臨同樣問題，牧業在消失，信仰受到外面影響。能不能用錄影機啟發大家去想像，怎麼讓藏族文化和環境得到保存。藏族歷史上受到衝擊不是第一次。為什麼在經過很多災難以後，還能重新興起？是因為有些人一直在做事情。

　　目前，學界對白瑪山地文化中心以及山水自然保護中心的「村民-社群影像」已有較多闡述。但近期還有若干未納入上述兩個知名項目的「村民-社群影像」在這裡值得一提。2015 年，一位名叫周杰的非政府組織成員在安多藏區發起了一個「支持藏區紀錄片小組／團隊」的計劃，該計劃將資助藏區非專業人員以當地社群事務為題材拍攝紀錄片，並選送 8 部作品參加某紀錄片比賽。

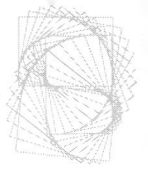

筆者所知的是，其中 4 部作品《濕地恢復》《黑帳篷》《受傷的黑頸鶴和小牧人》和《石匠》，由「若爾蓋攝影小組」完成。該小組的成員均為當地社群成員，由於各有特長，因此無論是故事框架、拍攝素材還是後期剪輯，小組成員均互相幫助、分享資源，上述 4 部作品雖然各有主創者，但可以視為小組的集體作品。這種小組合作式的「村民-社群影像」項目實驗，某種程度上代替了「鄉村之眼」培訓式的外來項目負責人的介入，其傳播及社群教育效果值得繼續觀察。

4 部作品中，拍攝《黑帳篷》的才巴，由於是小組中業餘攝影經歷最長的，故擔任「若爾蓋攝影小組」組長；他於 20 世紀 80 年代出生在若爾蓋，身份是牧區歌手；他發現目前的新式帳篷雖然又大又方便，但牧區的傳統帳篷代表的互幫互助的遊牧文化在牧民生命中扮演著重要角色，該片記錄的就是兩位牧民新人結婚時，其家族為新人準備黑帳篷的過程。

拍攝《濕地恢復》的扎瓊郎姆加於 1989 年出生在若爾蓋，身份是牧民，雖然沒有上過學，但愛好攝影，自 2013 年起跟著叔叔扎瓊巴讓（阿崗·雅爾基的《回家》拍攝的也是扎瓊巴讓的經歷，參見前文）邊做環境保護，邊做攝影；該片展現扎瓊巴讓的濕地保護與恢復工作。

拍攝《受傷的黑頸鶴和小牧人》的貢波的情況與扎瓊郎姆加類似，於 20 世紀 80 年代出生在若爾蓋草原，身份是當地某牧民專業種植合作社工作人員；他曾經發現羊糞由於被商家收集銷售導致牧民種草缺少肥料的問題，一度想用影像記錄這一變化，後來根據項目負責人周杰的建議，拍攝的是小牧民把一只受傷的黑頸鶴帶回家治療的過程，並希望該片的受眾是當地社群的年輕人和下一代，目的是讓他們瞭解「草原是怎樣的，居住在上面的人曾經是怎樣的」，從而透過紀錄片「將我們草原和牧人的文化傳承下去」。

拍攝《石匠》的帕華扎西年齡最小，他於 1994 年出生在若爾蓋，小學文化程度，身份是攝影師；他發現當地社群一位石匠，在石材上刻經文是為了「保護家鄉的水和山，不讓外面的人拿走」，在得到周杰首肯後，用錄影機記錄了這位石匠的手藝及其想法。

另一部「村民─社群影像」的知名度略高，即由四川省甘孜州德格縣麥宿地區的達瓦卓瑪拍攝的《宗薩泥塑》。該片於 2012 年即獲得國際手工藝攝影大賽一等獎，達瓦卓瑪也曾受到中央電視台科教頻道「手藝」節目和甘孜州廣播電視台「天南地北康巴人」的專訪。達瓦卓瑪出生於 1995 年，《宗薩泥塑》是她至今為止兩部紀錄片作品中的首部，該片獲獎時她僅 17 歲。

達瓦卓瑪自稱，其尚在美國念中學時，按照美國老師的要求利用假期時間返回德格作口述文學（民歌）記錄，順帶就進行了對自己家鄉所在社群主要寺廟宗薩寺泥塑工藝的拍攝。該片是用一台單反相機拍攝的，她一邊拍攝一邊學習相機功能如何使用，因此她剛收到獲獎消息時非常意外。但經歷了一段時間沉澱和思考後，這段拍攝並獲獎的經歷對她產生了一種教育作用，正如「村民─社群影像」的主要功能那樣。她接受電視台採訪時，是這樣談到她的拍攝動機的：

我為什麼要拍這個電影，我當時在想，這些東西如果消失了的話，還有一個「屍體」可以看一下，知道以前有這麼個東西存在過。但是萬一手工藝活下來了，繼續生存下去了，大家又可以做一個宣傳，大家知道有這麼個東西在這個山溝裡頭，這麼遙遠的地方有一群人在做這樣的事情。我覺得這很重要。我覺得我們都一直在追求現代化、追求科學、追求先進的東西，但是我發現往往我們忘了這些東西

其實就在我們身邊，而且我們忽略了它。每一樣手工藝我覺得都有一個記錄的價值，不只是一點價值，而是很有價值，都是無價之寶。我迷戀這邊的文化，迷戀這邊的每一個人，或者是每一種文化、每一棵草、每一滴水，所以我真的捨不得把它獨享，我希望我們可以展現給大家，讓更多的人發現這裡的美。

五、對藏地電影發展現狀的幾點思考

第一，當前很多藏地電影帶有一種懷鄉式的想像和構建，這需要更多「村民─社群」視角的影像來進行彌補。筆者根據調研發現，有能力攝製少數民族題材影視作品的人員，多數具備在大陸大城市、西方發達國家接受教育或

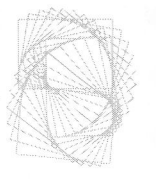

生活的經歷，他們偶爾返回家鄉時常生發出一種「失落」感。一方面，是對少數民族身份認同的焦慮，即感到「丟失」了家鄉的語言、生活習慣和宗教信仰。

另一方面，是對家鄉社會變化的焦慮，即感到經濟發展「蠶食」了傳統的謀生方式，也「破壞」了自然生態面貌。因而，在他們的多數電視電影作品中，蒼白地展示著「傳統」與「現代」之間的二元對立，以及「傳統」面對「現代」時的無力與茫然，但作品又沒有給出問題的答案，反而客觀上放大了對立和衝突，「失去的才是美好的」，過度美化了「傳統」。藏地電影的主創人員在接受訪談時並不避諱這一點。如萬瑪才旦說道：

你已經長久地離開那個地方了，再回去那裡，也不可能像當初一樣沉浸其中，你的心態肯定會有一些變化，你很難在那個地方像以前一樣安定下來。當然肯定對故鄉也會有了一些陌生感。只是身處其中的人，他們可能意識不到那種明顯的變化，但是作為一個離開故鄉很久的人，當你回到故鄉時，就會發現這種變化很明顯。

又如達瓦卓瑪說道：

當時我姥姥告訴我一首又一首的勞動歌，講著她以前的日子，我不敢相信也不

敢再說我是一名土生土長的生活在這裡的藏族人。我彷彿感覺我穿越時空，來到一個全新的世界。老祖宗用歌聲、舞蹈、讚美、鼓舞，把勞動化成最有效、最有愉悅感的遊戲。當我用相機作為一個外來者看這些東西時，才發現周圍的一切是這麼的美麗。自此我就成為保護和收集當地文化的志願者。

其他年輕藏族導演均有長時間在國外或大陸受高等教育的經歷。旦增色珍先後在上海共康中學、上海復興高級中學、上海東華大學讀書，並在大二後透過學校的合作項目遠赴英國普利茅斯大學攻讀媒體藝術，2014年回拉薩工作。拉毛扎西1987年出生在甘肅甘南藏區，2006年起先後在西南民族大學、中央民族大學攻讀藏語言文學和藏學的學士、碩士學位，2013年後前往拉薩從事新聞工作。

視覺人類學
下篇

　　阿崗·雅爾基畢業於阿壩縣藏文中學、阿壩州民族高級中學，現為北京演藝學院影視編導系大四學生。達瓦卓瑪亦是剛到讀初中的年齡即赴美留學，攻讀商學專業，目前尚未回國。而導演經由懷鄉想像構建出來的電影作品，對藏族觀眾有一種深深的觸動。山水自然保護中心「鄉村之眼」項目負責人呂賓稱，《牛糞》的放映過程中，一位藏族觀眾說他似乎又聞到了小時候燒牛糞的味道，因為他離開家鄉多年，久居城市，這一影像又喚起了他童年的記憶；在北京大學2012年召開的「三江源論壇」上，一些與會的藏族代表看到《牛糞》中的一些場景，幾近流淚。

　　青海某高校教師在課堂上放映萬瑪才旦的《老狗》時，藏族同學以自身經驗參與到觀影體驗中，為影片的敘事態度所吸引，產生認同並感覺到「傳統被扼殺」以及面對變遷的「無能為力」。

　　當代藏族知識分子薩吾奇對這種二元建構已經有了批判性的思考。他認為，阻礙西藏現代化的有藏族知識分子的「左翼」傾向和民眾對「舊時代」的崇拜兩種因素，但正如萬瑪才旦的《塔洛》所展現的，處在時代潮流中的藏人無法反抗「資本化的進程」，否則將被「淘汰」和「遺忘」；儘管這兩種因素可以為「被遺忘」的人提供安慰，但安於精神安慰者不能有什麼作為。

　　漢族學者也有類似思考，如李曉靈認為，「民族性」一旦被抬高或強調到一個極致的地步，那麼也就失去了吸收、借鑑和再發展的民族潛力，而成為侷限自身的桎梏，走向了世界性的反向。雖然前文筆者已經指出，多數藏地電影並未對時代選擇給出什麼明確的答案，但也有少數作品的整體基調是傾向於批判「現代」、讚美傳統的。如李加雅德的故事片《白牦牛》和阿崗·雅爾基的紀錄片《回家》即屬此類。李加雅德在接受訪談時這樣解釋其拍攝動機：

　　白色的象徵意義就是純潔，當然也有嚮往純潔這一塊。現在的經濟時代，純潔的這一塊或者說是傳統的、優良的文化或者心理因素啊這塊，慢慢淡化了……所以我選擇這個。一個是人，一個是動物，一個是大自然，這麼一個生命的起源，生命的回歸，生命的遵循。

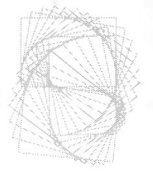

阿崗·雅爾基在《回家》中用長篇段落原本保留了若爾蓋納摩格爾底寺某僧人對扎瓊巴讓此次活動的看法，該僧人說道：

這裡的氣候，中原人不適合，所以沒來「占領」這裡，但當地人懂得，所以「西藏」還能一直存在。在漢地，有人被車撞了，但沒有人送他去醫院。但在藏地，也有藏人應該思考的，比如附近有標語說「觀賞天葬場」「現宰烤全羊」等，這些標語是用漢語寫的；一些地方還有「騎馬20、下馬30」的現象。藏人的這種思維應該顛倒過來。

第二，透過「村民-社群影像」保護拍攝地傳統文化的初衷，可能帶來另一種單向性的傳播，或淪為技術複製時代的膚淺展示。有學者認為，當前中國的村民-社群影像尚不能擺脫外來資金、設備、技術培訓支持的嚴峻現實，導致這種模式中往往潛藏著一個和傳統民族志電影製作者角色類似的幕後推手。陳學禮尖銳地指出：

（村民-社群影像項目）承認在地居民缺乏權力的同時，項目的發起者能夠以高高在上的姿態給「他們」權力。強調賦權，就是強調作為「外」人的資金、技術和設備支持者擁有著某種權力，在村民—社群影像項目的實施中把權力「施」於在地居民。參與式影像中資金、技術和設備的支持者最終的目的到底是什麼呢？是為了透過在地村民記錄的方式保存影像資料，還是藉助在地居民之手拍攝自己拍攝不到的東西？

而且，如果外人完全不介入村民-社群影像，不僅會產生另外一種類型的單聲道民族志電影，而且可能面臨民族志電影倫理的考量和風險：

在地居民擁有絕對的自由完成民族志電影的製作，和那些純粹由外人製作的民族志電影在本質上是一樣的，即單聲道表述的民族志電影，只是其中的表述觀點的主體由外來者變成在地居民而已。雖然錄影機背後的製作者變成了村民，在錄影機跟前的被拍攝者也是村民，但是透過錄影機觀看，按照一定標準進行場景和鏡頭的選擇，對發生在錄影機跟前的偶然事件進行記錄的實質沒有得到改變。只要民族志電影的線性敘事模式還存在，這種看與被看、表述與被表述的非對等關係就難於消除。

視覺人類學
下篇

此外，一旦非物質文化遺產僅成為技術複製時代的表層展示和被動傳播，非物質文化就會脫離其原生態語境，成為一個被消費的簡單的「陌生化」對象，依附於文化遺產的自然生態空間和多樣文化樣式也就趨於泯滅乃至不復存在了。

第三，由於具有民族志影像、人類學意義或較高藝術價值的藏地電影的娛樂性不足，受眾邊緣，因此影視市場可能對此類藏地電影的支持難以持續。少數民族電影史學者饒曙光指出，在極端低成本的客觀條件下，眾多少數民族電影創作者以原生態標榜。無論是在中國的金雞獎百花獎，還是在國外眾多的國際電影節，它們都頻頻獲獎。但它們在國際電影節上大放異彩的同時，回到中國面對的卻是市場的冷淡和叫好不叫座的現實，眾多少數民族「原生態」電影因為缺乏故事片應有的情節元素和戲劇張力，並不具備藝術欣賞，尤其是藝術消費的價值，恐怕只能成為一種「民族寓言」電影，而不是當下觀眾和市場的電影；雖然「原生態」路線值得肯定和支持，但這種策略是否能夠實現自身的可持續發展，依然是一個懸而未決的問題。

就萬瑪才旦的《靜靜的嘛呢石》而言，有幾位藏族知識分子直言它難以收穫市場，認為在誇耀該片的同時也要看到其不足之處，儘管導演的蒙太奇手法給觀眾留下深刻印象，但不免粗糙，它除了在圈內，幾乎沒有什麼影響，對毫無宗教信仰的觀眾來說，就不能理解該片傳遞的跨文化訊息，從而認為影片「拖沓無趣」；最後，殘酷的票房將提醒導演和製片方，「這樣是很難拍攝下一部電影的」。同樣是萬瑪的影片《老狗》，儘管藏族同學觀看後深受觸動，但在同一場合觀影的非藏族同學更多質疑牧人與狗的關係及殺狗行為的合理性，認為人物的表演很做作、對白生硬、情節單薄、鏡頭死板等。

在參與一次觀影調查的225名拉薩市觀眾中，只有44.9%的人看過萬瑪的另一部「知名」作品《尋找智美更登》。

又如松太加的《河》中，作為「爺爺」的主角在影片中有兩個藏文名字，其一意為「革命的救贖」，其二意為「佛法的海洋」，最終「爺爺」選擇了第二個名字以表達一種回歸信仰的價值觀——這是松太加在其他接受訪談場

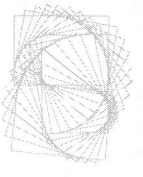

合的闡釋，但影片放映過程中未作提示，青年藏族觀眾都難以輕易理解，更何況跨文化的漢族觀眾極為困惑的觀影體驗了。

藝術電影的推廣很大程度上依靠觀影後的闡釋和觀眾的討論，相對於《路邊野餐》的闡釋性影評和推介文章數量，《河》的製作團隊做得遠遠不夠。

然而，我們不能斷然推翻優秀藏地電影的藝術性和學術性，它面臨著其他藝術電影同樣面臨的推廣發行挑戰。如果完全向資本妥協，那麼即便導演擁有少數民族屬性，最終也將走向「涸澤而漁」的局面。1984年出生於拉薩的青年藏族導演慈誠桑布（王鳴），2005年以全國第二名成績考入北京電影學院導演系電影故事片專業攻讀碩士研究生，還曾獲得該校導演系「第一名」的考核成績。

其畢業作品《喇嘛·司機·洗衣機》（又名「緣」）以及在謝飛導演監製下的《桑珠阿爸》具有藏地電影的所有典型特徵，一度在各國際電影節獲得展映機會。但他2015年的首部獲得資本投資的院線作品《驚魂電影院》，不僅完全放棄了跨文化傳播的路徑，而且進入了一個在中國很難有發展的類型片領域，不出意料地遭遇票房慘敗和影評的痛罵。

另一方面需要承認的現實是，在當下中國電影市場上，除了少數的幾部超級商業大片，幾乎所有的中小成本電影都是風光不再。從創作的角度而言，低成本戰略使得導演在創作時從人物到故事，尤其是場面都受到極大的限制，一些被世界各國電影證明對抓住、激發觀眾的觀賞熱情和興趣行之有效的各種商業性手段、元素和技巧在導演構思之初就要主動捨棄掉。

請不來大編劇、大導演、大明星，不能給新拍攝的藏族題材電影宣傳造勢，影片就不能引起受眾的高度關注，導致的直接結果是不能獲得院線的支持，如此形成了「沒有資金 - 宣傳不夠 - 沒有院線 - 收不回成本 - 沒人投資」的惡性循環。

內蒙古民族院線是目前中國唯一一家以「民族」為標榜的院線，一度號稱有政策保障少數民族題材電影的公映，但從該院線官方網站近一年的排片數據可知，除了《狼圖騰》以外，它與其他院線的排片毫無二致，已經向市

視覺人類學
下篇

場妥協。於是，電視頻道、網路、DVD就成為藏地電影獲得較多受眾的幾種傳播途徑，實際上還有更多的優秀藏地電影的製作資金僅僅夠得上爭取大小電影節和文化性商業活動的展映，展映之後獲得了一點名氣，有更多潛在觀眾希望再次觀看時，卻找不到任何便利的放映途徑。

一項於2010年底在甘肅省天祝藏族自治縣的調查表明，觀眾收看藏地電影作品大多透過有線電視、電腦網路、影像光碟以及電影院等幾種方式。接受調查的183人中，45.79%的人透過有線電視收看，33%的人透過電腦網路收看，16.9%的人透過影像光碟收看，7%的人透過電影院收看藏族題材電影（但調查進行時，天祝縣尚無電影院），還有0.75%的人透過其他方式收看。或許《貢嘎日噢》的導演多吉彭措的思路更為實際，他在接受訪談時坦誠表示：

選擇這個影片，走市場肯定是不行的，走市場的話，就像我們的中央財政和省財政部不給甘孜州撥錢，不給你藏區撥錢的話，你連工資都發不起。那麼我們這邊也面臨了這樣一個問題。那一定要走國際路線。國際上對這種中小型影片是很看重的，不可能大家都去做大電影吧。所以有些正能量的電影、有些弘揚主旋律的電影、有些我們民間生活的底層老百姓最願意看到這些電影呢，是我們的這個選擇。

另外，不管是國外的電影節也好，中國的電影節也好，基本上選擇參展的影片、獲獎的影片，往往是這個利益很高的影片，文藝性很強的、帶有一定商業效果的這種影片，它是主要的。所以這種影片我們覺得還是有出路的。儘管藏族題材的影片和少數民族題材的影片走得很艱難，但是慢慢地走，培育市場。市場培育得差不多了以後，我們雖然沒有享受到，但是我們一步一步做了這個工作的話，未來也應該是有比較光明的前途和比較好的經濟實力吧。

一方面，正如多吉彭措所言，市場是需要培育的；另一方面，影片資源與經典作品是電影傳播的原動力，藏族題材電影的原動力不足限制了藏族題材的傳播，因此影響了它的傳播效果。藏地電影的創作人需要繼續努力，創作更多精品。北京電影學院老教授鄭洞天就曾提醒拍攝藝術電影的晚輩，藝

術電影只有源源不斷地產生才有發展希望，靠一部兩部、一個人兩個人，即便是有政策扶持，資本也不會青睞。鄭老曾言：

（20 世紀）90 年代上海有個勝利影院，想專門上映藝術電影，但是 3 個月就倒閉了，因為能上映的都上映了，沒有新的片源……北京新影聯原來搞過 AG 院線，專演文化藝術電影，結果也是一個月就撤了。如果我們呼籲了半天中小成本電影，

根本目的是希望中國電影拍得多一點文化藝術含量，但是出來的都是《十全九美》這樣的，那也得砸鍋。如果開闢一條藝術院線，但是沒有幾部經得起觀眾檢驗的電影，幾個月就會偃旗息鼓。

幸運的是，我們沒有停留在萬瑪才旦一枝獨秀的光環中，我們欣喜地即將迎來「後萬瑪才旦時代」百花齊放的大好局面。這也要歸功於萬瑪本人對藏族後輩的無私提攜和嚴格培養。萬瑪在訪談中提到過，他希望在電影學院培養出一些有潛力的學生，除了讓他們接受藏族文化的熏陶和教育，還要讓他們學習電影技術和基礎知識，包括錄音、美術、攝影、製片等，兩三年後就可以開展合作：

拍了《靜靜的嘛呢石》之後有一批年輕人想學電影，還經常給我打電話諮詢這方面的事，一些孩子高中畢業就直接到北京說要進電影學院，還有的連大學也不上了，跑到北京，說很喜歡電影，想拍電影。在藏區，電影才剛剛起步，大家對電影的認識還有限，電影作為一種文化也得慢慢普及才行。

在萬瑪的學生兼合作者中，松太加和德格才讓二人已經嶄露頭角，表明萬瑪的努力正在起效。松太加的個人作品《河》曾獲得 2015 年柏林電影節新生代單元水晶熊獎，該片小演員央金拉姆獲得 2015 年上海國際電影節亞洲新人獎單元最佳女演員獎。松太加自述稱，其在西寧的青海師範大學學習時在一個地方知識分子聚會中認識了萬瑪；2004 年萬瑪正在北京電影學院學習導演專業時，松太加受萬瑪之邀，也前往北京電影學院進修了為期一年的攝影，並開始在萬瑪的電影作品中擔當攝像師。又如萬瑪和松太加多部作品的音樂導演德格才讓，近日也計劃拍攝自己的作品《他們一百歲》，該拍攝項目已於 2016 年 8 月獲得韓國釜山國際電影節「紀錄片製作支援基金」大獎。

六、結語

　　政策、市場和資本對於包括藏地電影在內的少數民族電影、人類學影像而言，是三把「雙刃劍」。必須承認，這三個因素能夠為藏地電影提供發展的環境和基本的動力，是藏地電影可持續發展的基本條件；然而，政策扶持存在限制藏地電影內容和題材的可能性，市場存在使藏地電影作品過度迎合受眾口味、失去民族本我的可能性，資本存在使藏地電影主創人員走上彎路的可能性。回到本文開頭的論述，這三種負面可能性就是威脅藏地電影「民族主位」的敵人，是主流族群的文化對少數族群文化的傲慢權力。

　　正如筆者所提示的，努力培養藏地電影人才保證不斷代，堅持拍攝精品藏地電影保證紀錄片院線、民族院線或藝術片院線的片源，並將少數人的觀影小圈子培育成獨特的市場，才是藏地電影可持續發展、健康向上發展的可行之路。

　　（朱晶進，四川大學國際關係學院中國西部邊疆安全與發展協同創新中心助理研究員。主要從事涉藏政治問題及藏區社會發展研究。趙忠波，四川大學歷史文化學院中國藏學研究所博士研究生。主要從事藏現狀與社會發展、歷史與藏漢關係、考古與藏族文化藝術研究。）

▎社群影像研究的深化與拓展

劉廣宇

　　摘要：社群影像已經成為一種較為成熟的紀錄影像形態，並在中國的西部地區尤其是部分少數民族地區產生了一定的社會影響。但社群影像的發展的確仍不盡如人意。就其主因來說，除了某種政治因素外，也與人們對它的研究及其發展導向未給出更好的建議與對策有關。對此，本文試圖彌補這種研究的不足，並分別就「社群問題之於社群影像的動力性、社群意識之於社群影像的多元性與持續性以及社群治理之於社群影像的方向性」等方面給予學理上的闡釋與分析。

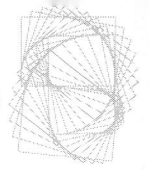

文章最後指出：由社群影像所完成的一種多元的社群文化建構，將有助於社群文化資本向社會資本的全面生成與轉化，而這恰恰也是社群治理最核心的訴求之一。

關鍵詞：社群影像；社群問題；社群意識；社群治理

在《中國紀錄片發展報告（2014）》上有一篇鮑江《「現象學音像民族志」的突破》的文章。文章以較為宏大的「文化的人」與「人的文化」的思考開始，最後落腳在對近十多年來產生自雲南、青海、四川等地的鄉村影像的總結與闡釋上：「總而言之，『鄉村影像』提出了一種人類學家與田野對象合作生產知識的可能形式，這種形式能承載並傳遞人類學家懷抱的文化多元一體的關懷。但這裡需要立即補充，『鄉村影像』終究是『作者影像』。透過『鄉村影像』我們可以傾聽、觀察與思考影片中的人與文化，但若就此展開影片內容的真實與虛構，或者所謂文化再現的代表性與範圍的話題，那就犯了實證科學的幼稚而置『作者作品』的事實於不顧了。」

而這樣一種表述，顯然與中國另一位「參與式影像」研究者韓鴻的觀點大相逕庭。韓鴻在《參與式影像與參與式傳播》中一再申明：參與式影像絕非「作者作品」，而是一種集體的「影像行動主義」的成果。或許在一般人看來，他們說的不是一回事：一個是鄉村影像，一個是參與式影像。但對熟知中國這方面情況的學者與實踐者來說，他們立論素材的近似度卻是相差無幾的：「如果從 1991 年參與『婦女生育衛生與發展』項目的 53 位雲南農村婦女拍攝照片開始算起，『鄉村影像』已經走過了 22 個年頭。如果只以紀錄片的製作來算，『鄉村影像』也已經有 12 年。」（鮑文）；「1991 年，福特基金會在雲南資助了一個『婦女生育衛生與發展』的項目……以『照片之聲』為開端，中國的參與式影像實踐拉開了序幕……」（韓著）。

難道以上兩位學者說的是同一個事物的不同面向？或者說的是兩個根本不同的東西？同樣的論據得出性質各異的結論，這顯然不能從一般的「過程與結果」或者「內容與方法」這樣一種簡單的「二分法」上去下判斷。

同時，這樣一個基於「行動主義」路徑與基於「意義發現」視角的影像實踐也不斷地困擾著筆者。就猶如從 2009 年以來，筆者幾次親赴雲南參加

視覺人類學
下篇

「雲之南 - 社群影像」單元的看片研討活動一樣——始終都處在一種冥想而不得的狀態之中。

當然，就在筆者一直焦灼於這種冥想的時候，中國社群影像的實踐仍在某些區域或某個方面艱難且生動地開展著——以「鄉村之眼」為團隊凝聚的青海「年保玉則」影像實踐把傳統文化和傳統知識深度地嵌入社群乃至區域的環境保護之中；以雲南省社科院白瑪山地文化研究中心和雲南大學影視人類學團隊為主體所進行的社群影像實踐與社群教育培訓在喚起社群認同和社群歸屬方面的作用與效果也日漸醒目；而處於城市之中的成都「愛有戲」，把影像實踐與有效動員都市各種資源力量結合起來，將「文化 - 治理」活動不斷從一個社群擴展到另一個社群；此外還有毛晨雨的「稻電影」和鬼叔中的「風土影像」等，這些思想精英者以較長的時段把自己置於鄉土，試圖發現鄉村原本的生存邏輯和特定的文化記憶與傳統，進而彰顯鄉村的存在價值和意義。

研究方面也有了新的進展——以羅鋒、翟菁為代表，進一步將韓鴻對社群影像傳播效果的質疑引向了一種建設性的議題之中——「顯然，社群影像從另一個視角彌補了官方影像的不足，它更微觀、更直接、更具現實性地將社群內的社會關係、歷史文化、生存現狀勾勒出來，使得群體成員對其生活空間的歷史、現實和文化有著更深的體認，這保證了其集體記憶和社會記憶的延續與傳承。正是在這個意義上，對於社群影像傳播效果的檢視，需要摒棄用實踐功能單一維度來考察，而應該引入多元維度重新檢視。本文著重引入的一個考察維度便是社群影像的集體記憶與社會記憶建構功能。」而一直身處社群影像實踐前沿的陳學禮則在《以鏡頭「寫」文化：民族志電影製作者和被拍攝者關係反思》中，將有關社群影像的研究放置在民族志電影創製的大背景下，深入探討了社群影像創製在破除不平等關係方面具有的可能性與可行性——「在不能徹底拋棄民族志電影這種表述形式的前提下，打破同一部民族志電影內部影像敘述風格高度統一的陳規，保證製作者表述觀點和方式的獨立性，也保證被拍攝者表述觀點和方式的獨立性，讓觀眾在線性的民族志電影敘述中看到不同的觀點和意圖，並獲得自己獨立

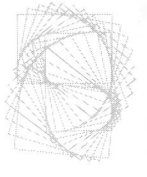

思考的空間和可能。在多聲道表述的基礎上，為民族志電影不同主體營造對話的空間和可能性，也許能夠消解民族志電影製作者和被拍攝者之間的不平等關係」。

儘管如此，社群影像實踐在廣度與深度上未能形成一種突破，甚至實現由「鄉」到「城」的轉變和推進，而其理論創建在開啟人類學研究途徑的同時，卻又遠離了社群影像的本意，或者說遠離了社群影像實踐的世界主潮……對此，本文擬從「動力性：社群影像與社群問題」「多元性與持續性：社群影像與社群意識」和「方向性：社群影像與社群治理」方面給予社群影像研究以深化和拓展，寄望讓研究回到社群，回到人文關懷，回到一種開放的社群文化建構狀態之中。

一、動力性：社群影像與社群問題

關於社群影像的稱謂，目前中國有如下幾種較為常見：參與式影像、草根影像、過程影像甚或民間影像和鄉村影像等。這些稱謂上的細微變化，其實都給各自的表述主旨和闡釋方向預留了足夠的空間——參與式影像注重「參與的民主性」與對「參與的賦權」；過程影像注重行動主義的介入及其對程序正義的框定；草根影像或民間影像注重其自在性、消解性與抵抗性；鄉村影像則用一種二元對立的思維方式並置一種既急需拯救的貧弱的鄉村，又急需恢復的傳統而美麗的鄉村。

在經過了 20 多年概念混用之後，我們認為用「社群影像」來對此類影像進行統合，不僅可以滿足各方的訴求，同時也讓我們看到，在較長時段的社群影像研究中，因「社群」的缺席所導致的社群影像在中國發展的混沌和滯後。因此，回到社群，是社群影像研究深化與拓展的第一步。

也許對許多後發國家來說，社群影像是一個舶來品，是一種在新媒體技術不斷普遍化與民間化之後的一種媒介選擇，或者它的直接推動力就是來自西方世界有關社群發展的公民運動，以及受其影響的部分發展中國家與地區本土的社會、學術精英等對其所作出的積極回應，其情形如同中國的社群影像實踐一樣。我們這裡的回到社群，就是回到社群的問題中，而不僅是從外

部把問題帶進社群去建構新的問題，而回到社群要解決的是社群影像的原動力問題。它包括這樣幾層含義：

第一，社群影像所表述和試圖解決的問題一定是社群內生的，就像社群影像發端者——加拿大「福古島案例」一樣，它由一個地方立法和社群生存之間的矛盾所引發；

第二，這個問題必然與社群大多數人利益攸關，而非只與少數社群精英有關；

第三，問題必須與社群的生存發展密切相關且具有一定的緊迫性，而非那種漫長的、難以在短時期內見到效果的。

據此，我們再來看看中國社群影像的社群議題——「目前，中國的社群影像主要集中在中國西部地區，尤其與西南地區生物和文化多樣性的保護相結合，主要關注領域包括倡導環保、社群發展、扶貧解困、開展社會監督、維護社會公眾環境權益、推進基層民主、保護生物多樣性等，多與國際非政府組織（INGO）合作。」

顯然，我們尊重從公益、長期且世界性議題出發所作出的一切社群影像實踐與探索。但也許正因為這樣，中國大多數社群影像就一直處於艱難前行之中。因為由這些議題所導引出的多數社群問題絕非當下社群發展中事關社群內部最緊迫的生計、生存問題，而從另一個向度看，我們倒可以說，這些議題恰恰是各國政府所應該長期致力的。

而試想想，多數由非營利組織和學術機構支撐的社群影像實踐能夠為這些長期的、公益的、世界性的議題買多久的單呢？當然，從這些議題的實施中，我們或許更能理解各非營利組織和學術機構的苦心所在，以及其不得已的策略路徑——用「一錘子買賣」的外部效應去彌補內部效果的欠缺。

因此，回到社群就是回到社群的公共議題上去，回到每一個特殊社群的公共性議題上去，而並非回到全社會的公共議題上去，或者試圖從一個社群的特殊性中去尋找一種假想的普遍性。對此，斯科特在《國家的視角》副標

題中所表達的憂慮——「那些試圖改善人類狀況的項目是如何失敗的」，就尤其值得我們警覺和深思。

二、多元性與持續性：社群影像與社群意識

前文我們主要就社群影像議題的產生多「由外而內」的現象進行了概括性的反思。其意並非籠統地批評各項目組織在項目開啟與實施過程中缺少對具體社群基本狀況的瞭解和調查，而是想表達更深一層的意思，即要從社群意識的高度來對項目實施及其效果進行評估，從而解決兩個問題：

一是多元性問題；

二是持續性問題。

在回答這兩個問題之前，我們還是先來看看，什麼是「社群意識」？

簡單地說，社群意識，即對社群的認識論集成，進而上升到方法論的指導原則。也就是說，社群問題以及對這些問題的解決應該在社群意識的框架下展開。而作為學科概念的社群問題意識源自西方社會，它來自許多社會學家、人類學家乃至哲學家對以西方為開端的工業化、城市化、市場化、現代化等的種種理解與應對從而建立起的一套既對立又融合（儘管這種融合在某種意義上看，僅僅是一廂情願）的概念體系——共同體與社會（滕尼斯）、機械團結與有機團結（塗爾幹）、生活世界與理性牢籠（韋伯）……

因此，深刻認識轉型期中國社會的社群問題，是社群影像回到社群要解決的另一個重要問題。在表層，它可解決多元性問題；在深層，它可解決持續性問題。

首先，來看多元性問題。我們知道，面對社群，其基本的邏輯起點在時間和空間上均有相互對應的研究取向和界定。也即在時間向度上，它由傳統與現代的分野及其相互間所形成的問題而建構；在空間向度上，它由地方與國家乃至全球化的壁壘及其相互間所形成的張力而構成。

因此，每一個社群都早已不再是一個獨立、自足且完整、封閉的社會單元；而每一個社群也會因自己在時空向度上的特殊節點而催生出自己獨特的

問題。或許，我們的社群影像難以在廣度上觸及全部的社群，但透過有限的影像實踐所獲得的多種類型的社群影像經驗卻是可以分享、交流與溝通的。

其情形類同於費孝通先生及其後繼者們在面對中國鄉村問題時的研究一樣：「鄉村只是使用社群研究法的第一步，在理想中，社群研究法不僅可以應用於村莊，而且可以應用於縣、省，乃至整個中國。」這樣的社群中國一定是「都構成了一個特殊的『場域』。有其內部的結構和資源分配、有其自身的權力關係和角色扮演，因此僅僅將某一社群放在『環境』『上下文』或『社會背景』下分析其『同構性』是不夠的。因為其內部採取了『完全特殊的形式』。社群作為『一個獨特而分離的世界』所具有的研究意義，猶如民俗中的『標誌性文化』，它『深刻地聯繫著地方民眾的生活方式和諸多文化現象』，『體現地方民眾的集體性格和氣質，具有薪盡火傳的生命力』，且『能反映這一地方的特殊歷史進程和貢獻』」。

其次，強大的社群意識更關乎社群影像的持續性問題。理由如下：

第一，社群是一個小共同體，它是社會救助的最後一道屏障，任何議題均在不同程度上與全體社群成員相關聯；

第二，社群成員是一個熟人社會，每個人的意見均會在不同程度上影響其他成員，同時，利益均霑的思想也會從積極的一面形成整個社群強大的動員機制；

第三，穩定的社群意識由強大的地緣觀、血緣觀所構成，它會在一定程度上給予社群發展以「自利」的認同，並希望這種「自利」延續下去。

總之，加強社群意識不僅要從學理上重新審視社群形成的歷史與理論，更要從實踐中去把握社群在不斷變化中所產生的新問題與新情況——「對農村社會是問題導向的研究方法，而不是泛意識形態的研究方法」。只有這樣，我們的研究才會有更強的問題針對性和對於具體實踐有更切實的指導性。

從由社群公共議題出發所形成的社群影像的動力機制，到社群意識深化所形成的社群影像的多元性與持續性等，都是只有回到社群之後才能完成的。而回到社群，還有一個最重要的任務，那就是解決社群影像的方向性問題：

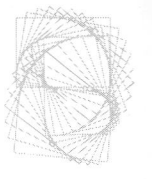

將社群影像與社群治理結合起來不僅可以解決社群影像的賦權難題，更可以實現各種社群文化資本向社會資本的全面轉化。

三、方向性：社群影像與社群治理

　　2013 年，黨的十八屆三中全會提出了「國家治理體系和治理能力現代化」的重大命題和重要論斷——「國家治理體系是在黨領導下管理國家的制度體系，包括經濟、政治、文化、社會、生態文明和黨的建設等各領域體制機制、法律法規安排，也就是一整套緊密相連、相互協調的國家制度；國家治理能力則是運用國家制度管理社會各方面事務的能力，包括改革發展穩定、內政外交國防、治黨治國治軍等各個方面」。

　　2014 年、2015 年，習近平總書記在參加十二屆全國人大二次、三次會議上海代表團審議時，更是連續兩次談到了基層黨建與社群治理問題，足見新一屆領導集體對「國家—地方—社群」從「管理」到「治理」轉型的高度重視。

　　將社群影像與社群治理相結合，實際上是用一種更具有合作性與參與性的影像實踐來鍛造社群的自我組織、自我認同、自我管理與自我發展。這對於中國的社群治理來說是具有初創意義的。

　　因為，從中國的實際情況來看，社群治理問題還是一個新興課題。它們分別對應於城市社會從單位制走向社群、街道和社區管委會，農村社會從大集體走向包幹到戶及其村民自治。尤其當整個社會均處在大遷徙、大移動的過程之中時，那種從一種社會結構形態到另一種社會結構形態的轉變就尤其值得關注和關懷；與此同時，以「治理」而非「管理」，甚至「統治」的方式來面對這種新型的社會結構，自然就使社群治理成為整個國家治理和地區治理中最基礎和最廣大的部分：「社群是國家治理體系的基本單位，構成國家治理體系的第一防線和底部基石，社群治理體系和治理能力現代化是國家治理體系和治理能力現代化的重要組成部分，社群治理的成效、影響等會在不同治理層級之間傳導，透過各種社會因素和社會機制複雜的聚合作用，往往會出現擴散與放大效應，最終影響國家治理的整體格局。」

故此，社群影像就會在整個社群治理的框架下成為一種與社群發展密切相關的，且具有全局性和整體性的文化事件，而不再只是少數外來者的實驗品和少數內部者參與的藝術品。

那麼，何謂「社群治理」呢？夏建中在《治理理論的特點與社群治理研究》一文中在對全球治理、民族國家治理和地方治理及其相關問題進行分析之後，將社群治理定義為：「在接近居民生活的多層次復合的社群內，依託於政府組織、民營組織、社會組織和居民自治組織以及個人等各種網路體系，應對社群內的公共問題，共同完成和實現社群社會事務管理和公共服務的過程。」

這其中有幾個最核心事項：分權的實施與賦權的可能；各治理組織的協商與合作；公民參與和分享；公共品及準公共品的生產與消費。正如胡欽森和庫依曼所分別指出的那樣：社群治理「是治理的靈魂工作，是在地方與全球區域之間建立支持和聯繫，而由於後者的原因，這些地帶正在越來越缺少安全性和碎裂化」；「21 世紀，治理可以被理解為政府、私人部門、志願者組織和社群彼此關係的變化，以應對越來越複雜、不斷變化和多樣化的世界」。

因此，不論中國國內還是國際，社群治理已然成為一種世界性潮流，各國際組織和機構、各民族國家和各地方組織及其各種社會機構乃至身處其中的每一個社群成員均會在「治理」目標的約束下，積極主動地去應對和解決自身紛繁而複雜的社群公共事務。

當源於社群參與，為社群所主導並多向度地服務於社群公共事務的社群影像日漸匯入當下社群治理大計時，這一隨新媒體技術普及而不斷壯大的文化事項也將對在以社群治理為基本面向的社群內外產生廣泛、持續且巨大的社會影響，並進而形成一種新的社群「文化 - 治理」關係。

據此，我們可以基本設定社群影像參與社群治理的一般路徑為：社群議題→影像工具→文化事件→（資源稟賦、利益競爭）→議題延展→影像產品→傳播擴散→（反覆博弈、達成共識）→集體行動→問題解除。而伴隨過程始終的——影像成本與媒介素養、影像霸權與影像倫理、傳播邊界與聯盟組

建以及影像「賦權」的有效性與法理性等,將直接影響其「關係」形成、治理效果和社群文化安全等。

最後,我們還要指出,社群影像參與社群治理是一個廣泛而開放的議題。它並非排除個人或者私性的影像介入,但當這種介入與社群治理沒有關係的時候,它的生產就僅僅是作者的,而非社群的;或者說當這種影像生產的目的不指向社群,而僅僅將之傳播和保存在遙遠的異地他鄉和他國的時候,這種影像就不是社群影像,它可能是學術的、藝術的,也可能是商業的,更可能是政治的。

堅持以社群治理為導向的社群影像,可以是社群口述歷史、文化遺產傳承以及文藝活動等的表現,以滿足社群成員的情感認同、身份歸屬與精神文化需求;可以是關於生產、生活乃至扶貧救助等的各種議題,以滿足社群的均衡發展和共同進步;可以是關於社群環境與資源、街道與建築以及民風與民約等的真實寫照,以滿足社群成員對自身自然與人文的瞭解、認同與反思;當然還可以是關於自身權力與權利的爭取和責任與義務的釋放,以滿足作為一個民主法治社會中社群公民的基本訴求和分擔意願。

進而我們說,在這樣一種社群治理框架下所形成的社群影像一定是多元社群文化建構的新的增長點,並在這種新的社群文化的建構過程中完成社群文化資本向社會資本的全面轉化。而這恰恰也是社群治理最核心的要義:「社群治理的目的是為居民提供公共產品,這些公共產品包括物資的和非物資的兩方面,前者指的是滿足社群居民的基本設施建設等,而後者更重要,主要是社會資本。」

(劉廣宇,西南交通大學人文學院教授、博士生導師。主要從事影視文化與傳播、鄉村文化與傳播以及紀錄片創作與理論研究。)

社群村民影像與文化自覺

徐何珊

　　摘要：本文以雲南社群村民影像 15 年來的發展為研究對象，基於主位立場探討社群村民影像的文本意義。在現代化與全球經濟一體化的背景下，弱勢群體的社會文化面臨挑戰，而社群村民以錄影機為筆，打破了主流文化和弱勢文化的語言壁壘，成為展現文化、表達自我和跨文化溝通交流的有力工具。而影像不僅僅是筆，更重要的是，影像還是自我審視的一面鏡子。透過影像自觀，激發了村民的文化認同，查找社群和民族的問題和優勢，思考自己的民族文化的定位和發展之路。

　　關鍵詞：社群村民影像；族群認同；文化自覺；鏡像自觀

一、社群村民影像及其在雲南的發展

　　錄影機發明以來一直被主流文化所把持，即使是人類學者努力以主位的視角，站在文化持有者的位置為其發聲，也難逃後現代人類學思潮以來的反思：我們是否能真正地、完全地為他者代言？而作為異文化的他者，難道不能以影像的方式進行自我表達並與世界對話交流嗎？

　　在西方，20 世紀 70 年代逐漸出現了本文化持有者的影像。1966 年索爾·沃斯（Sol Worth）的納瓦霍人電影計劃，被認為是真正意義上土著族群的自我表達、自我呈現的社群村民影像。其根本性地改寫了民族志電影作者與被拍攝對象之間的關係，在一定程度上消除了影像創作的文化殖民霸權，建立了一種前所未有的敘事話語，產生了更為深入、具有豐富闡釋價值的影像文本，並且對於地方性文化的保育和代際傳承具有不可替代的實踐價值。

　　在中國，最早的社群村民影像實踐發起於 2000 年，由雲南省社會科學院白瑪山地文化研究中心與迪慶州藏族村民合作的，且影像製作權以村民為主的參與式影像項目，引起學界的關注。到今天，中國大大小小不同規模的文化和學術機構，也借鑑雲南開展了社群村民影像模式，不同的地方稱呼略有差別。

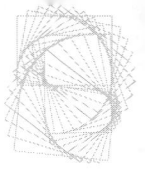

在最早的發起地，白瑪山地文化研究中心稱之為「社群影像」，其以社會學的概念「社群」一詞，更著重體現社會生活共同體的集體含義；朱靖江將這類影像及實踐稱為「土著影像」，更加強調文化差異和當地人的自主性；而吳文光在草場地發起的項目「村民影像」，側重表現其草根性質。

本文將其統稱為「社群村民影像」，因為社群主要指的是地域性的概念，並不能準確地指向「人」，而且隨著村民的流動，社群邊界越來越模糊。「社群村民影像」的概念，其一是強調地域和文化背景是居住於同一區域，擁有共同文化屬性的社群集體；其二是表明拍攝者的文化群體和身份是有著傳統生活方式的農民。社群村民影像的特點是，有著傳統生活背景的村民掌握錄影機，自主進行拍攝、創作和後期剪輯，其拍攝的內容、目的和傳播對象、觀影群體是以該社群村民為主的影像類型。它打破了中國以往以主流文化和主流媒體掌握影像權力的局面，形成影視界一股新的力量。

社群村民影像自白瑪山地文化研究中心首次實踐以來，走過15年，如星星之火之勢，燎起了四川、廣西、青海、北京、上海、廣州、山東、福建、河北等許多地方上的本文化持有者的影像記錄實踐，而雲南則一直是一面引領中國社群村民影像運動的旗幟。

自2000年第一個社群影像項目實施至2015年鄉村之眼機構的獨立成立，15年間雲南的社群影像一直走在前列，拍攝並公開放映社群村民影像46部，這46部是指村民和項目都源自雲南的，並不包括雲南本土村民與外部機構合作或接受其他資助拍攝的影片，以及雲南在地項目指導省外社群村民的影像。

如今雲南的社群村民影像已經發展成為全國社群影像公認的一個平台和成功的實踐模式。一方面已經形成一整套長期的行動計劃：尋找資金支持 - 組織發掘和培訓學員 - 村民拍攝 - 村民剪輯 - 社群放映和學術交流放映 - 村民反饋；另一方面，社群村民影像以機構＋村民的合作方法開啟，重心慢慢轉移到村民手中，成為村民為主體，機構為輔。學術機構定位為服務平台，主要幫助基地和村民建立和發掘基礎的民間鄉村影像工作站，培養專業的村民

攝影導師和文化傳承保護者，搭建影像和素材的儲存和傳播交流平台，以及不斷尋求更多的公眾播放渠道。

二、筆與鏡子：基於社群村民的影像意義

　　雲南社群村民影像模式在中國西部許多地方已經推廣開來，逐漸走向成熟。它的演化和發展是很快的。村民拍攝的影片和社群村民影像的實踐不斷發酵產生了大量的多維度的重要意義和功能。筆者認為至少有以下幾個不同維度，值得學人研究和關注。

　　其一，以影像本身為研究主題，透過村民的眼睛看世界，聽他們講述自己的故事，研究影像的文本內涵和意義；

　　其二，將影像看作一種媒介，研究村民影像在不同文化語境中的傳播交流、其帶來的社會實踐行動及其影響；

　　其三，跟蹤影像在社群從製作、編輯、傳播到反饋的整個實踐過程，找尋其中衍生的意義價值，特別是不同於其在主流文化實踐中的意涵。

　　在下文中，筆者將以雲南為例，以 15 年的階段性發展為研究節點，以影像本身為主題，以影片選題創作、文本主題和敘事以及放映目的這條線索，來進行觀察和分析社群村民影像所產生的意義。且因社群村民的影像以社群為目的和價值取向，本文也主要集中從主位立場來分析影像對社群的意義。

社群村民影像與文化自覺

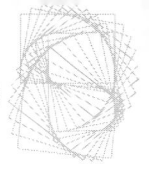

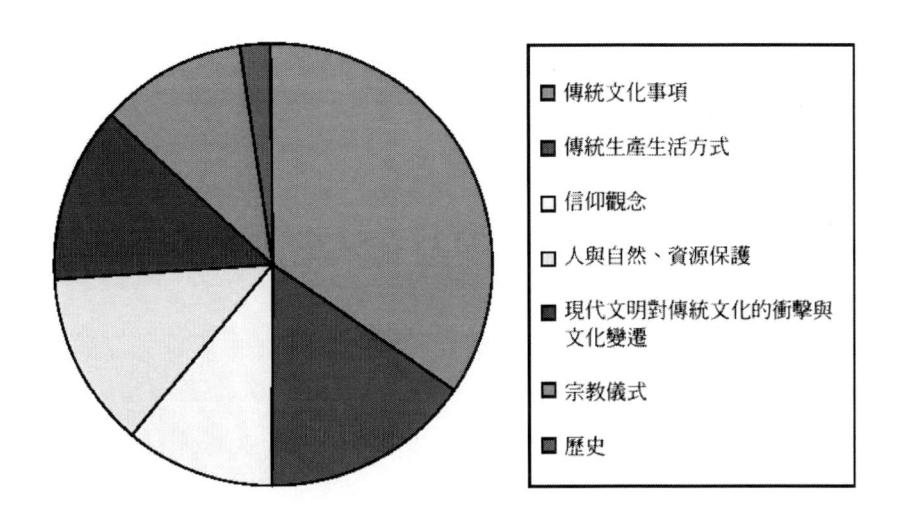

圖例
■ 傳統文化事項
■ 傳統生產生活方式
□ 信仰觀念
□ 人與自然、資源保護
■ 現代文明對傳統文化的衝擊與文化變遷
■ 宗教儀式
■ 歷史

　　人們普遍認為影像是一支筆，是直觀生動立體的一種表達媒介。因此本文化持有者能根據自身所處的不同社群的特徵和面臨的問題，表達出各自的文化見解。即從主位角度來說，社群村民影像都是基於對該社群存在的現實問題的一種呈現和思考。

　　以雲南為例，從微觀層面分析：筆者將雲南 15 年來拍攝的 46 部影片以拍攝的題材歸類，分為 7 大類。展現傳統文化事項的 16 部（生命禮儀和非物質文化遺產均收錄其中），展現傳統生產生活方式的 7 部，表現村民信仰觀與宇宙觀的 5 部，對傳統文化的現代化變遷反思類的 6 部，反映人與自然環境的關係與資源保護的 6 部，展現宗教儀式的 5 部，還有一部為口述史。

　　這些題材是對該社群現狀的一種投射，每一部影片的微觀意義都在於對社群的現實意義。影片體現了各自不同的地方性知識，傳達了地方性的意義和訴求，而這些意義和訴求，經過實際拍攝實踐和放映交流後均獲得了一定程度的反饋。以上是從具體意義和實際價值來討論，然而從更為整體和宏觀的角度看，雲南的社群村民影像是否有一個整體的影像文本價值意義？

　　從宏觀層面解讀：再將這 46 部影片合在一起，以整體的視角來看，所有影片鏡頭都對準自己的家鄉和族群，甚至很多村民都選取了自己的家人作

為拍攝對象，在最熟悉的生活場景中，展現家鄉的父老鄉親和文化風物，集中到兩個關鍵詞：家園和民族。

在經濟全球化和強勢文明衝擊的背景下，各個民族都要面臨一個文化自覺的問題，文化自覺就是對自身文化的自知、自醒、自省，即如何去認識自己民族和文化的問題。透過重新認識自己的傳統文化，尋找到自己文化的「根」，找到民族的靈魂和精神內核。

而影像不僅具有書寫功能，更具有鏡子功能，使本文化持有者能夠以影像表達自我，並透過鏡頭形成一種自我觀照。這種鏡像自觀不同於普通自觀，影像特有的揭示功能，能揭示正常條件下看不見的東西，特別是屬於頭腦裡的盲點之列的現象，習慣和偏見使我們不去注意它們，而影像將我們習以為常的事物，透過暴露而變得陌生，並將某些平時忽視的問題進行聚焦放大，透過影像的自我審視，能發現一些平常難以體察的現象。

因此村民藉助影像工具再認識自己、族群和社群，強化族群認同，構建社群共同體。藉助社群村民影像，能有力地打通一條文化自覺的途徑。筆者認為這是雲南社群村民影像文本的宏觀價值意義所在，也是社群村民影像對於村民的重要意義之一。

三、從大花苗的村民影像個案看鏡像自觀與文化自覺

王中榮，一個來自雲南山區的大花苗，2006 年起就開始從事獨立的影像紀錄。他第一部獨立完成的紀錄影像《嫁女送親》被學者發掘，並引薦參加了雲之南紀錄影像展，隨後參加了雲南·越南影視教育交流工作坊，2010 年又作為鄉村之眼項目的種子學員參與了一系列項目。

迄今為止，他在從事傳統農事之餘仍然在堅持拍攝紀錄，已經公開放映的影片有 6 部，未公開的影像資料則不計其數，是社群村民影像的代表。而在項目中，筆者有幸與王中榮結成小組，曾跟蹤研究他和他的社群 5 年，對他也十分熟悉。

王中榮，男，1976 年生，苗族，昆明市五華區廠口鄉迤六村委會台磨山村村民。該村隸屬於昆明市五華區廠口鄉，離昆明 40 公里。村子順著山勢

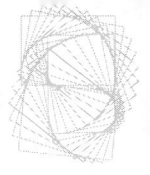

分為兩岔兩個村民小組，一邊叫阿基格得，彝語稱烏鴉的脊背，有32戶人家，另一邊叫台磨村，有16戶人家，總人口152人，90%為苗族。村民主要收入靠種苞谷、小麥，副業有種植李子樹、柿子樹、梨樹、桃樹等多種果樹，主要養殖豬、牛、雞、鴨，人均年收入約3000元，是典型的雲南貧困少數民族村落。

王中榮就生長在這個昆明近郊山上的大花苗散雜居的族群中。他們族群在這裡定居的歷史也不過4代，據說這裡以前是漢族地主段彩家的山，苗族龍義強到漢族段彩家打小工，發現了這裡，親戚龍愛福和張愛福兩家最早向地主買了地，遷徙到了這裡，而王中榮的姥爺張興才受苗族同胞相邀，說這裡樹林好野獸多，好打獵，便帶著王中榮的母親，吆喝著豬、趕著牛馬搬到這裡定居。

王中榮的父親是附近村裡的小學教師，入贅到了他的母親家。而王中榮學習不算好，初中畢業後，到昆明市的一家職業技術學校學習烹飪。在昆明和安寧溫泉的一些飯店做過三四年廚師，覺得賺不了多少錢，於是就回家從事傳統生計。

26歲才成的家，王中榮說在他們那邊已經算是比較晚的了。那是2002年，城裡時興的婚禮攝像也流行到了山裡。他也請人拍了自己結婚的場景。他說那時候是老式的肩膀扛著的大機器，不像現在是DV。

在那個時候他就對攝像感興趣，萌發了自己也買一台錄影機拍東西的願望。到了2004年的新年，他到昆明買年貨，遇到推銷小型DV，遂自己做決定，借了家裡人的數張身份證，貸款買了一台1999元的小DV，玩了一兩年，又求父親拿出工資在昆明二手市場淘了一台二手電腦，由此開啟了他的影像之路。

（一）婚禮

婚禮是王中榮拍攝的第一個主題，也是他最熱衷拍攝的主題，更因為拍攝婚禮，他與學者結緣。2006年，一次在龍嘴石村幫村民拍攝婚禮的時候，遇到了參與香港社群夥伴項目的章光潔老師，他把王中榮介紹給了郭淨老師。

視覺人類學
下篇

　　郭淨老師看了王中榮拍攝的影片《嫁女送親》評價說：「該片從頭至尾都講苗話，也沒有加漢文字幕，但每次放映都能打動觀眾。它的情節很簡單：大花苗的村民們把一對新人從男方的村子送到十幾里外女方的村子。男人們用繩子把衣櫃、被褥等嫁妝背在背上，頂著風沙在山路上行走。女孩的母親流著眼淚邊走邊唱送親的調子。一個表情嚴肅的男人手捧《聖經》，在行進中高聲吟唱讚美詩。除了開頭祝福的場面，這部 20 分鐘的電影很少表現婚禮的喜慶，卻流露出一種悲壯的情緒。第一次看《嫁女送親》，我就自然聯想到《聖經》的《出埃及記》。王忠榮的鏡頭始終在流動，讓一張張質樸和莊嚴的面孔從觀眾眼前流過。我感覺到潛藏在他身體內的本能，不停地游動的本能。大花苗是個游動不息的族群，他們因不堪貧窮和壓迫不斷地搬遷，這種特殊的生活經歲月侵蝕，凝結成了他們的本性。」

　　《嫁女送親》隨著王中榮參加了雲之南一系列的展映活動，許多學者和 NOG 以及普通觀眾都給予了好評。

　　然而《嫁女送親》只是開始，之後王中榮也一直在拍攝婚禮主題。如 2007 年在雲之南上放映的《蕎地山村的婚禮》是拍攝富民縣的大花苗的婚禮。2011 年筆者跟隨他隨著娶親的隊伍，開車翻山越嶺，順著山野林間小路，到女方家接親，我們倆共同拍攝了這一場具有基督教性質的婚禮，並在村子中播放。而 2012 年訪談，他說他還要拍婚禮。直至 2016 年我再次回訪他，他說等農閒了就要開始拍攝婚禮。

　　其實每次婚禮並非都是村民出資邀請他拍攝，而是他自願進行拍攝。我奇怪為什麼他一直盯著這個主題不放，他和我說：「你們看好像都是差不多的婚禮，其實不一樣。在我們看來是不一樣的。每一場參加的人不一樣，每一場的流程細節都有不同。」筆者逐漸明白了，這個社群影像是拍給村民看的，許多細節和意義是對於當地人的，不能用他者的價值觀進行判斷。更進一步說，王中榮也在觀察著苗族婚禮的變遷。來看 2012 年的訪談：

　　王：然後我又拍了一個婚禮，原先拍的那個婚禮，嫁娶是走路，整個婚禮是坐車了，坐轎車了，比原來先進了。覺得這個也很好。

　　徐：這也是一種變遷了。

王：變遷了，變化了。

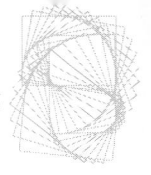

徐：這個婚禮是人家請你拍的，還是你自己拍的？

王：自己去拍的。

徐：人家有沒有給你出錢？還是你自己想著要拍的？

王：我自己去的，我還開我的車去的。一邊抹著方向盤，一邊拍著。

徐：然後還有什麼呢？

王：一直都在記錄。

而 2016 年筆者再次到阿紀格得，他更明確地說出了為什麼要盯著婚禮拍的理由。在邊幹活邊和筆者聊天時，他突然說起來他覺得現在他們苗族要亡了，苗族現在傳統的文化丟失得差不多了。

你剛才穿的那個我媽給你穿的裙子都是在昆明買了布料、化學染料和現成的花邊做的。根本不是原來自己手工繡的、植物蠟染的。你看我爹他們一天拍那些大媽唱唱跳跳，有什麼意思？唱的跳的都是和城裡一樣的廣場舞，音樂舞蹈都不是自己的。

苗族要亡了。現在只有婚禮還保留著一些傳統。我為什麼拍婚禮，因為婚禮最能體現我們苗族，我們的服裝，我們的飲食，我們的歌，我們集體幫忙的場景⋯⋯

原來，王中榮一直想展現的是苗族最具代表性的傳統文化。他認為透過婚禮最能表達出他們苗族的文化特點和民族氣質。

（二）基督教

大花苗說基督教是他們的救星。在貴州和雲南北部中部的大花苗大都信仰基督教。

在歷史上，苗族在其他民族的壓迫和驅趕下，一直過著顛沛流離的生活，他們的境遇十分悲慘。伯格理（Samuel Pollard）在《苗族紀實》中寫道：「（大花苗）這些村寨中居住的一些人世世代代沒有土地，基本上沒有錢財，

沒有書籍，沒有文字，沒有學校，也幾乎與其他少數民族及漢族沒有往來……不潔淨村寨中的農奴、簡陋農舍中的貧困、罪惡巫醫所把握的無知——這些都在呼喚著偉大上帝的愛心、同情和救助。」

1904 年，基督教來到大花苗的土地上，給予大花苗無限的勇氣和精神支柱。傳教士不僅帶來了基督教，更推動了大花苗的鄉村運動，在柏格理傳教的地區石門檻，生存條件極其艱苦，他長期同苦難深重的大花苗住在一起，他為大花苗醫治疾病，創造苗文幫助他們認字，創建學校。苗族信徒開始覺醒，開展了大規模的鄉村運動。由此基督教和傳教士改變了大花苗的命運，基督教也深種在了大花苗人的心中。

以王中榮的家鄉為例，台磨山村有 2/3 的人信仰基督教，由此，村裡沒有過苗族傳統節日的習俗，也沒有蘆笙歌舞表演，婚禮自然是他們最具有苗族代表性的文化。王中榮本人雖然不信教，其實在他的潛意識中一直帶著基督教的影響。從婚禮系列影片中，我們可以看出隱隱的基督教氣質。而影片《我們村的塑料垃圾》，除了講述現代文明帶到苗族村裡的塑膠汙染之外，還特別關注了村民的宗教信仰。他對筆者說：

現在這個塑膠袋對村子裡面的汙染比較大。而且村民對塑膠袋不關注，也沒有什麼想法，隨便丟，房前屋後都是塑膠袋，太嚴重了。然後也問了很多，因為村子裡大多人都信基督教，也問了很多信教的人，他們都說信教。

《聖經》是怎麼教基督徒來做事，村民們都回答說是教他們行善。我想從信教這方面來聽聽村民對塑膠袋的看法。《聖經》讓村民信基督教是要行善。關於這個垃圾屬不屬於行善的問題，我也問過很多村民。我問過一個村民，我就說，上帝創造世間萬物，塑膠是不是上帝創造？我就問村民這句話，村民就說塑膠不是上帝創造的，是人類創造的。上帝給人類智慧，人類藉助上帝的智慧來創造出塑膠。

後來我又問，那麼這個塑膠要上帝來處理還是我們自己來處理？他就說上帝給我們智慧，我們創造的，應該由我們人類來處理。我就問怎麼處理？他就說拿了燒了就是。燒了就是？這個也不是解決的問題。你能燒得了多少？燒了還有臭味。

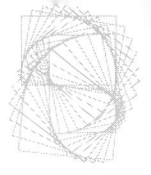

筆者曾問王中榮為什麼不信教，他和筆者說，他相信教義是好的，基督教救了苗族。但信仰不應該就是去教堂做禮拜，而是要從內心信仰，遵從教義。他認為他們村許多人形式上是基督徒，但思想行為卻遠遠不如不信教的人。

他打算未來把兒子送入雲南基督教神學院，他說讀書讀不進去，不如學做人，學行善。

（三）社群的日常與變遷危機

2006～2009年的雲南·越南社群影視教育交流坊項目即基於社群集體的影像創作，影像必須要經過社群充分討論，從選題、拍攝、素材拍攝到後期編輯和播放，整個過程都是社群集體意見的彙總。學者和當地村民拍攝者結成一組，僅作為社群代表執行者。王中榮在這個項目中與雲南民族大學的楊元捷老師組成一個小組拍攝了《玩一天》。

透過項目培訓和實踐過程，與學者的交流和學習，他更認識到了社群影像的真正內涵是基於社群的影像記錄。2011年的訪談中他說道：

王：我經過培訓更加瞭解社群影像的重要性。

徐：培訓些什麼呢？具體內容，您可以講講嗎？

王：就是說我們怎麼講故事，然後我們怎麼來協調我們的村民，來拍我們的一個故事，然後講述我們村的這個故事。名字也是由村民來取的嘛，拍什麼東西也是由村民來決定，我只是來協調，協調村民，然後聽聽村民意見啊，拍什麼？村民說拍這個好我就拍這個。

徐：您培訓了多長時間這個東西？

王：培訓了怕是有半年左右。

徐：那麼長時間啊，天天都要培訓？

王：不是天天，我來個把星期。

徐：哦，（拍攝）這些項目期間您有沒有什麼改變？拍了些什麼東西呢？

王：改變多嘍，拍了，拍了這個《玩一天》。

徐：這個您詳細講一下過程嘛。

王：然後雲南民族大學那個老師楊元捷和我是一組，我們倆共同來拍了嘛。因為主要是我們的村子，那他們之間就主要是協調，主要是我來拍。那年是 08 年，中國有些省份大多數大雪紛飛，封路封山噶，那年我們村子就是說沒有一個人在外邊打工，我們村子從來沒有人喜歡外出，到外邊打工。家家都在家裡面過年，他們都說，诶，村民說：『今年有好多省份都大雪封山封路，有些的話當然是在外省打工的就回不了家過年了，我們村的話個個都在家裡過年，走，大年初一我們上山玩一天去！』那個時候就是說村民約好之後由我來協調。家家都出粑粑，你帶一塊粑粑，我帶一塊粑粑，你帶辣子，我帶辣子，你帶些糖咯、飲料汽水咯，大家一起上山玩咯。哎，遊戲玩得多哦，比如賽跑咯，有些玩老鷹抓小雞咯、丟沙包咯、瞎子摸魚咯。

徐：老老小小都一起玩？

王：哎！老老小小一起玩。

徐：就是在你們山上的那塊草地？

王：嗯，有一塊草地，大家在那裡玩。玩了肚子餓了的話，攏一堆火，拿些餌塊粑粑烤烤來吃，吃飽了又玩，玩到最後，晚上不亮了，走，賽跑。哦，你自己拉自家的媳婦，或者是有些拉他家娃娃，走，賽跑！一起賽跑，賽賽跑，跑完了回家，集體在一起吃吃晚飯。

徐：您的這個電影，就是您拍的這個《玩一天》的全過程了嘛，是您與村民商量了以後決定要拍的？

王：嗯，村民覺得是值得拍的片。

參加完這個項目後，王中榮並沒有停下來。透過與學者和大眾的交流，他逐漸意識到記錄社群傳統的重要意義。於是他開始盯著自己的村子拍攝，

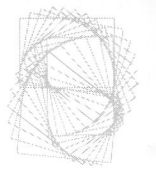

一邊整理發掘家鄉最具有代表性的傳統文化，一邊關注外界不時帶給村裡的影響和變化。

緊接著王中榮又自己獨立拍攝了「台磨山的傳統故事」系列。

徐：這個是不是項目資金拍的？

王：這個不是資助的，就是想講一些傳統。我覺得傳統不僅僅是我們穿的，好的東西，保留下來也叫傳統，從我們父母親傳到現在，就給它稱為傳統。現在我們村子的一些傳統保存得很好，有很多資料。比如說村子集體修路，集體修水庫，集體幹活，也沒有什麼資金，只要村長一句話，說今天我們村子的路不好走，被水沖了，我們修一下。村民一起就去修了，不管老小。你也見過。但是有些村子，有些漢族村子，最典型，村長說了給錢我們去整，不給錢我們不去整。但是在以後，我們村子的這些傳統會不會丟失？人們都想著錢，沒有錢就不會整。

徐：那你拍了些什麼內容呢？

王：拍了我們村子集體修路，集體修水庫，集體修水溝，三個素材編出來的。

徐：王哥你說一下，在沒有項目的情況下，你也拍了幾個電影，自己編的，是哪幾部？你的想法是什麼呢？

王：還有我們村子的傳統之二，也就是修溝修路。

徐：延續之前的題材。只要有集體活動你都拍？

王：對，集體活動就趕忙拍。

徐：這個也是沒有人要求你，是你自己有這個意識就把它拍下來了？

王：嗯，對。之二相對之一是我們的路修得更好，水泥路也打起來，各方面也整好了。

視覺人類學
下篇

　　我看了王中榮的「台磨山傳統故事」系列，其素材內容不僅僅是講集體修路，還包括了村子一年四季的春耕秋收，春天梨樹開花，播種玉米。夏天收煙烤煙，去山上采蘑菇。秋天爬上高高的梯子摘果子。

　　冬天殺豬做臘肉。村裡有些什麼動物，豬圈是什麼樣，村裡有哪些植物，村裡小孩怎麼餵養；每一家每一戶的主人都是誰，他們是怎麼生活的，等等，一一收錄其中，以表達他對家鄉的熱愛。

　　在記錄家鄉點點滴滴的同時，他也十分關注外界對村子的影響。台磨山看似很傳統寧靜，其實並不是孤立的世外桃源，特別是它的區位離昆明主城不遠，其實它就如一葉扁舟，浮沉的命運一直和大海主流緊密相連。

　　事實上，地球上的每一個角落都難逃全球化的強勢席捲，每一種傳統文化和社會方式都在與現代文明進行博弈，或在夾縫中求得生存，或變遷轉型。

　　台磨山的行政歸屬一直處於變動之中，在地理區位上，緊鄰的周邊村子屬於富民縣，而台磨山卻被劃為昆明市，後來又從西山區劃到最富裕的五華區之中。而王中榮以影像記錄以及筆者目睹的台磨山就有多次變動危機。

　　2011年，王中榮滿臉愁雲地來找我，對我說：「政府來村裡開會，有調查文件的，調查聽聽村民意見，個個都見到了那文件。意見就是說統一搬到迤六白家村。」然後又說：「我們每個人有個低保，村民一個都不同意。所有的田地和居住的房子都要被徵收。政府低價徵了又高價賣給開發商，現在有錢人都到農村買地。會議上大家討論過，大家都不同意不想搬走。」

　　他還說，如果搬走了，這個台磨山村、阿紀格得就不復存在了。他表示很擔心。後來由於村民集體反對，村子保全了下來。緊接著過了不久，又有外面的老闆看中這塊地，想租下來種果樹，最後也是未遂，王中榮記錄了這個過程。

　　2016年，又有漢族的老闆想租村民的幾塊地辦養豬場。我看了王中榮拍攝的村民討論會的全過程。儘管老闆一直遊說村民說可以分紅賺錢，但村民更擔心的一個是環境汙染、水源和空氣的汙染，另一個是豬瘟疾病。最後村民挨家挨戶投票，唱票結果，贊成票少，老闆只得離開。

苗族不斷遷徙的經歷使得他們對於家鄉的變遷或是搬遷更為敏感，同時也更加珍惜來之不易的穩定的生活，家鄉是苗族人的永恆的情感期盼。王中榮熱衷於不斷記錄他的家鄉，特別是外界的影響，事關村子的前途命運，就必須要記錄下來。

（四）歷史記憶與社群影像博物館

　　苗族在歷史上是一個苦難的民族，學者研究認為，苗族是古三苗的遺裔，原來居住在黃淮流域地區，由於與黃帝的戰爭失敗，三苗首領蚩尤被殺。為了遠離漢族統治者，苗族先民被迫南遷，然而平壩河谷均已被其他民族占據，每到一處定居，都受到異族壓迫，因此他們只有不斷遷徙，一直處在顛沛流離的生活中。

　　最後苗族只能居住在湖南、貴州、四川和雲南山區、高寒山區和喀斯特地形區，租種其他民族的土地，成為其他民族地主的佃戶。解放前，苗族大多處於異族地主、土司制度的統治下。苗族過去被稱為「苗子」「苗蠻」，受漢族和其他民族地主階級的統治，苗族與其他民族之間，尤其是與漢族之間的隔閡很深，造成苗族時至今日，仍然不願意走出山裡與外界較多接觸的特點。

　　雲南的苗族最早是唐朝時期遷徙到昭通地區的，還有一部分苗族直接就是作為彝族土司姑娘的陪嫁，來到雲南武定等滇中地區。殘酷的異族壓迫、沉重的地租，迫使苗族在雲南大山裡輾轉遷徙，形成大分散小聚居的分布特點。直到解放前夕，雲南省境內絕大部分苗族仍處於居無定所、遷徙無常的狀態。1950 年雲南全省解放後，經過土地改革，苗族人民分到田地，實現了耕者有其田，才逐步定居下來。

　　王中榮曾寫過一個阿紀格得（台磨山村）村史，記載了他們村最早遷過來的情況。在開篇他寫道：

　　　　水有源，源遠流長；樹有根，根深葉茂；村有史，史寫村彰。為了讓青年一代瞭解我村的一些村史、村志，認識阿紀格得村前輩在這塊紅土地上，開創的燦爛輝煌的事業成績，激勵下一代青年人，更加勤奮努力讀書，學習

科學文化知識，艱苦創業超過前人，好好地建設我村，特調查譜寫此書作為阿紀格得村村史，供村民參閱瞭解。

後來，在參加鄉村之眼的項目時，由筆者和他組成小組，我們決定進一步蒐集村子的歷史故事，拍攝一部村史。2012年春節前，我們到了龍家，他們家是最早遷徙過來的一家。筆者走訪了龍家三個兄弟，瞭解了他們家的家史和遷徙過程以及家族的故事。

筆者讓他們把家裡的歷史舊物拿出來用博物館式的方式逐一拍照。然後又到龍家大哥家，這是台磨山村最後一棟茅草房（2016年已經消失，重建起了樓房）。在這個茅草房前，給龍家全家人拍了全家福，也算過年期間的一個家庭合影。而王中榮把筆者採訪的過程拍攝了下來。筆者走之後，他又陸續採訪了許多家，拍攝了每一家的家庭合影。這部電影由於涉及素材很多，他還一直在拍攝，剪輯了數個版本。

鄉村之眼的項目經費剛撥到手，王中榮立馬用這些錢買了一台彩色影印機，買了一部二手相機。他說他要建立村子的影像博物館。

這些設備就是買了有一定的用處。有一些是貼本的，買了給村民照相的，不要他們的錢，只要他們喜歡照。因為他們照的這些都是有一定的資料價值。為什麼要脫產地和村民整這些東西呢？有些時候，我想以後有能力有資金成立自己家的一個家庭博物館，或是成立社群博物館。博物館要怎麼運作起來呢？要讓村民來參與，博物館造成一個社群教育的作用，收藏村史，教育我們下一代。我們村子曾經有這麼一種傳統，一種文明，或者是照片，可以留住很多人的東西。

我的那本村民照片有村裡面的資料，上面我就寫著：「這裡有你的仇恨，這裡有你的回憶，這裡有你的記憶。」比如說村子裡村民與村民之間有時候會產生矛盾，矛盾是權力之間的矛盾。你搶占了我家的田地一小點，你挖了我家的山一小點，這些矛盾，嚷幾句你就對我有仇，我對你也有仇。為什麼我要寫「這裡有你」？我這本相冊，每個村民都在裡面，你看到和你有仇的村民的這張照片，你就恨他，就有他的仇恨在上面。這

裡有你的記憶，你的回憶，比如說你的父親，我照在這裡，你看到你父親的照片在這裡，你就有回憶，有記憶。所以我的相冊就這樣叫。

他還說：

因為覺得是生在這個地方，這個地方對我們有很多的留戀，有很多的東西，值得我們去收藏，值得我們去讚美，值得我們去紀念。但是我們要用行動，用實際來做這些東西，要有物證、文字之類的東西。現在很多人，一些老人都記不得，生在這兒長在這兒都記不得自家的一些事情。所以我就開始整理這些東西，最初的就是阿紀格得村史。現在這些都是，年輕人不會整嘍。

總之，王中榮一直關注著自己的大花苗族群與家鄉的命運，他透過影像工具來表達：我是誰，尋找大花苗族群的根，大花苗的靈魂，追溯歷史，弘揚優秀傳統文化，表達民族的內心思想情感，增強大花苗的族群認同；他還透過記錄實踐，反觀自身，有意識地對他和所處的整個社群進行思考：我要往哪兒去，反思自己民族和家鄉現實存在的問題，應對外界環境的影響和挑戰，思考在這紛繁變幻的大千世界中族群和家鄉的定位和發展之路。

但從梳理王中榮的拍攝歷程和影像脈絡來看，王中榮並非一直是一個本土民族學者，在他的成長經歷中也並沒有進行過文化自覺的訓練。而是自從拿起錄影機之後，以錄影機為筆，抒寫自己的思想情感，社群記憶，從而打開了與外界對話的窗口，獲取接受外界更廣闊訊息的渠道。他透過社群村民影像，認識了許多專家學者和普通市民，透過和他們交流獲得很多啟示。

而影像記錄已經成為他的一種生活方式，他經常隨身攜帶錄影機拍攝，錄影機融入了他的身體中，變成了他手的一部分延伸，監視器變成他的另一隻眼，具有自我審視功能的眼，而影像記錄成為他大腦思考的過程，從而完成鏡像自觀與文化自覺。由此可以說，影像使他從一個普通的苗族農民變成了一個具有反思性的本土民族學家，文化記錄、保護和研究者。

四、結論

不僅是王中榮的案例，從所有雲南社群影像的電影中，我們都可以看到拍攝者的文化覺醒，他們用自己的母語拍攝，或追溯族群的共同歷史記憶，

或展現優秀的民族文化,或思考自己家鄉社群的自然生境和文化生境問題,或反映民族的思想觀念與精神氣質,或教育自己的子女後輩傳承民族文化,他們都在用影像的方式促成文化自覺,重新認識自身的傳統,認識自己的歷史文化……以確立自己的民族主體意識,增強民族認同,並在此基礎上傳承和發展自己的文化,在保護傳統與發展現代化之間找到平衡點,尋求社群未來更適宜的發展之路。

現代化與全球經濟一體化已經撼動了整個世界,特別是弱勢文化群體面臨著嚴峻的考驗。中國的少數民族處於社會主義現代化和全球一體化的市場經濟的雙重裹挾之中,面臨變遷或調試的轉型。在這個過程中,社群村民以錄影機為筆,打破了主流文化和弱勢文化的語言壁壘,成為展現文化、表達自我和跨文化溝通交流的有力工具。

而影像不僅僅是筆,更重要的還是自我審視的一面鏡子。社群村民影像的重要意義之一就是影像實踐能有效地形成自審,透過影像自觀,促進文化自覺,在現代文明的席捲下,審視自身的問題和優勢,在傳統與現代發展中找到新的平衡點,在世界文化體系中,找到自己民族和文化的定位。

(徐何珊,傣族,雲南省社會科學院民族學所助理研究員,中央民族大學民族學博士。主要研究方向為民族文化、民族藝術、影視人類學。曾出版著作《雲南紀錄影像口述史》《中國民族志電影先行者口述史》。)

參與式影像與中國西南地區的鄉村文化建設

劉濤

摘要:作為一種體制外的影像創作形態,參與式影像在 20 世紀 90 年代初引入中國,中國國內多稱為社群影像、村民影像或鄉村影像。但從出現之初,中國實踐的參與式影像就以保護和傳承民間傳統文化、促進鄉村社群文化建設為重要的行動取向。本文基於對中國西南地區鄉村社群影像參與者的深度訪談以及影像作品的文本分析,梳理中國本土參與式影像發展歷程,並著重從鄉村民俗文化傳承、鄉村文化公共空間重建、鄉村地方性知識創造和

村民影視媒介素養提升四個方面，闡釋了其在中國鄉村文化建設中的價值和啟示。

關鍵詞：參與式影像；參與式傳播；鄉村社群；文化建設

一、參與式影像及其理論淵源

參與式影像（participatory video）這一概念來源於西方，也稱草根影像、過程影像，指的是特定群體或社群成員使用相關的技術手段攝製以表達自身為特點的活動影像。按照肖和羅伯遜的定義：「一種創造性地利用影像設備，透過將參與者納入其中，記錄他們自己和周圍社會來產制自己的影像的集體活動。」根據學者韓鴻的專著《參與式影像與參與式傳播》可知，西方參與式影像起源於 1967 年加拿大的「福古方法」，這次創新性的影像實驗產生的社會變革功能開始被國際承認，之後拓展到北美、拉丁美洲、亞洲和非洲等地區的第三世界國家，成為許多國際非政府組織主持的參與式傳播發展項目採用的一種影像實踐行動。

作為一種體制外的影像創作形態，中國本土的參與式影像實踐出現在 20 世紀 90 年代初，多稱為「社群影像」「村民影像」或「鄉村影像」。

20 世紀 70 年代以來，隨著發展傳播學由西方資本主義國家主導的現代化範式向世界多元範式的轉向，參與式發展逐漸成為發展傳播學的主要理論進路。參與式發展理論作為一種微觀的區域發展理論，它強調尊重差異、平等協商，在「外來者」的協助下，透過當地社群成員的積極、主動的廣泛參與，實現其可持續的、成果共享的、有效益的發展。其核心思想是「發展傳播是讓當地民眾參與，和他們分享及交流的過程，是建立在對話基礎上的傳播過程，因為只有社會內部具有變革動力，才能帶來長久的、持續的發展」。

參與範式強調尊重不同民族、社群的文化和傳統，透過「賦權」社會底層人群，利用草根、另類媒介，在橫向、民主的傳播過程中增強自我發展能力，從而促進社會的發展。參與式傳播是參與式發展在媒介傳播領域的具體實踐，這種新的傳播方式建立在對話原則的基礎上，傳媒成為「社會群體交流的手段，而不是將群體看作目標對象」（Berrigan，1981：7）。傳播的

最根本目標不再是散播訊息，而是「鼓勵各個群體之間就與發展相關的問題進行交流」（Bessette，1999：5）。而參與式影像的出現和發展，較好地體現了參與式傳播的核心原則，且國外實踐已經證明其是實現參與式發展的有效途徑。

二、參與式影像發展與西南地區的鄉村文化建設

（一）中國本土參與式影像發展梳理

1991年，由美國福特基金會在雲南資助的「婦女生育衛生與發展」項目讓參與式影像第一次進入國人的視野，從此次實踐算起，參與式影像在中國已走過了20多年的發展歷程。參與式影像的中國實踐經歷了由國外NGO推動到本土民間公益組織自主實施的轉變，其操作群體由國際GNO、鄉民、文化研究學者擴展到各類地方民間公益組織、高校、生態博物館、社科研究院、獨立紀錄片人等，活動地域也從中國西南民族地區輻射到東、中部地區。

2000年，雲南社科院學者郭淨在雲南藏區開展的「社群影視教育」項目，開始了用社群影像的方式保護鄉村傳統文化，自此社群影像才開始真正為中國學者所知。

2005年，第二屆「雲之南」紀錄影像展專門開闢了「社群影像」單元，成為中國社群影像最早的展映平台，推動了其為更多的中國學者、紀錄片創作者和民間組織所認識和關注，社群影像開始在中國萌芽。

2006年，由雲南社科院白瑪山地文化研究中心與越南民族博物館合作開展的「雲南·越南社群影視教育交流工作坊」參與式影像項目，致力於探索用社群影像進行傳統文化保護的新途徑。

從2007年起，中國民間環保組織北京山水自然保護中心主持的一項公益影像計劃「鄉村之眼——自然與文化影像保護項目」啟動，透過為中國西南山區的鄉村村民提供影視生產技能的指導和培訓，鼓勵自主的影像創作，幫助當地村民學習用自己的視角記錄自己社群的傳統文化和生態保護理念，以及他們對環境變遷的擔憂與展望。

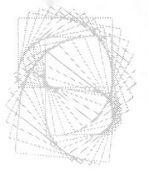

根據韓鴻 2010 年發表的《中國社群影像的勃興及對中國記錄影像的發展意義》可知，目前中國的社群影像實踐有雲南、四川和北京 3 個熱點區域。根據雲南省社科院學者郭淨的統計，到 2013 年中國已有雲南、青海、四川、貴州、廣西、福建、山東、河北、北京、香港開展了社群影像實踐，參與的民族包括漢族、藏族、苗族、瑤族、侗族、壯族、哈尼族、納西族、傈僳族、怒族、傣族、白族 12 個民族。

根據筆者近些年的調研，當前中國社群影像實踐不斷湧現出台灣台南藝術大學、廣西民族博物館等教育機構和團體的加入，中國本土參與式影像發展呈現出項目數量和影響力不斷增長、影像作品傳播方式和傳播渠道不斷拓展、項目實踐空間不斷延伸的新特點。

經過 20 多年的本土實踐，參與式影像由一個西方舶來品已經發展成為一種扎根於中國社會的民間影像生產方式和傳播媒介。這種由社群民眾集體生產的參與式影像開始形成一種具有特殊影響力的文化現象，已跨越單一的作者電影模式，並突破了民間獨立草根影像的藩籬，彰顯出豐富多元的社會功能，同時為當前中國的新農村建設尤其是鄉村文化建設提供了新的啟示。

（二）中國西南地區的參與式影像實踐與鄉村文化建設

作為一種非政府組織開展的傳播發展項目的工作方式和影像生產方式，參與式影像在中國經過 20 多年的發展，逐漸為來自社會學、民族學、民俗學、人類學等學科領域的學者、獨立紀錄片人以及鄉村村民所理解和接受，不斷在中國發展語境下開拓出新的實踐領域和社會功能。但本土實踐從開始之初，就以保護和傳承民間傳統文化、促進鄉村社群文化建設為重要的行動取向。

2000 年，受美國福特基金會的資助，郭淨等學者在雲南藏區的 3 個村莊開展「社群影視教育」項目。受到 photovoice 項目的啟發，項目實施者在實踐過程中不斷思考社群影像與社群教育間的關係，探索用社群影像等參與式手段加強與當地村民的合作，幫助當地人總結對本土文化、生態環境等的認識，激發他們對自己社群文化的關注和表達。這也是中國開展的運用參與式影像促進鄉村社群傳統文化保護與傳承最早的實踐之一。

視覺人類學
下篇

　　2006年6月開始，為期3年的「雲南·越南社群影視教育交流工作坊」啟動，這是由雲南社科院白瑪山地文化研究中心與越南民族博物館合作的一個參與式影像項目，致力於探索用社群影像進行傳統文化保護的新途徑。筆者統計了作為近年來中國舉辦的影響力最大的社群影像研討平台之一——「鄉村之眼」第三屆人類學紀錄影像論壇（2013年，昆明）上展映的所有作品（如下圖），按照類型劃分，民間傳統文化相關題材依然占據主體。

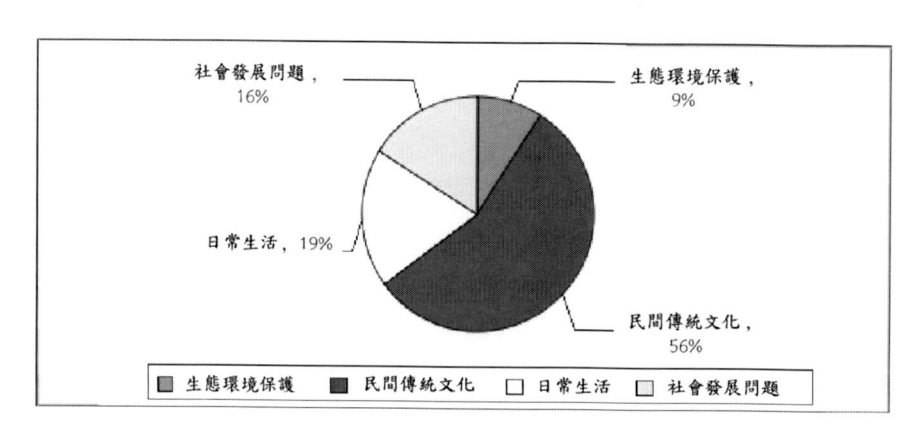

（圓餅圖：生態環境保護 9%；民間傳統文化 56%；日常生活 19%；社會發展問題 16%）

　　在本次論壇展映上，與鄉村民間傳統文化主題直接相關的影片達17部之多，占所有參展影片的54.8%，其中，由廣西地方生態博物館工作人員和當地村民拍攝的有5部。

　　白褲瑤是瑤族的一個分支，服飾是其區別其他民族最鮮明的特色之一，《取黏膏》《瑤紗》都是對廣西白褲瑤族的民族服裝瑤服的傳統製作工藝的展示。前者是對瑤族蠟染原料黏膏的取製過程的記錄，後者展示了瑤紗從採集原料到紡紗、跑紗、織布的獨特而漫長的製作工序，為現代人瞭解白褲瑤族的服裝文化和傳統生活方式提供了重要的影像文本。

　　事實上，從2011年開始，廣西民族博物館透過將社群影像引入「文化記憶工程」，以生態博物館為支撐，發動鄉村社群村民用影像記錄自己生活中的傳統文化。為保存鹹麵製作這種傳統手工藝的影像記錄，廣西那坡農民韋青山拍攝了《鹹麵製作》。《白褲瑤人的葬禮》展現了白褲瑤族傳統的喪葬儀式和古老的民風民俗。

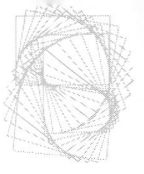

《白褲瑤銅鼓安名儀式》則是對白褲瑤族一種重要的民樂器銅鼓進行取名的民間傳統儀禮的展示。這些鄉村影像不僅僅是對本民族傳統生活方式的展示，更開闢了民間非物質文化遺產保護的有效途徑。

在雲南德欽卡瓦格博神山腳下，當地民間公益組織「卡瓦格博文化社」一直致力於保護本地區特有的生態和文化環境，向當地民眾傳播藏族傳統文化與環境保護的概念。2011年，社群影像的引入為文化社的成員開闢了一條社群參與的保護本地民間文化的新路徑，《弦子故事》集中展示了藏族傳統樂器弦子的來歷、製作工序以及弦子表演，影像的創作和放映為傳承弦子文化，凝聚社群團結，保護康巴藏族傳統的生活方式提供了新的思路。

《永芝村的神山》《婚禮》都是當地村民對康巴藏族傳統的節日禮儀、風俗信仰的影像記錄，內容豐富翔實，具有較高的文獻價值和學術研究價值，尤其為康巴藏族文化的研究提供了不可多得的影像資料。此外，來自青海、四川年保玉則地區牧民拍攝的《黑牦牛牛奶》《黑帳篷》《鞍子》《糌粑》，無一例外地將鏡頭對準了自己本民族特有且現在又正面臨消失的生活方式，表達了他們對本民族傳統文化生存現狀的擔憂，也向外界傳遞了來自西部鄉村社群草根的聲音。

三、參與式影像在中國西南地區鄉村文化建設中的作用

基於對中國西南地區，尤其是雲南、廣西、青海、四川等省近些年鄉村社群影像發展項目和作品的梳理，以及筆者在第三屆人類學紀錄影像論壇和2013年廣西民俗紀錄影像展上對村民影像拍攝者以及項目組織者的訪談和調查，總結出參與式影像在中國西南地區鄉村文化建設過程中的作用。

（一）參與式影像對鄉村民俗文化的傳承

民俗文化是民間傳統文化的重要內容，它幾乎存在於我們生活的每個角落。作為一種文化現象，「民俗存在於一個民族或人群中的共同生活方式體系，包括與之相匹配的思想觀念、語言表達、風俗習慣、行為規範和倫理道德等體系的規約和支配」。

而且，傳統民俗文化的傳播，多以人的口語和肢體動作等非語言符號為主，表現出較強的可視性，對其的保護和繼承就必須充分尊重這種傳播特性。相比文字、錄音，影像以其視聽兼備、聲畫結合的媒介特徵在民俗文化的傳播過程中表現出獨特優勢，因此更加適合用來記錄和表現民俗。

中國鄉村社群參與式影像的興盛，對民間傳統民俗文化的傳播和繼承發揮了重要作用。以2013年廣西民族博物館舉辦的紀錄影像展為例，此次影展共徵集作品70多部，其中來自社群村民的作品17部，民族生態博物館作品31部，涵蓋了漢、壯、瑤、苗、侗等9個民族，內容涵蓋手工藝、戲曲、婚俗、節慶等6大類。僅以民俗內容表現最為集中的傳統節日來說，除了中國不同民族共有的春節、中秋節外，本屆影展作品中涉及的獨特節日就有廣西境內橫縣的茉莉花節、上林縣鎮圩瑤族鄉的達努節、鳳山縣金牙鄉那莫屯三月三歌圩節、白褲瑤的新米節和京族哈節等。

這些民間影像的參與式拍攝和在地傳播，對於激發社群村民的文化認同感和文化保護意識無疑發揮著潛移默化的作用，對於廣西少數民族不同地域民俗文化的傳承，以及境內非物質文化遺產的活態保護，同樣具有重要意義。

尤其在當下社會急劇轉型，全球化和市場化對傳統文化形成巨大衝擊的背景下，保護和繼承優秀的民俗文化，對於增強民族認同感和民族凝聚力，發揮民俗文化的精神紐帶作用，意義和影響尤為深遠。

（二）參與式影像對鄉村文化公共空間的重建

參與式影像作為一種群眾性的文化生產和傳播活動，圍繞影像生產開展的拍攝、編輯、放映和討論，為鄉村自主的文化建設搭建了新的公共空間。如雲南·越南社群影視教育交流工作坊項目影片《我們怎麼辦？——落水村的變化》，彙集了落水村摩梭族的老、中、青三代村民對旅遊給社群帶來的改變，以及這種改變對他們造成的影響的思考。

參與者爾青在自己的影像筆記《誰的故事》中寫道：「村民討論的熱情，他們的思路、觀點出乎我們的意料。他們關心自己的生存環境，關心傳統文化的變化，不同年齡有不同的觀點，這些觀點形成極大的反差。」

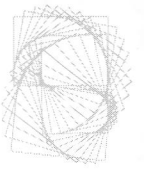

社群影像透過影片拍攝、剪輯的生產環節以及在地放映和社群巡展等調動了社群居民的廣泛參與，增進了社群內部以及社群之間的交流與對話。又如青海「三江源生態環境保護協會」組織的「遊牧人家」青年影像樂園，讓藏族牧區的青年以影像的方式來進行記錄、分享、交流和思考家鄉的變化；青海「年保玉則生態環境保護協會」舉辦的草原電影節則自主搭建了牧區鄉村影像分享和傳播的平台。這種建立在自由發表意見和相互平等對話基礎上的影像交流形式，創造了屬於草原牧民的文化公共空間。

　　「公共領域」（Public Sphere）是哈貝馬斯所開創的關於民主社會的定義，指介於私人領域與公共權力領域之間的一種公共空間，它建立在自由發表意見和相互平等對話的基礎上，是「政治權利之外，作為民主政治基本條件的公民自由討論公共事務，參與政治的活動空間」。傳統鄉村公共空間具有「公共領域」的某些精神特質，即向所有公眾開放，可以自由公開表達意見和觀點，體現公共理性精神。

　　鄉村公共空間的存在對於增進社群人際關係、增加鄉村社會資本、加強鄉村文化認同等發揮了積極作用，是鄉村文化建設的重要場所。然而，隨著當前工業化和城市化的不斷推進，中國廣大農村「空心化」現象嚴重，農村傳統的公共空間正日益萎縮甚至消失；另外，電視、互聯網等新興大眾傳播的興盛更加速了鄉村傳統公共文化空間的凋敝。

　　如有學者透過對甘肅省甘谷縣古坡鄉大坪村的田野調查發現，電視的普及加速了作為北方村落傳統公共空間的「飯市」的衰落。當前，中國西南地區鄉村參與式影像的勃興為重塑鄉村文化公共空間提供了新的思路。

（三）參與式影像對鄉村「地方性知識」的激發

　　C·吉爾茲透過田野調查發現，在西方式的知識體系之外，存在著「各種各樣從未走上過課本和詞典的本土文化知識」，他將之稱為「不可翻譯的，卻具有文化特質的地域性知識」——「地方性知識」（local knowledge）。參與式影像在中國鄉村社群的引入，對於激發鄉村「地方性知識」的潛在功能開始顯現。

首先，參與式影像可以促進鄉村居民「文化自覺」意識的覺醒，繼而採取行動保護本民族、本區域內的傳統文化。在喚醒鄉村居民的文化自覺的過程中，影像發揮了「觸媒」的作用，它將人們的日常生活儀式化呈現在電視螢幕上，在影像的分享與傳播中讓被拍攝者有機會重新審視和反省自身的文化，發現身邊的變化和問題，進而引發思考和行動。

正如《落水村的變化》在村裡放映後，引發老人們關於道德禮貌與經濟發展之間的矛盾以及如何保護本民族傳統文化的熱烈討論。爾青感嘆「因為有了這個影片，人們對那些似乎見怪不怪的事情，正在發生變化的事情、現像有機會去重新看待、選擇，這比平時人們在家裡說一千道一萬都強」。

更重要的是，在參與式影像的生產過程中，社群居民得以重新發現、整理和記錄，甚至創造出新的地方性知識。如雲南省社會科學院白瑪山地文化研究中心在雲南藏族村莊開展的社群影像教育，讓小學四年級學生透過田野調查自己動手編寫鄉土知識手冊，把鄉土知識教育引入正規教學體系中，開創了社群傳統文化教育的新模式。

又如青海年保玉則生態環境保護協會編寫的《藏鵐觀察記錄》《瑪柯河白馬雞觀察記錄》《年保玉則野外花卉》畫冊等，記錄和研究青藏高原獨有、珍稀的野生動物、植被以及生態環境；雲南卡瓦格博文化社為保護地方傳統文化，整理拍攝的「德欽弦子」等系列影像作品；落水村摩梭族村民爾青和次仁多吉自發創辦的摩梭民俗博物館，用來收藏並展示摩梭的獨特民族文化。這些在鄉村社群影像拍攝過程中激發的地方性知識創造，印證了長期從事西南民族地區鄉村影像研究的學者郭淨的觀點：鄉村影像正在重建新的知識體系。

（四）參與式影像對村民影視媒介素養的提升

當前，以電視為主要載體的影視文化已經成為鄉村最重要的文化消費產品，然而，電視本身作為一種文化形態廣泛介入鄉村社會空間中，其帶來的社會影響和功能並不必然促進鄉村文化的積極向前發展，有時甚至消解傳統鄉村文化的功能。在傳統媒體內容中，處於社會底層的農民和鄉村弱勢群體由於缺乏影像生產工具和媒介傳播渠道，往往成為專業媒體或其他外來者「建

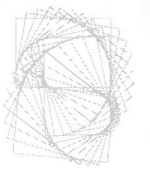

構」的對象，這種在人類學電影中被稱為「外部描寫」的影像表現由於創作視角、立場掺雜意識形態和商業因素的考量，很難客觀、真實地反映鄉村的生產和生活。參與式影像的生產主體由專業媒體從業人員變為普通社群居民，由重視作品到注重過程，由看重藝術創造性到注重影像的社會功能，成為社群參與式發展的一種工作方式。

以北京山水自然保護中心開展的「鄉村之眼」公益影像計劃為例，該項目通過為中國西部鄉村社群村民提供影像創作方面的培訓，讓當地居民掌握獨立創作影像的方法，並為這些村民影像提供展示和交流的平台，讓外界聆聽到了來自鄉村社群內部的「聲音」。雲南文山縣爛泥洞村村民侯文濤是「鄉村之眼」項目的學員之一，當第一次看到自己拍攝的電影在電視上放映時，他感覺「這是我有生以來難忘的一件大事」。

這個過去對「拍電視」想都不敢想的苗族青年拍攝的紀錄片《麻與苗族》曾在2012年登上了天津衛視《望鄉》節目，並在2011年入選「英國皇家人類學電影節」。這之後，他又創作了《文山爛泥洞青苗喪葬儀式》《蘆笙》等一系列反映苗族傳統文化的鄉村影像作品。

社群影像已經成為中國西南鄉村許多民間公益組織開展社群工作的重要工作方式，從而使普通社群百姓掌握了影像表達的能力，讓他們用自己的視角，表達對本民族和社群的傳統文化、生態環境的關注和思考，以影像為媒介進行文化交流和傳播。

鄉村社群影像作為一種草根化的鄉村影像表達，具有跨越地域、語言和文化障礙的巨大優勢，因此成為一種大眾化的文化表達、交流工具和媒介。在當前的鄉村文化建設過程中，影像的創作作為一種參與式鄉村文化實踐形式，對於保護和傳承鄉村民俗文化，發揮了影像文化志的記錄功能；對於培養鄉村文化活動組織和公開空間，促進新農村文化建設具有重要意義。

同時，社群影像本身作為一種貼近群眾、貼近生活的文化產品，為鄉村居民提供了新的文化產品和文化消費方式。

四、參與式影像對中國鄉村文化建設的啟示

當前中國鄉村文化建設面臨窘境，重要因素之一就是傳媒體制的結構性障礙導致的鄉村媒介的缺失，加之中國農村公共文化服務體系尚不健全，導致城鄉之間訊息傳播和文化發展水平的嚴重不均。因此，如何改善中國城鄉間訊息傳播不對稱問題，尋找到真正適合鄉村文化傳播的媒介或載體，充分發揮鄉村居民在文化建設中的主體地位，成為關係中國鄉村文化建設能否持續、健康推進的重大問題。

中國新農村文化建設的推進，亟待尋求一種適合鄉村訊息傳播特點，且能夠吸納鄉村居民廣泛參與的另類媒介，而參與式影像在中國西南鄉村社群的興起，為破解這一難題提供了新契機。

參與式影像作為中國鄉村內生性的一種媒介形態，同時也是一種以集體參與、過程導向為特徵的特殊的影像生產方式，形成了以影像生產為依託和載體的鄉村文化建設新模式。參與式影像的生產和傳播，不僅填補了大眾傳媒在鄉村訊息傳播中的空白，而且對促進鄉村社群內部及社群與外界的交往和溝通，提高社群的「社會關聯度」，積累社群的社會資本，促進鄉村社群的穩定、和諧具有深遠影響。

這種社群合作創造公共產品和公共服務的文化供給模式的出現，為中國廣大農村自主的、可持續的文化建設提供了新的發展思路和探索空間。

（劉濤，龍岩學院文學與傳媒學院助教。主要從事紀錄理論與實踐研究。）

文化變遷場域中的人類學影像表達

王海飛

摘要：文化變遷是人類發展過程中最普遍的現象，也是人類學、民族學和社會學一直以來共同關注的核心研究議題之一。場域視角使我們可以將30年來社會快速發展時期各少數民族文化變遷過程置於不同時空所構成的具體環境中進行分析。

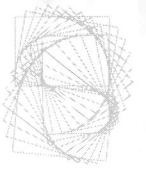

在具體的文化變遷場域中進行文化研究時，視覺人類學的方法體係獲得成長空間，不同類型的人類學影像表達與文化變遷過程構成相互解釋、相互作用的互動結構，豐富的人類學影像志日益成為人類學以及其他社會科學研究領域中新的、更具活力的拓展方向。

　　關鍵詞：文化變遷；視覺人類學；影像表達；

一、文化變遷與文化變遷場域

　　文化變遷是人類發展過程中最為普遍的現象。其普遍性，可以從時間和空間兩個維度進行解讀，這兩個維度在當前社會生活中高度統一。在人類社會緩慢的進程中，早期的文化變遷多集中於群體內部因生產能力的革新和進步而推動的一系列變化，後來表現為因各種不同的文明或文化間的關係的變化而推動的文化消亡或更新，其極端狀況即為不同民族、種族、政治實體間的戰爭以及戰爭之後新的文化統一。

　　在空間維度，不同文化間的傳播、交換、涵化從未停止，按照 Boas 的表述，相鄰種群之間的交流、接觸綿延已久，並且交流的範圍不斷擴大。在城鎮化快速發展，「詩意的棲居」普遍成為「無處安放的鄉愁」的現代化背景下，世界體系理論由西東漸，文化邊界日益模糊，具有強烈「複合性」特徵的多元文化在多個層面深刻影響、塑造著身在某一具體環境中的原住民或是來自於不同文化系統的人們。

　　為了便於在可把握的範圍內，對這樣一個複雜環境及其過程進行分析，並且討論人類學影像在文化變遷研究中的作用、價值與發展，我們可以借用「場域」概念，探討在人類學的小型田野中文化變遷的具體表現以及人類學新方法透過研究與實踐介入文化變遷過程的路徑與可能性。

　　關於場域，在以往的人類學經典理論中已有很多描述與界定。本文中所使用的文化變遷場域概念，與經典理論中的場域概念有一定繼承與聯繫，如文化變遷場域是一個社會研究的基本單位，由客觀關係所構成。同時也略有區別，特指在研究中針對一定地域範圍內，以某一個民族群體內部或是不同

視覺人類學
下篇

民族間互動所呈現出的文化變遷表現與過程為研究範圍。地域範圍的界定是相對的，研究對象主體的界定則是絕對的。

小型田野的微觀研究視角或許有畫地為牢、表象化、膚淺化的危險，但對於人類學影像而言，集中而具體的對象是表達的最佳選擇。從歷史視角來看，民族文化發生的變遷持續、廣泛而深刻，推動文化變遷的原因各不相同，或是因政治組織結構變化，或是民族內部提升生產力和生產技術所致，或是外部條件推動生計方式的轉變，或是不同文化間傳播態勢的影響。在不同區域內、不同的民族群體或是同一民族在不同地域分布中，因各方面條件不同，文化變遷的過程與結果也不盡相同，由此形成動力、程度和影響表現相異的各文化變遷場域。

一個特定的文化變遷場域，即是一個研究文化變遷過程、特點與趨勢以及變遷主體的意向性與能動性等問題的具體樣本。與早期文化研究中強調共性、尋找規律、建構理論而忽略個性的研究路徑不同，文化變遷場域所界定的研究範圍和視角，類似於後現代文化研究理念下的「地方性」概念。為了對人們的生活進行深入細緻的研究，研究人員有必要把自己的調查限定在一個小的社會單位內來進行。

針對一個特定場域內的文化變遷與發展進行觀察與研究，既是宏觀理論構建的必要基礎，使研究對象實在而易於把握，同時也使以客觀性為基本特點，長於對研究對象的細節與發展過程作出忠實記錄的人類學影像以較強的方法優勢進入人類文化變遷研究。

從傳統結構的鄉土社會到今天遍及民族地區的新農村建設、牧民移民定居社群，無一不可以以「變遷」為視角，將其界定為一個個具體文化變遷場域，進而對其展開視覺文本的研究過程。從學科史的發展來看，也正是在人類學影像面對不同民族、不同區域文化變遷場域的具體實踐過程中，視覺人類學（影視人類學）逐步完成了由邊緣到核心、由方法探索到理論建構的蹒跚前行。

二、人類學影像進入文化變遷場域的契機

（一）歷史機遇——20世紀50年代至70年代中國影視人類學的實踐

在中國，人類學影像對民族文化變遷的關注始於20世紀30年代，在凌純聲、芮逸夫等老一輩民族學者對部分少數民族地區零散的調查過程中初現。完整的、學術意義層面的人類學影像表達則始於20世紀50年代後，一直持續至20世紀70年代的中國少數民族社會歷史大調查。1957年，中國社會主義改造進入高潮，各民族的社會、經濟、文化發生了急劇變化。

國家組織全國各民族研究機構、大專院校進行民族大調查。考慮到被調查的各民族傳統文化形態正在發生巨大的變化，所以決定拍攝反映少數民族社會歷史的紀錄片，目的是利用影像技術，把各民族傳統文化形態搶救式地記錄下來。拍攝任務由八一電影製片廠承擔，共攝製21部影片。以電影手段記錄少數民族的社會文化狀況，製作具有人類學或民族學性質的影片資料，這是中國影視人類學學科的肇始。

在文化快速變遷的背景下，搶救傳統文化形態成為人類學影像進入文化變遷場域最初的歷史機遇。在民族大調查期間拍攝的影視人類學紀錄片都以特定地域範圍內的各少數民族群體為記錄對象，對其生產、生活、習俗、儀式、服飾等內容進行拍攝，留下大量珍貴的人類學影像資料。影像記錄過程中始終對民族文化變遷的表現投以關注，以真實記錄為主，並採取多種影視方法嘗試對當地民族文化變遷作出闡釋。

在影片《僜人》的拍攝中，「電影的許多場景是僜人生活的真實記錄，也有一些表現僜人下山以前狀態的場景，讓僜人演示他們曾經歷過的生活和習俗，用『重建』的方法來拍攝。重建的場景看起來還是逼真的，有一定的學術價值」。

此時期的人類學影像表達集中在民族生產生活文化方面，儘管侷限在明顯的階段論理論構架，富有宣傳工作色彩，但不可否認，因為其所記錄的文化事項與內容今天早已消失，湮滅在歷史發展中，所以這些影像對新中國成

立後各民族文化變遷研究具有材料唯一性的價值，也為之後的人類學影像持續記錄民族文化變遷作出探索性的方向指引。

（二）現實場景——新時期移民定居與社群建設

進入 20 世紀 80 年代以後，一方面，文化變遷場域有了新的、集中的表現，原有的鄉土結構逐漸被消解，代之而起的是少數民族農牧區的現代化農村、牧村建設，特別是 20 世紀 90 年代後廣泛實施生態移民、牧民定居等工程後產生了遍及民族地區的新的移民定居點與民族社群；另一方面，西方大量關於文化研究的現代化、後現代化理論進入中國，被中國學者消化吸收，應用在立足於中國本土現實的民族文化變遷研究中。

學者們開始反思以往民族志文本撰寫過程中的權力與視角問題，被研究者成為民族志文本中為了證明某種理論的「證據」，民族志作者「權威性」地對他者文化所進行的表述受到普遍的質疑。後現代民族志強調合作的、對話的多音道文本，而不是此前的觀察者和被觀察者的二元結構。這一學術轉型為文化研究中的人類學影像表達開關了比以前更寬廣的學術空間，影像此時成為人類研究中更合乎邏輯的成果，為文化變遷研究增添了前所未有的豐富田野案例。

以場域的視角來觀察新形成的移民定居點和大大小小的民族社群的文化變遷，可以感受到由外及內和由內及外兩種主要力量在發生作用。由外及內主要表現為在聚居格局下，外部文化透過更便捷的方式集中傳播進入邊界相對清晰的文化主體的內部，繼而引發、推動文化主體被動地發生文化形態與內核的變化。由內及外表現為在新的文化格局下，文化主體因民族內部發展的需求，主動地發出自己的聲音，或是呼籲傳統文化的回歸，或是積極推動文化適應，以開放的群體心態強調文化發展的方向。

兩種力量在場域之中相互作用，此消彼長，勾勒出中國現代化背景下紛繁複雜的現實圖景。正是在這個過程中，人類學影像就像是一個默默無語的旁觀者，或者乾脆就是一雙「作壁上觀的眼睛」，冷靜、客觀地對變遷中那些適應或不適應的群體、個體進行「細節化」的描述、記錄與表達。原本不

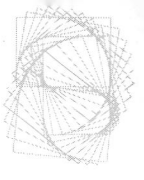

善於做宏觀概括、抽象推理、理論建構的影像語言，此時卻找到了自我成長、發展最好的表達環境與表達對象。

三、人類學影像進入文化變遷場域的路徑

經過百年發展，人類學影像從最初獵奇式的探險記錄，到後來的文化形態搶救，再到媒體時代成為人類學面對社會文化研究中重要的分支學科和方法，應該說在學科內外逐步實現了自身的價值確立，既為人類學學科提供了新的知識生產途徑，也在專業學術和廣泛的大眾領域之間建立了溝通橋梁。透過縱觀整個發展歷程，我們可以將人類學影像進入文化變遷場域的路徑歸納為記錄的、合作的和介入的三種方式。

需要說明的是三種方式之間並非存在不可踰越的鴻溝，事實上，在一個影像文本中多種方式並存的研究案例非常多，只是為了梳理的需要才做出如此類型區分。

（一）記錄的人類學影像

以記錄為主旨的人類學影像是最為傳統和普遍的表達形式。學界公認的世界第一部影像民族誌《北方的那努克》即為此類影片的鼻祖和代表。儘管《北方的那努克》作者 Robert·Flaherty（1884—1951）在自述中將影片認定是他與「那努克」們（當地人群）共同合作完成的，也有學者就此認為影片屬於分享的人類學影片，但從影片最終的表達形式來看，筆者認為還是應該將其劃分在記錄的人類學影像中。

此類影像的基本特點是鏡頭自始至終作為旁觀者存在，攝影機後邊的人不干涉也不進入拍攝對象的活動。在《北方的那努克》等一批早期先行者攝製的影片之後，產生了數量巨大的記錄式的人類學影像。其重要理論支撐可以被歸結為 20 世紀 60 年代美國的「直接電影」理論，強調影片拍攝過程中，製作者不影響主體的言語與行為；在影片剪輯過程中，儘量不體現製作者的主觀意圖，以求最終影像的客觀性。

記錄的人類學影像在中國現實中的文化變遷場域內獲得的成果也極為豐富。我們可以看到大量的人類學影像記錄中，鏡頭直接面對研究對象，未加

安排地去隨機捕獲他們在日常生活場景中的行為、語言表達以及人們之間的對話。記錄的人類學影像有可能因為不干涉的原則，使影片議題顯得散亂而充滿不確定性，但是卻能夠對觀者交代影片中的主體面對社會轉型、文化變遷最真實的認識、反應、心理意願和態度。

攝製於 20 世紀 90 年代的《八廓南街 16 號》，是一部典型的記錄式的人類學影像作品。在 100 分鐘的長度中，作者以大量冷靜、控制的中景鏡頭表達了拉薩八角街居民間發生的那些家長裡短和雞毛蒜皮的糾紛與事件。最終觀眾所觀看到的是在中國現代化的背景下，在宗教的核心區域中，不起眼的居委會，中國最基層的群眾性自治組織，同時也是基層政權的重要基礎——所面對的多種新舊力量作用下的社會場景、傳統的社會結構產生震盪變遷的生活截面。「它不提供一種可以輕易判斷的結果，所有的一切都是開放的，觀眾必須自己去思考，去下結論」。

自由影像工作者顧桃用超過 10 年的時間追蹤記錄鄂溫克使鹿部落放棄山林，下山進入敖魯古雅定居點的過程，已拍攝完成的系列影片《敖魯古雅，敖魯古雅》《犴達罕》《雨果的假期》等，是近些年來獲得獎項與讚譽較多的記錄式人類學影像。其影片鏡頭依然克制、冷靜——但是當影片主人翁面對鏡頭喊出「這是我的山林」時，無奈地面對「現代化」、面對從生活空間到民族文化的劇烈變遷、斷裂的鄂溫克人自我精神世界中的徬徨、無奈、掙扎和絕望一覽無餘，使觀者在悲憫之餘再次反思在現代化巨大機器的轟鳴聲之後民族文化的生存空間與發展道路。

（二）合作的人類學影像

合作的人類學影像進入文化變遷場域可追溯至被譽為法國「真實電影之父」的 Jean Rouch，從 1958 年的《我是黑人》到 1960 年與 Edgar Morin 合作拍攝的影片《夏日紀事》，Rouch 在影像表達過程中構建出一種「共享的人類學」，使攝影機背後的觀察者進入鏡頭，與拍攝對象對話，並且將拍攝內容回放給拍攝對象徵求意見，這些富有創見的做法，既成為其人類學電影標誌性的特色，也成為視覺人類學研究和實踐中一種重要的理論依據和工作方法。

文化變遷場域中的人類學影像表達

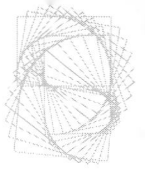

處在激烈動盪的時代背景下，人群面對紛亂雜陳的文化變遷景象或是無從表述，抑或是集體失語，共享的人類學提供了新的研究思路和集中的議題設置，指引人類學影像更加明確地對文化現象作出觀察思考後的準確表達。在觀察者與被觀察者的對話與互動間，雙方成為合作的共同體，雖然在一些特殊情況下有可能成為引導與被引導的關係，但整體來看，合作為影像的表達提供了更清晰的意義指向。

面對具體的文化變遷場域，合作的人類學影像有兩種形式，一種是內容層面的合作。拍攝主體依然是文化外部的觀察者，在拍攝過程中進入被拍攝者的生活，或是具體的事件、儀式等，在當地人的文化價值主導下，與拍攝對象對話、共同行動，並且作為影像表達的結構部分出現在影片中，但不影響最終的價值表達。另一種是影片製作者身份的合作與轉換。人類學學者、人類學影像的製作者把攝影機交到當地人手中，使其僅僅經過簡單的操作技術、基本影像原理和製作規範培訓後，便開始獨立拍攝完成影片，在不受外人干預的情況下表達自己的文化主張和價值取向。

這種賦權予文化持有者的「合作式電影拍攝」，最早出現於20世紀70年代初期的「阿拉斯加本土遺產電影計劃」（Alaska Native Heritage Film Project）所產生的多部民族志影片拍攝實踐中。因為有了當地人直接參與攝製過程，確認了文化持有者的文化主權，人類學家及影像民族志製作者必須在文化持有者的集體授權之下，以一種平等合作的姿態，將後者所主張的文化觀念以影像方式呈現出來。

時隔30年後，此種合作的人類學影像發展成中國鄉村文化變遷場域中聲勢浩大的「自影像」潮流，從最初產生於雲南的「社群影像教育」項目，到後來覆蓋了中國9個省區的「村民影像計劃」，再到由NGO組織發起的參與式影像項目「鄉村之眼——自然與文化影像記錄項目」，都是文化持有者自己拿起攝影機，記錄自己的鄉村、鄉親、家庭，表達社會轉型期間自身承受的喜悅與陣痛、面對文化變遷的迷茫與焦慮。

因為代表著話語權力的影像製作者身份的轉換，合作的人類學影像甚至局部表現出超越合作，而對文化持有者群體的結構、價值觀念產生影響，逐漸趨近於筆者下文要談到的介入式的人類學影像。

（三）介入的人類學影像

介入的人類學影像被視為應用人類學的一個重要方面。自 20 世紀 70 年代以來，影視人類學一直把應用領域排除在學科之外，學科的三個分支分別關注視覺研究方法、視覺研究及影視表述。第四個分支可能會列入議程——將應用影視作為社會干預的工具。

廣義上說，應用影視人類學即運用影視人類學理論、方法和實踐，以達到應用的非學術目的。透過以上表述可以清晰地認識到，介入的人類學影像有兩個突出特點——作為社會干預的工具和非學術目的，兩個特點都因帶有明確的實踐色彩而區別於傳統的人類學影像表達方式。傳統的人類學影像在面對文化研究過程中，強調影像本身的記錄性質與對文化的闡釋作用，而介入的人類學影像表達則因為對被觀察者社會生活的干預與改變為影視人類學的發展打開了更為廣闊的空間和領域。

從文化變遷場域視角來看，傳統的人類學影像表達實踐中是觀察者／被觀察者、表述者／被表述者、解釋者／被解釋者等一系列二元關係，介入的人類學影像則打破這一關係結構，使攝影機背後的人與攝影機所聚焦的人成為共同行動者，以影像實踐過程合力改變、干預社會文化發展的方向與結果。

在中國的田野中較早進行應用人類學的探索，使用介入式的人類學影像方法並取得豐富成果，對後來的應用影視人類學發展具有開拓意義的是莊孔韶和他的團隊製作的《虎日》等人類學影片介入社會公共衛生領域的嘗試。對人們吸毒成癮這一社會問題，學界一直以「科學」的角度對之進行生物學的解釋以及生物方法的控制與戒除。

而在《虎日》的人類學影像實踐中，「小涼山彝族運用地方性知識自救，以『戰爭』盟誓儀式的過程展演，運用了多項傳統的文化資本與智慧——神山集會、信仰、盟誓儀式、尊嚴、誠信、責任、習慣法、家支組織、族群認

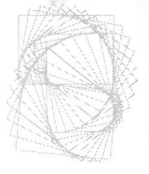

同、親情教化與遵從……從而導致作為家支成員的吸毒者獲得戒斷的強大的毅力。然而，這不屬於科學的方法論導致的醫療戒毒手段，而是以地方文化的力量成功地戰勝人類生物性的成癮性的案例。因此，可以說虎日盟誓戒毒法之發現與人類學的文化詮釋，在本質上是方法論的勝利，這也說明人類學的發現與文化詮釋提供瞭解決人類戒毒難題的另一種（相對於科學）詮釋與行動選項，可謂殊途同歸。從而使人類學在解決戒毒等社會難題上，展示了自身的學術地位與力量」。

「進而我們有機會把捕捉非物質文化遺產最為直觀的動態影像記錄工作，也從純粹的詮釋性意圖轉換到直接為受益人服務的示範性應用新方向」。介入、服務、影響並使之發生改變的應用人類學的新方向，也正是今日文化變遷場域視角下人類學影像的社會責任之體現。

四、人類學影像與文化變遷的互動

人類學影像在發展中逐漸成為文化變遷研究中一種重要表達和闡釋方式，並且藉助影像本身在方法層面的特點和優勢，透過觀察的、合作的或是介入的等不同路徑，在文化變遷場域中與文化變遷過程發生緊密聯繫。

一方面，面對特徵、條件、矛盾表現或是文化內核完全不同的文化變遷場域，影像表達方式不斷進行自我調整，其結果是對目標場域持續形成影響；另一方面，單個文化變遷場域在面對這些完成表達的影像文本時，接收到影像文本所傳遞的訊息，激發起文化持有者群體或依附，或排斥，或趨迎的反應，此時影像文本成為拉動文化變遷的外部力量的一部分，或是直接內化為民族文化內部積極推動文化變遷的內生力量。兩方面的共同作用形成人類學影像與文化變遷場域的互動過程。

（一）鏡頭中的變遷與鏡頭外的變遷

文化變遷過程中對其進行觀察、表述和闡釋的話語主體不同會直接導致完全不同的影像表達。當人類學家、影視人類學工作者作為文化觀察者進入一個具體的文化變遷場域中，受觀察者本身學術興趣、學術目標和對於現象的敏感程度所限定，加上觀察對象對觀察活動的引導與干預（很多田野實踐

視覺人類學
下篇

可以說明，也的確有很多人類學家表達過這樣的意思——「你」在田野中觀察到的，並不是如你所想像的那樣客觀，而更多的是當地人想讓「你」觀察到的），觀察的範圍往往是局部的、有特殊「邊界」的，所觀察到的文化變遷景象也多少具有一些選擇性特徵。

所以當人類學家的鏡頭對著某一具體的文化變遷場域，最終所呈現出的表達文化變遷的影像文本與實際場域中的文化變遷並不能產生完全一致的對應關係，影像可能只是局部表達，甚至也可能是重新建構。具體來說可能會有兩種表現：一種情況是影像文本表達出文化觀察者自身的喜好與理解，手中的攝影機成為表達的權力，在「我們」觀察「他們」的過程中，找尋更加可以闡釋出「他者」特點的、更加具有文化差異性張力的視覺鏡像。

也可能在影像生產環節中，為了強調「他者」的文化特性，或者認為「他者」看起來不像想像中的那樣，從而要求被觀察者展示出更多「標識性」特徵，例如在日常生活、生產中穿上早已擱置箱底的民族傳統服裝，使用早已荒廢棄置的傳統工具、器物，展現已經失傳的傳統工藝，以完成滿足外部世界文化想像的「他者」的文化展演，影像中的被觀察者則成為表達文化變遷的「演員」，就如同弗拉哈迪影片中的「那努克」們；另一種情況恰恰相反，在影像表達中被觀察者成為文化變遷過程中文化表達或是再建構的主體。

他們在與外部世界互動的過程中形成對自身所處文化系統的理解，亦即文化持有者的觀點，在面對觀察者時，以自己在具體環境中的身份或影響力，既回答觀察者充滿好奇的問詢，同時引導觀察者的鏡頭，指向那些自認為是以文化內部的視角，是更有價值、更值得、更迫切需要被表達的內容，並使其影像解釋的方向趨近於自己的理解。以上兩種情形均為人類學影像在文化變遷表達中的常態表現，或是占據今日人類學影像主流形態，反映出的共同特徵是鏡頭中表達的變遷與場域中實際的變遷不能夠完全對等。

就好像倒映在水面的影像，似乎可以反映出真實的模糊樣子，但是卻不能說是完全準確而真實的，只能是部分的、個別時候還表現出扭曲的和不確定的鏡像。但絕對不能因此而得出在互動中對文化變遷作出表達的人類學影像並沒有科學價值之類的判斷，正是在觀察者與被觀察者的不斷互動中，在

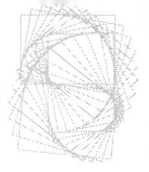

更多數量和更多種類的人類學影像文本的多重印證下，才可能構成一個整體的、客觀的、兼顧歷時與共時的文化變遷場域影像。

（二）人類學影像與文化變遷的「互文性」

「互文性」原本囿於文學範圍內，其概念產生於結構主義向後結構主義轉型的過程中，以凸現文本的不確定性、多元性和未完成性為旨歸。具體來說，指文本與其他文本，文本及其身份、意義、主體以及社會歷史之間的相互聯繫與轉化之關係和過程。互文性概念一經問世後，被各個學術流派眾多理論引述挪用。互文性中的文本，狹義上指具體的、物質性的、有具體指向的文本，廣義上，文本可以指超越物質的、書面的，或是超越口頭語言與影像的具體文本，而包括社會生活的方方面面，Jacques Derrida 就曾經以「文本即世界」來表達文本的廣義指向。

本文中借用互文性的概念表述試圖闡明任一文化變遷場域與因之而產生的人類學影像文本之間的關係以及此關係變化之動態過程，可能存在概念使用不夠準確、不太恰當之處，也是為了借用其視角分析影像與文化變遷的互動性質。

不可否認，在紛雜並且充滿不確定因素的文化變遷場域中，透過文化觀察者的理性選擇，並用鏡頭捕獲影像，最終，在文化觀察者的主觀意志下，賦予確定後的影像——民族志影片——明晰的意義指向，以此向觀者傳遞特定的情感與價值評判。

這樣一個具備了明確意義的影像文本既被文化之外的人群所傳播與閱讀，同時也對產生文本的母體——文化變遷場域形成引導與暗示，成為影響文化變遷方向、廣度與深度的外部力量之一而發揮效力。影像具有易於傳播的媒介特徵，在迎合或抗拒、吸納或消解外部世界普同文化的過程中，影像越是具有張力，對文化變遷本身越能夠產生持久的作用。

最後，在包括人類學影像等多種力量的影響下，文化變遷場域中表現出更符合客觀規律、更多元的發展特點，呈現出更豐富、更龐雜、更加不具備確定性意義的客觀景象，由此再產生新的意義解釋的人類學影像文本。伴隨

著具體的變遷過程，文化和對其具有解釋功能的人類學影像之間的互文性關係循環往復，永不停止。

五、人類學影像對文化變遷研究的拓展

不可否認，發展至今天，人類學影像依然在自我完善的道路上艱難前行。從最初僅僅作為部分具有探索精神的人類學家田野調查中所採納的方法之一，到成為客觀科學記錄民族文化的手段，再到合作民族志的實現路徑，以及完全以一種獨立的力量進入田野，介入被觀察者的生活中，對研究對象發生作用，改變其原有軌跡，人類學影像一直在尋找更廣闊的學術空間和作為一門實踐性學科的應用價值。

在針對文化變遷議題所作的研究中，人類學影像充分凸顯了自身方法論優勢，異軍突起，獲得豐富的、具有文字文本不可替代之價值的影像文本，這些成果從方法到理論，從研究內容到觀察者和被觀察者之間的角色定位，均對文化變遷研究作出了有益的拓展。因為影像表達的多元性與多義性，以下嘗試擇其主要方面作出簡單梳理。

（一）在動態過程中提供更多可供反覆研究的文化變遷個案樣本

文化以及文化變遷一直是動態過程，不會有一成不變的文化形態，這已經是文化研究的共識。在人類學學科初創之時，社會人類學者作出了一個引人注目的許諾，他們聲稱自己正在拯救受全球化危害的文化和族群，也正在為劇烈變動的人、社會、文化重建其人文的基本形式。

同時，他們意識到變遷難以避免，因而把大量注意力放在「文化變遷」的研究上，力圖在理解人文類型原有格局的前提下為社會—文化轉型提供合理的解釋。建立在此種解釋之上，文化變遷研究產生了豐富的民族志文本，其目標指向是描述、闡釋，並作出理論建構。其文本一經實現，就呈現為閉合結構，是圍繞文化變遷議題，針對某一方面所作出「研究後」的結果。

而人類學影像進入文化變遷研究領域後，因影像語言基本規律，人類學影像不著力於邏輯推理和抽象的理論建構，而是關注在變遷背景之下的那些具體的、鮮活的人物、事件、環境，由此構成一個個文化變遷個案樣本。這

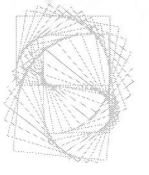

些樣本更多體現著「研究中」的特質，每一個樣本都呈現為開放結構，不同的研究者、審看者在當時當下或是彼時彼景都可能從樣本中獲得不盡相同的解讀和再闡釋。

另外，在文化變遷過程中的任一階段，對樣本影像中包含的所有訊息，都可以反覆多次進行不同層面、不同視角的再閱讀與研究。當影像的個案樣本從共時到歷時積累到一定的程度，「個體記憶」將自然匯聚成「集體記憶」，成為文化變遷研究相關理論產生的重要基礎。

（二）客位敘述模式轉向多元對話場景

敘述是一種話語方式，客位敘述模式是指代表知識與學術、有話語權的知識分子以及進入異文化中的人類學家、觀察者對其所考察文化的描述與闡釋。20 世紀 70 年代後，傳統文字民族志的客位敘述模式的合法性開始遭到質疑，人類學家站在自己的學術立場憑藉田野觀察（即對某種文化作出主觀表述）已不能滿足社會科學研究的要求，人類學研究需要更具說服力的方法革新。

而此時，人類學影像中視覺語言的敘述方式已經經歷過殖民擴張的獵奇、觀察者一廂情願地對於遙遠「異鄉」的文化想像和人類學家努力建構並強調其方法層面的科學性的一整套田野工作範式（如同 Margaret Mead 和 Gregory Bateson 在新幾內亞所作的文字文本與影像文本相對照的科學民族志）等幾個大的階段，最終逐漸形成了在現代人類學學術框架下，被廣泛接受和認可、基本脫離了帝國主義學術色彩的民族志研究方法——由人類學家在深入觀察的基礎上，以平等的文化視角，使用視覺語言，記錄、再現並闡釋被觀察者的文化系統。

又恰逢歐洲「新浪潮」「新現實主義」等電影文化運動興起，人們更加關注現實中的「人」的真實處境。因此，傳統民族志書寫無法完成的「話語權轉移」在人類學影像製作中得以實現，大量由「文化持有者」生產的關於文化變遷的影像與專業的人類學家進入田野生產的影像並置在一起，之前單一的人類學家的主觀敘述模式轉向成為多種影像文本的對話場景。

不同的影像反映出不同的甚至是完全相左的態度、關注重點、期望值與群體訴求等多方面的問題，推動、促進學者們對文化變遷研究有了更多維度的思考和研究實踐。

（三）豐富的影像推動文化變遷研究成果的傳播與交流

相比較嚴肅的文字文本，影像更具有更強的傳播性和更易於交流的特質。早在20世紀90年代，中國的民族學、社會學和人類學和歐美學界還沒有建立起很密切的學術交往關係，於1992年剛剛成立的中國社科院民族學與人類學研究所影視人類學室即派出代表團訪問德國哥廷根電影研究所，將老一輩影視人類學工作者在1957～1966年拍攝的少數民族社會歷史紀錄片提供給外方，經重新編輯後向國外觀眾播放，為外部世界——無論學者抑或是普通觀眾瞭解中國的少數民族打開了一扇窗戶。

進入21世紀以後，更是有大量反映少數民族文化及其變遷的優秀民族志影片透過公眾媒體、影視學會以及國際知名的人類學影像節脫穎而出，廣泛對外傳播我們面對文化變遷這一命題所作的思考和持有態度。同時，國外大量關於族群文化的人類學影像也透過多種渠道進入我們的視野，使我們得以藉助影像，與外部世界對話，分享文化變遷研究的成果。

今天，對研究者完全沒有閱讀障礙的豐富人類學影像正在加速推動人類學學科中關於文化變遷研究成果的傳播與交流，沒有國界的影像語言成為不同民族、族群文化相互理解、相互尊重，在全球文化交流中發出自己聲音的重要途徑。在現代化背景下，也成為維護、支持文化多樣性、阻止文化同化政策的多元文化主義的實際體現，持續顯現出自身的價值和意義。

（王海飛，蘭州大學西北少數民族研究中心，歷史文化學院教授。主要研究方向為民族社會學和視覺人類學。）

文化變遷場域中的人類學影像表達

國家圖書館出版品預行編目（CIP）資料

視覺人類學 / 朱靖江 主編 . -- 第一版 .
-- 臺北市：崧燁文化 , 2019.09
　　面；　公分
POD 版

ISBN 978-957-681-835-6(平裝)

1. 文化人類學 2. 文集

541.307　　　　　　　　　　　　　　　　　　108008997

書　　名：視覺人類學
作　　者：朱靖江 主編
發 行 人：黃振庭
出 版 者：崧燁文化事業有限公司
發 行 者：崧燁文化事業有限公司
E-mail：sonbookservice@gmail.com
粉 絲 頁：　　　　　　網　址：
地　　址：台北市中正區重慶南路一段六十一號八樓 815 室
8F.-815, No.61, Sec. 1, Chongqing S. Rd., Zhongzheng Dist., Taipei City 100, Taiwan (R.O.C.)
電　　話：(02)2370-3310　傳　真：(02) 2370-3210
總 經 銷：紅螞蟻圖書有限公司
地　　址: 台北市內湖區舊宗路二段 121 巷 19 號
電　　話:02-2795-3656 傳真 :02-2795-4100　　網址：
印　　刷：京峯彩色印刷有限公司（京峰數位）

　本書版權為九州出版社所有授權崧博出版事業股份有限公司獨家發行電子書及繁體書繁體字版。若有其他相關權利及授權需求請與本公司聯繫。

定　　價：550 元
發行日期：2019 年 09 月第一版
◎ 本書以 POD 印製發行